国家社会科学基金重点项目(批准号:17AJY008)研究成果
国家社会科学基金一般项目"乡村振兴背景下我国小城镇高质量发展机理、评价体系与实现路径研究"(批准号:200BJL77)
浙江省哲学社会科学规划重点项目(批准号:17NDJC001Z)

我国特色小镇竞争力评价与实现路径研究

辛金国　著

Research on Evaluation and Realization Path of Competitiveness of Characteristic Towns in China

ZHEJIANG UNIVERSITY PRESS
浙江大学出版社

图书在版编目(CIP)数据

我国特色小镇竞争力评价与实现路径研究 / 辛金国
著. --杭州：浙江大学出版社，2021.12
ISBN 978-7-308-21234-2

Ⅰ.①我…　Ⅱ.①辛…　Ⅲ.①小城镇－研究－中国
Ⅳ.①F299.21

中国版本图书馆 CIP 数据核字(2021)第 058516 号

我国特色小镇竞争力评价与实现路径研究

辛金国　著

责任编辑	傅百荣
责任校对	梁　兵
封面设计	周　灵
出版发行	浙江大学出版社
	（杭州市天目山路 148 号　邮政编码 310007）
	（网址:http://www.zjupress.com）
排　　版	杭州隆盛图文制作有限公司
印　　刷	浙江新华数码印务有限公司
开　　本	710mm×1000mm　1/16
印　　张	13.25
字　　数	250 千
版 印 次	2021 年 12 月第 1 版　2021 年 12 月第 1 次印刷
书　　号	ISBN 978-7-308-21234-2
定　　价	68.00 元

《我国特色小镇竞争力评价与实现路径研究》勘误表

页码	行	原文	更正
7	10	大部分学者……	首先，大部分学者
15	6	对旅游小镇的进行发展评估	对旅游小镇进行发展评估
33	3	体育总局	国家体育总局
71	倒11	数据来源主要来自	数据来源主要是
73	倒11	通过对……向量，	通过求……向量，
74	表5-6	有2处"外部竞争力"及"0.2100"	删除1处"外部竞争力"及"0.2100"
79	倒2	光伏小	光伏小镇
79	倒1	小镇在则	小镇则
79	表2-1	国家发展改革委	国家发展改革委员会
81	倒8	更好的实现	更好地实现
82	倒4	本研究通过将通过利用	本研究将利用
84	倒8	不断通过进行……过程	不断进行……过程
106	7	最终……之一	最终成为……之一
158	1	衢州丽水	衢州、丽水
160	13	经济规模总量相对，	经济规模总量相对较低，
178	13、14	2.28%	数字不分行
178	1	有效的促进	有效地促进

第 79 页图 5-6 原文：

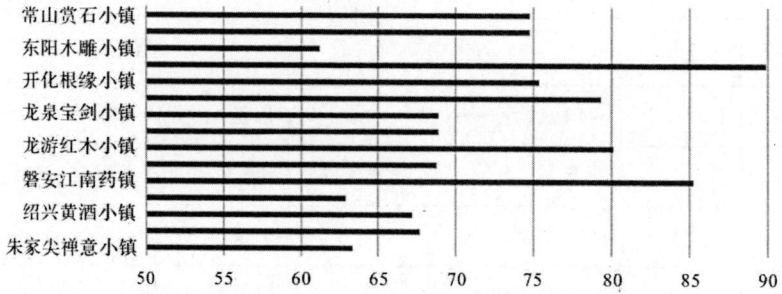

图 5-6　历史经典产业特色小镇竞争力综合评价得分

更正：

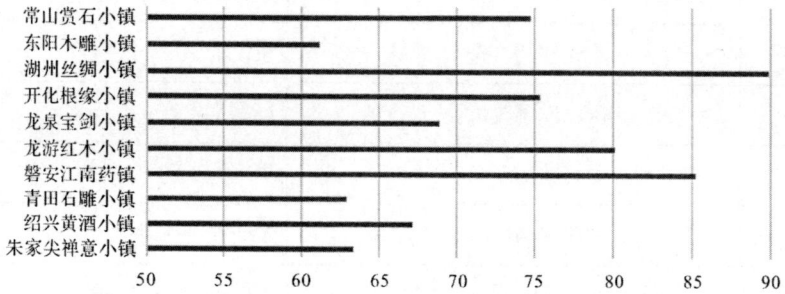

图 5-6　历史经典产业特色小镇竞争力综合评价得分

前　言

　　本成果是国家社会科学基金重点项目"我国特色小镇竞争力综合评价与实现路径研究"(批准号:17AJY008)、国家社会科学基金一般项目"乡村振兴背景下我国小城镇高质量发展机理、评价体系与实现路径研究"(批准号:200BJL77)、浙江省哲学社会科学规划重点项目"浙江省特色小镇发展综合评价及推进路径研究"(批准号:17NDJC001Z)的研究成果,是浙江省信息化发展研究院资助项目。

　　特色小镇的概念起源于浙江,2014 年由时任浙江省省长李强首次提出。2015 年 12 月,习近平总书记即下达批示:"抓特色小镇、小城镇建设大有可为,对经济转型升级、新型城镇化建设,都大有重要意义。"①2016 年 3 月,国家"十三五"规划明确提出加快发展中小城市和特色镇,引导产业项目在中小城镇布局,推动城镇发展资源配置。同年 7 月,住房和城乡建设部、国家发改委、财政部下发《关于开展特色小镇培育工作的通知》,提出至 2020 年计划培育 1000 个左右具有特色和活力、不同类型的特色小镇,标志着我国特色小镇的建设已经上升为国家战略。一时间特色小镇建设在全国各地风起云涌,成为遍地撒种、遍地开花的热点问题。为此,发改委又专门发文强调培育特色小镇要坚持突出特色,防止千镇一面和一哄而上。那么,特色小镇和传统小城镇究竟有何不同? 其特色如何体现? 如何评价特色小镇竞争力? 通过何种路径保障其有效运行? 这些问题已成为保障我国特色小镇健康可持续发展的重要课题。

　　在这样的时代背景和潮流趋势下,为了全面把脉特色小镇发展状况,研判特色小镇竞争力发展大势,提出相关决策的咨询建议,我们主持承担了国家社科基金重点项目,组织专业团队,领衔开展了一项具有基础性意义的课题研究——特

---

　　①　转引自潘晓娟:特色小镇建设要融合更要融资[N].中国经济导报,2018-03-16(08).

色小镇竞争力综合评价。研究团队在总结梳理特色小镇有关概念、深入剖析特色小镇内涵外延的基础上，分析特色小镇竞争力形成动因、关键要素，构建动态评价指标体系；综合运用乘法模型、空间计量模型和灰色模型，考察特色小镇竞争力水平、影响因素与驱动因素，构建了基于"四链"融合模型与"四位一体"的特色小镇竞争力建设优化路径、推进机制与保障体系，形成了近 25 万字的研究报告。

本成果主要由辛金国、吴泽铭、辛佳颖等人负责，辛金国负责成果的整体设计、组织与统撰工作。

本成果在研究和撰写过程中，一直得到国家社科基金规划办公室、国家统计局综合司、国务院发展研究中心信息中心、浙江省哲学社会科学规划办公室、杭州电子科技大学等有关单位与领导的指导与关怀，使得本成果内容新颖、数据准确、观点创新、资料丰富。在本书即将付梓之际，谨向所有关心、支持我们研究工作的各位朋友，致最崇高的敬意和最衷心的感谢！

尽管参加撰写本成果的专家、学者以及实际部门的工作者都对自己已撰写的内容进行了专门的深入研究，但由于面临许多新问题，加之时间紧，水平有限，本成果中难免有不妥之处，敬请各位读者批评指正。

最后，本书的顺利出版，还得益于浙江大学出版社的大力支持，更离不开傅百荣等编辑的倾情投入。

辛金国

于杭州电子科技大学实验大楼

目　录

上篇　我国特色小镇竞争力评价与实现路径研究

下篇　浙江省特色小镇发展综合评价及实现路径研究

上 篇

我国特色小镇竞争力综合评价与实现路径研究

1 绪 论

1.1 研究背景及意义

1.1.1 研究背景

特色小镇作为国内地方政府政策创新的一项典型实践,为党的十九大提出的深化供给侧结构改革提供了新的方案。起初这项政策并不引人注目,在理论上,特色小镇也还是一个与小城镇建设相关的概念。关于特色小镇的研究可以追溯到1983年费孝通先生的《小城镇,大问题》一文,这篇文章是费先生在调查江苏吴江的情况后所写成的,因此学界对于小城镇建设的探索广义而言已有数十年。但是直到2005年9月,云南省人民政府下发了最早的有关特色小镇的政策文件《关于加快旅游小镇开发建设的指导意见》,才标志着省级政府方面开始对此进行了规模化的实践。而"特色小镇"与小城镇建设开始脱钩,成为一个相对特殊的概念则是起始于近几年的浙江。2014年10月,时任浙江省省长李强提及"特色小镇"的概念,并于2015年1月所作《浙江省政府工作报告》中正式提出规划建设一批特色小镇,这种被赋予了创新涵义的"特色小镇"开始出现在公众的视野里。

随着特色小镇的建设在浙江省获得一定的成功,国家对其进行了认可和支持,从2016年下发的《关于开展特色小镇培育工作的通知》始,中央部委持续以各种方式进行力推,特色小镇的建设开始在全国各省区市迅速展开,目前已有29个省区市出台了有针对性的政策支持特色小镇的发展。然而,在这项政策被大力推广并在全国进行实践之后也产生了许多问题,缺乏特色导致"千镇一面"、缺乏产业导致无法支撑运营、规划不当导致"空镇"等现象较为普遍。在建设内容上,也出现了概念不清、较为同质化等问题,对比各级政府的文件可以发现,后期跟进采纳的地区基本缺乏进一步的创新。

本书旨在通过研究特色小镇竞争力评价与实现路径,为小镇规划与又快又好发展提供理论支撑,从而为全面提高特色小镇总体竞争力提供方向与建议。

1.1.2　研究意义

特色小镇是我国新型城镇化建设、产业转型升级的重要创新,习近平总书记等中央领导为此做了重要批示。2016 年 7 月,国家发布的《关于开展特色小镇培育工作的通知》明确提出将培育 1000 个特色小镇。不同于传统的城镇发展模式,新兴的特色小镇强调"宜居的环境"和"活力的机制",是聚焦特色产业和新兴产业的建制镇或创新创业平台。从云南省的旅游小镇,到浙江省的云栖小镇,再到国家层面上的发布培育目标,特色小镇从无到有、从有到优,直至引发了全国性的热潮,在中央部委发文后,特色小镇的建设在全国范围内如火如荼地开展起来,给我国的城镇化建设带来了全新的视角。诚然,特色小镇是一项颇为成功的地方政府的创新政策,也是一项由地方创新扩散发展、到中央吸纳再到全国推广的良好范例。

然而,特色小镇发展在后期也暴露出了很多弊端,从建设内容上看,出现了趋同的现象,缺乏根据本省情况进行再次的主动创新;从建设上来看,出现了概念混淆、盲目求成,甚至逐渐偏离了原先的定义等问题,在部分地区还出现了房地产化的趋势。尽管中国经济开始转向内涵式发展,特色小镇建设仍不能摆脱原有发展模式的路径依赖,实践中难免出现背离预期的结果。甚至在不到两年的时间里,浙江已有 3 个小镇被警告,1 个小镇被降格。

因此,本研究对这个主题进行研究的意义,主要体现在如下两个方面:

一是从理论意义来看,从城市竞争力到特色小镇竞争力理论,通过深度挖掘特色小镇发展中产业、经济、文化等发展优势,寻找特色小镇发展中竞争力所在。目前对特色小镇竞争力方面的研究仍处于探索阶段,随着特色小镇特征及内涵的进一步完善与明确,特色小镇竞争力理论也将更为丰富与多样。本研究以波特钻石模型为基础,从竞争力构成出发,构建特色小镇竞争力理论模型,进一步充实特色小镇竞争力理论体系。

二是从实践意义来看,本研究通过对特色小镇案例、理论、实证三方面的深入探讨与分析,构建多主体参与特色小镇提升竞争力实现路径,为政府部门制定、引导和评估特色小镇竞争力建设的有效性提供决策支持;创建不同地区特色小镇建设模式及其推进竞争力提升路径的适用性,为相关地区特色小镇建设工作提供可操作决策思路。

1.2 相关研究现状

1.2.1 特色小镇研究现状和发展趋势

为了更加全面地对特色小镇的现有研究状况进行概括,以关键词"特色小镇"在中国知网(CNKI)上进行检索,共可搜到 4449 篇论文。按学科分类来看,其中有 2261 篇从宏观经济管理与可持续发展的学科视角进行研究,占全部研究的 50.82%;有 94 篇从中国政治与国际政治的学科视角对其进行探索,仅占2.11%(如图 1-1)。

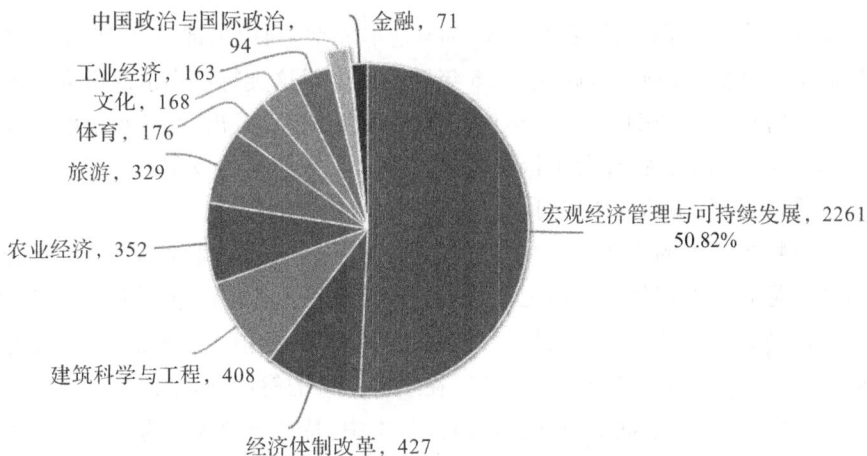

图 1-1 CNKI 数据库中特色小镇相关文献学科分类统计

按每年中文相关文献量的增长曲线来看,2015 年之前仅有少数学者对特色小镇进行了研究,每年相关文献量不足二位数,因此即使 2013 年环比增长率显示为 350%,也不过是从 2 篇增长至 9 篇;2015 年至 2017 年,有关特色小镇的中文文献量开始了快速增长,尤其在 2015 年其环比增长率高达 1433%,足以称为一次学术关注度的爆发,而 2016 年和 2017 年,在整体基数有了极大提升的状况下,仍旧保持了 200%以上的环比增长率,则证明其余热未消,还是吸引了许多学者的目光;2017 年之后,增速才趋于平缓,2018 年,其环比增长率仅为 8%(如图 1-2)。

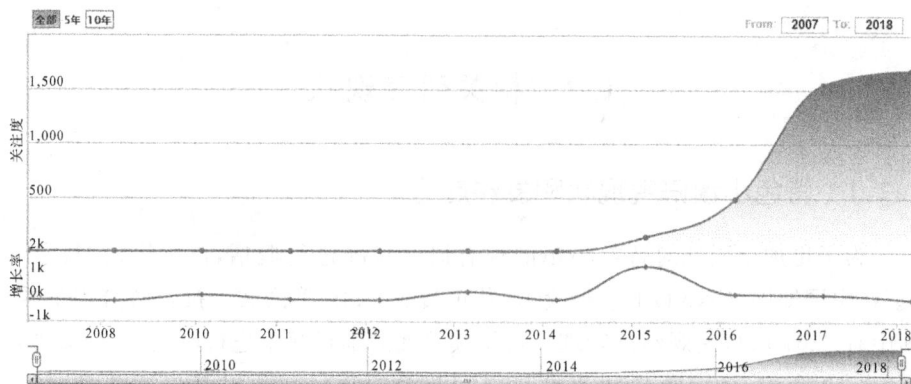

图 1-2　CNKI 数据库中特色小镇相关中文文献量及环比增长率[①]

浙江版本的特色小镇概念自 2015 年基本成型,到中央部委 2016 年发文后才掀起全国性的建设热潮,因此 2015 年开始学界对这类特色小镇的研究才渐渐增多。从特色小镇 2016—2018 年百度指数的趋势也可看出,特色小镇的热度在 2017 年 5 月最高,之后有所下降。这也表明,特色小镇的发展已经走向务实。具体来看,对特色小镇的研究可以分为以下两个部分。

一是特色小镇的内涵。与"特色小城镇""产业园区"有联系又有区别,特色小镇并不是凭空出现的。杨振之等学者认为,特色小镇的思想源流是霍华德的田园城市理论中对社会城市的构想。在较早时,小镇是指小规模的、有管理有秩序的、有商业活动的人口集中聚集点。在经济意义的解读中,小镇更多被作为小城镇,一种介于城乡之间的概念。在浙江版本中,特色小镇被认为是一种汇集相关的机构与人员的经济发展空间平台,既不是"镇",也不是"区"。在这种定义下,特色小镇指的是非建制镇,与小城镇、开发区和工业园区都有所区别,而应当被理解为一种新型的创业创新平台;而特色小城镇指的是建制镇,是连接城市与农村经济生活的纽带,具有特色产业,拥有一定的人口与经济总量。盛世豪和张伟明(2016)则认为特色小镇具有特色的产业、引导创新、挖掘人文内涵、体现绿色发展理念是关键。特色小镇作为产业创新和区域经济发展的重要载体,在规模上应当小而精致,在功能上应当多元融合,在机制上应当灵活多变。傅白水(2016)认为浙江特色小镇的成功在于准确定位。也有人认为,特色小镇的建设

①　来源:中国知网 https://kns.cnki.net/kns/brief/Default_Result.aspx? code=CIDX&kw=%E7%89%B9%E8%89%B2%E5%B0%8F%E9%95%87&korder=&sel=1

应当重在产业培育功能等。对于特色小镇的涵义在前期不仅引发了学术界的讨论,政府机构也在政策文本中给出了详细定义,对于其内涵的反复纠正和界定实际上也促进了特色小镇的发展。

二是特色小镇的发展。自早期的云南省、山东省、海南省、北京市、江西省、浙江省等地方的特色小镇发展势态良好,发展成果受到一致肯定,国内以经济学为主的一些学者针对其成功的原因进行了探究。通过对 403 个国家级特色小镇的实证分析,有学者发现从空间来看,中、东部较为密集,西部较为稀疏;而从得分来看,得分高者沿海分布较多。周凯政(2016)对温州特色小镇进行研究之后,认为特色小镇的发展基础是政策、资源及经济三大要素,需要通过对特色小城镇经济、社会、环境三个方面进行发展现状分析。大部分学者将产业作为特色小镇发展的根基,认为产业系统选择决定小镇未来,还要实现特色产业间协作配套与创新要素共同发展,注重多要素融合是特色小镇产业发展的核心。其次,特色小镇的发展离不开政府的引导,新常态下,特色小镇要坚持政府有形之手与市场无形之手相结合,要优化路径选择,最要紧的是要做好"制度供给"与规划引领,注重协调发展。张鸿雁通过分析多个西方国家的特色小镇发展的案例得出了发达国家早在 20 世纪 20 年代以来,特色小镇就已经发挥了产业集聚、高新技术集聚和高端人才集聚的功能。特色小镇的发展应当根据自身的实际情况制定相应的方案,而不能不经考量完全照搬他人的经验,在不同的地区应该选择不同的特色小镇建设发展方式,因地制宜,分类指导,走多元化、多类型、多层次发展的道路。

1.2.2 特色小镇形成及功能定位

特色小镇的形成与城镇化密不可分,城镇化概念由塞达(Serda)在 1867 年提出,即农村人口转为城镇人口或农业人口转为非农业人口。随后大多数学者(Lampard,1964;McGee,1971;Friedman,2004)认为城镇化是一个区域系统内的人口、产业等以不同的规模与速度向城镇集中的过程。从城镇化的定义中很难看出特色小镇建设发展的内涵与逻辑,但从经济学说史的角度看:从 1776 年亚当·斯密在《国富论》中提出的分工协作理论,到 1890 年马歇尔在《经济学原理》中提出的规模经济理论,再到 1990 年波特在《国家竞争优势》中对于产业集聚理论的经典论述,以及冯·杜能的农业区位论、韦伯的工业区位论、克里斯塔勒和勒施的城市区位论、佩鲁的增长极理论、熊彼特的技术创新理论等均为特色城镇化及特色小镇论证提供了丰富的理论基础。国外学者研究主要集中在:①特色小镇模式形成。城乡一体化区域理论模式(McGee,1991)即建立在区域综合发展基础上的城市化,其实只是城乡之间的统筹协调和一体化发展、城市化三维发展模型(Toppeta,2010)、智慧城市模式(Giffinger et al.,2007)即首先是产业城镇,其次是文化城镇,最后是科技城镇和小城镇模式(Bajracharya,1995)受到重视,并逐步演变为以某一产业为基础的特色小镇模式、二元经济结构模型(Lewis,1954)阐述了城镇化的内在机制,认为农业部门和非农业部门形成二元就业结构,工业化的推进使得工业部门劳动力需求上升,且工业部门收入比农业部门要高,促进了农业部门劳动力向工业部门转移。②小城镇功能定位。19世纪末,霍华德(Howard)在英国提出了花园城市的想法。他希望通过搬迁新的工业增长,将都市生活的优势与美丽宜人的乡村环境相结合,提出围绕大城市建立分散、独立、自主田园城市,实现城市生活与优美乡村有机结合,这是"中心—外围"结构理想模式;恩温(Unwin,1922)在此基础上提出了卫星城理论,主张在大城市的外围建立不同功能的卫星城,以疏散人口,控制城市规模;克里斯泰勒(Christaller,1933)采用正六边形对城镇等级、规模、功能之间关系进行分析;邓肯(Duncan,1950)强调城镇之间的职能分工与联系。③小城镇发展模式。布莱恩特(Bryant,1982)城市乡村理论、麦吉(McGee,1989)灰色区域理论、怀特安德(Whitehand,1988)城市边缘带等理论强调了城乡结合区小城镇发展,以及城乡一体化发展模式(Douglass,1991)。

国内学者相关研究主要集中在:①小城镇发展模式与内在机制研究。费孝通先生在1984年发表的《小城镇的发展在中国社会的社会意义》一文中提出乡镇工业是历史的必然产物;李云才(1996)认为农村综合改革是小城镇发展的重要前提,促进小城镇发展的根本基础是农业产业化;秦润新(1999)从我国"国情与乡情"出发,认为农村城镇化是我国城市化道路的必然选择,且农村城市化不仅仅是将农业人口转变为非农业人口,而是要通过小城市自身建设改变农村的生产力结构与经营方式;温铁军(2000)则重点研究了中国城市化的发展道路,提出了通过调整产业结构、就业结构和城乡关系等方式来发展小城镇;陈立旭(2016)提出建设特色小镇既要集聚人才、技术、资本等高端要素,也要提升文化软实力,由于特色小镇是一种新型创业创新共同体,相对于等级制、锥形制的传统行政区域,应是一种多个、多层、多届行为主体联结而成的,这意味着特色小镇必需文化的支撑功能。关于发展模式研究:费孝通(1986)通过对比"苏南模式"与"温州模式"得出评价模式的唯一标准就是视其是否促进生产力的发展;徐维祥、唐根年(2005)研究表明,产业集聚与城镇化互动发展是小城镇的主要发展机制。典型模式有"义乌模式"(以专业市场为对接平台)、"珠江三角洲模式"(基于外商直接投资)和"苏南模式"(基于开发区建设);章元、刘修岩(2008)通过OLS回归验证了聚集经济可以促进经济增长;杨振之等(2018)以现代城市规划理论的发展为核心,从乌托邦理想城市到霍华德田园城市理论,剖析特色小镇本质与特征,认为它的指向并非只是行政上的建制镇,更是以特色镇为特征城镇发展,是一种理想城市的实践状态;傅利利(2019)认为特色小镇恰恰就是聚集经济的一种表现形式;程芳(2019)认为目前特色小镇主要有三种开发模式:政府主导、企业主导、政企共建,其中企业主导模式是目前的主流开发模式,由"政府搭台,企业唱戏",典型的代表有福建宁德锂电新能源小镇。

②特色小镇功能定位研究。小城镇功能定位(林汉川,2006;杨开忠,2011;潘家华,2015;陈安华,2016;张平,2016;付晓东,2017)和重点发展战略(顾朝林,1994;周一星,1995),以及空间科学规划(张军,1999;崔功豪,2000;汪珠,2008)。马武定(2005)认为城镇特色是城镇明显区别于其他城镇的特征,应体现主体理性,在社会价值方面发挥更多的作用;盛世豪、张伟明(2016)认为特色小镇是一种产业空间组织形式,应当通过集聚高端要素,构建特色产业创新提升所需要的良好产业生态位;陈安华(2016)总结浙江省特色小镇的定义,并且提出特色小镇的支撑体系应当由产业、人才、土地、政策、资金、运营等六大方面构成;张橙(2017)将特色小镇分为农村地区、城市周边区、城市近郊区三种,且针对不同地区研究特色小镇功能定位的问题,认为特色小镇主要有产业培育、生态居住与旅游度假三大功能;冯云廷(2017)从更广的范围研究特色小镇,构建了特色小镇的产业—空间—文化的三维组织;陈从建等(2019)基于国内外特色小镇的理论研究,认为特色小镇的功能定位原则应当是多功能、多业态的,并且提出了特色小镇发展的四种模式和经典案例。

③小城镇配套制度研究。主要涉及小城镇的土地、户籍、社保等制度研究(刘锡良,2010;张体勤,2010;邓卫,2000)。曾江、慈锋(2016)认为特色小镇是新型城镇化的重要载体和发展模式,因此应当完成制度供给的创新。土地制度方面,应解决土地流转问题,整合建设用地避免变相房地产开放,注重人口的就地城镇化与金融方案。金融方面,建设打包发债引入社会基金,引进PPP模式等;苏斯彬、张旭亮(2016)同样认为特色小镇是伴随新型城镇化建设的新生事物,需要解决人口导入、功能联动、文化传承等问题,建立配套制度方面应走"自上而下"的顶层设计与"自下而上"的基层探索相结合的路径;刘泉钧(2017)则主要针对资金来源方面,讨论了特色小镇推进融资模式的方法,提出了集开发、建设、运营于一体的PPP融资方法与运作机制。

④特色小镇建设的瓶颈及治理手段。从大部分文献中可以看到学者讨论的特色小镇建设瓶颈主要包括概念了解不清导致房地产化,特色产业不立导致同质化,资金人才不到位导致空心化等方面。李晓磊(2019)指出某些地区特色小

镇被房地产化严重,部分房企借助建设特色小镇向政府低价拿地,通过政府的资金,以特色小镇名义搞房地产建设;闵学勤(2016)研究表明,特色小镇运动恰逢中国新型城市化建设周期,因此很有可能会存在有规划无文创、有产业无消费和有特色无灵魂等问题。应当尝试从小镇治理主体多元化和智库化、运行机制平台化和网络化、创新体系常态化和本土化、绩效评估精细化和全球化等方面入手精准治理;张鸿雁(2017)认为大规模的特色小镇建设,发展质量令人担忧,主要存在的原因有:盲目模仿、定位偏差、政绩行为、规划失误、房地产业化等。针对这些问题,他提出了特色小镇应有顶层设计与行动逻辑,要构建清晰的特色小镇建设理论体系,以创造充分就业为目的来构建创新的特色小镇,应当注意培育特色小镇的"品牌文化群落",创造制度型保障体系等;尹晓敏(2016)则提出特色小镇高端市场主体集聚难,高端企业不好引进,高端人才引流困难等问题

⑤特色小镇运营模式及规划创新研究。这方面文献探讨了特色小镇整体运营模式、经济运营模式及设计开发运营模式,以及涵盖产业、生态、空间、文化等多个领域的综合性规划。兰建平(2015)认为特色小镇建设的主体是企业,这是特色小镇建设的根本性问题,规划特色小镇,主要任务是实现小镇经济的可持续发展,典型特点是融合发展,特色小镇的规划和建设,还要注重和都市经济圈的衔接;宋维尔(2016)通过解读特色小镇本质内涵,在特色主题、小镇选址、功能定位、空间组织、实施计划等五个方面提出了可供参照的规划建议;赵士雯等(2016)从新型城镇化背景下的特色小镇建设问题入手,根据天津各小城镇自身特点提出五种发展模式:一是传统工业提升型,二是商贸物流驱动型,三是新兴产业突破性,四是城市服务业拉动型,五是现代农业带动型,六是旅游休闲推动型;齐拴禄、杨昆(2018)在对特色小镇内涵定位的基础上,以河北省的现状为导向,参照国内外经验,对特色小镇的创建与运营架构、模式、方法种类及利弊因素等进行了探讨,并提出了特色化定位、政府主导、市场化运作、项目化支撑、产业化统筹、网络化对接、法制化保障等运营着力点。

⑥特色小镇高质量发展的路径研究。翁建荣(2016)提出特色小镇刚起步,存在许多问题与不足,应当坚持品质为先、坚持特色为王、坚持创新为魂、坚持市场为主,要以更高的标准、更快的速度建设高质量的特色小镇;辛金国等(2018)结合高质量发展的内涵,从可持续性、核心因素、风险判断三个角度构建高质量发展评价指标体系;缪军翔(2019)强调高质量发展应以文化创新为纽带;《中国经济导刊》还在2019年5月期间刊登了包括浙江、江苏、广东等省份推进特色小镇高质量发展的典型做法。

⑦特色小镇政策推广及实施。仇保兴(2014)认为健康城镇化要有健全的城

镇规划管理机构;王小章(2016)提出新常态下,特色小镇要坚持政府有形之手与市场无形之手相结合;陈宇峰、黄冠(2016)主张特色小镇规划是产业布局集中化、模块化和专业化的集中体现,政府最要紧的是要做好"制度供给";冯奎、黄曦颖(2016)通过梳理浙江特色小镇发展的政策实践,总结了推进特色小镇发展的政策重点与启示;赵佩佩、丁元(2016)重点解析了特色小镇的政策内涵与政策机制,并且结合特色小镇创建的总体进展对当前浙江省特色小镇规划的基本属性、核心要求、规划重点与模式创新进行总结提炼,最后提出了产业选择、动力机制、政策设计等三个关键问题;张立(2017)梳理了特色小镇政策的缘起和内涵,辨析了其基本概念,进而总结了国家首批127个特色小镇在空间分布、经济发展、人口就业及建设拥地等方面的基本特征,并对特色小镇政策的延伸意义进行了探讨,认为特色小镇是我国各项制度和城乡政策的交汇点,是小城镇全面发展的触媒,是城镇化发展的新路径,抑或是新一轮改革的载体;孟则(2019)从学术和实践两个角度对特色小镇的研究表明特色小镇具有三个去向:一是以产业为基础,形成独特的产业生态,二是特色小镇将超越景区化,三是特色小镇质量将更加优化。

⑧特色小镇发展趋势与发展水平测度。刘守英、王一鸽(2018)通过分析中国近百年结构转变得出中国已经从"乡土中国"走向"城乡中国",任何基于"乡土中国"或"城市中国"的公共政策都不利于中国经济的转型,城市文明和乡村文明会实现融合共生;杨振之(2018)提出特色小镇的发展将会融合在城镇化的城乡融合发展之中;吴一洲等(2016)采用理论解析和专家咨询的方法,提出了主观与客观、定性与定量相结合的指标体系,该指标体系由基本信息、发展绩效和特色水平三个维度构成,呈钻石多边形结构,用于评价和比较我国特色小镇的总结竞争力与发展水平,针对性地提出了提升小城镇发展绩效的理论依据;温燕、金平斌(2017)在理论研究的基础上分析了特色小镇核心竞争力的构成要素,依据GEM模型构建了特色小镇核心竞争力指标体系和GSC模型,选取5个一级指标、18个二级指标、32个三级指标要素构成指标体系。运用层次分析法YAAHP软件对指标权重进行了分析,根据分析结果阐述了指标体系间的层次关系和重要程度。

⑨关于特色小镇的主要类型研究。赵秀玲(2017)认为,特色小镇应该是类型多样的,但主要有四种模式:一是建立在市区的特色小镇;二是在建制镇基础上建立的特色小镇;三是因区镇联动发展而建立的特色小镇;四是在行政村中建立的特色小镇。曹爽、罗娟(2017)认为,我国特色小镇可以划分为三类,以传统特色产业为基础的资源集聚型小镇,环境聚集型小镇和平台聚集型小镇;张祝平

(2017)在文章中指出特色小镇有七种类型,可以抓住其中单一的一种发展,也可以是复合式的延伸或叠加形成融合的发展类型。

1.2.3　小城镇产业结构与集聚研究

国外学者研究主要集中在:①产业结构演变与小城镇发展互动研究。刘易斯(Lewis,1954)、托达罗(Todaro,1969)、库茨涅茨(Kuznets,1968)、舒尔茨(Schultz,1988)的二元经济理论研究了产业结构演变、人口迁移与城镇化互动关系。诺瑟姆(Northam,1975)的"S"曲线理论、戴维斯(Davis,1965)的经典城市曲线理论和钱纳里(Chenery,1975)的"多国发展模型"阐述了城镇化发展不同阶段与不同产业结构变动的关联关系。②产业集聚与小城镇空间结构演化研究。早期韦伯(Weber,1909)和马歇尔(Marshall,1920)的区位理论、佩鲁(Perroux,1955)的增长极理论、弗里德曼(J. Friedmann,1964)的核心边缘理论等研究了产业集聚与城镇空间结构演化关系。③城市流空间网络结构研究。曼纽尔·卡斯特(Castells,1989,2010)的"流空间理论"则从信息流和网络角度研究了信息时代全球化、网络化和城市化之间的空间结构关系与动力机制。

国内学者研究主要集中在:①产业链与小城镇发展研究。龚勤林(2004)重点研究了区域产业链类型,构建涉及三次产业、城乡两大区域,融合研发、科技于一体的贸工农产业链,最终实现城乡协调发展。②产业集聚与小城镇发展研究。赵连阁(2000)研究了农村工业分散化空间结构成因与聚集条件,提出布局机制、区位、产业、政府是农村工业集聚的关键要素;王璐(2015)提出产业系统选择决定小镇未来,要找准特色、凸显特色,实现特色产业间协作配套与创新要素融合发展,要素融合是特色小镇产业发展的核心;卫龙宝、史新杰(2016)认为"特色小镇"的提出与"新型城镇化"颇有渊源,两者均通过产业的集聚优势,促进内需的扩大以及经济结构的调整,从目标上讲,两者具有一致性;刘秉镰、尹喆(2016)研究发现:不能否认小城镇存在规模经济,同时,为了获得规模经济,小城镇在未来应该发展最小最优规模的中低技术产业和适宜产业,小城镇可优先发展劳动密集型的中低技术产业等。③产业集群和小城镇建设关联。孙久文、闫昊生(2015)回顾我国城镇化的发展历程,提出任何形式的城镇化都是产业推动的结果,健康的城镇化要以产业化为基础。④小城镇产业空间优化布局技术。赵倩(2010)运用要素分析的方法,对影响小城镇产业布局的自然要素、经济要素、政策要素和路径依赖进行分析比较,得出"域""块""轴""点"的产业布局方式;李娜、仇保兴(2019)运用复杂适应系统理论(CAS)分析产业发展与空间优化互动发展规律,借助复杂适应系统理论,分析产业发展与空间优化的实施策略。⑤产业结构合理化评价研究。刘淑茹(2011)提出产业结构合理化是经济发展的本质,由此以可持续发展观为理论指导设计出一套产业结构合理化评价指标体系。

1.2.4 特色小镇竞争力研究现状和发展趋势

1.2.4.1 特色小镇竞争力影响因素相关研究

国外学者对于特色小镇竞争力的影响因素主要是从硬实力和软实力两个部分来建立竞争力模型的,早期的竞争力模型关注产业结构、经济实力等一些硬实力部分,随着城市发展的不断推进,环境、土地、人才等多种问题的出现,学者们在建立城市竞争力模型时将环境、人力、文化等多重软实力作为重要影响因素。①波特"钻石"模型:迈克尔·波特(Porter,1990)在《国家竞争优势》一书中首次从产业角度研究竞争力,并提出了著名的"钻石模型",指出决定一个国家产业竞争力的六大要素,四个内生要素:生产要素,需求条件,相关产业和支持产业的表现,企业的战略、结构、竞争对手的表现;两个外生变量:政府行为,机遇。波特认为国家产业参与国际竞争分为要素驱动、投资驱动、创新驱动、财富驱动四个阶段。②IMD 国家竞争力模型:IMD 和 WEF(1995、1998)发表的"世界竞争力年度报告",对国家竞争力评价原则,方法选择和指标筛选都形成了较为权威和被广泛认可的评价体系。③多要素结构模型:韦伯斯特(Webster,2000)提出四要素结构模型来综合评价城市竞争力,从经济结构、区域禀赋、人力资源、制度环境四个方面,通过城市财富积累、基础设施建设、人才培养引进、政府决策环境等角度来体现城市竞争力。马尔库和林纳马(Markku & Linnamaa,1998)将城市竞争力划分为六个平行关系的决定要素:基础设施、企业、人力资源、生活环境质量、制度和政策网络、网络中的成员,首次将生活环境质量作为城市竞争力影响因素之一,并且强调了要素之间的网络合作。④"迷宫"模型:贝格(Begg,1999)在研究城市竞争力时,建立了四要素(部门趋势和宏观影响、公司特质、贸易环境、创新与学习能力)迷宫模型,并阐述了各个要素之间的相互关系。⑤"金字塔"模型:加德纳(Gardiner,2004)借鉴欧盟区域竞争力项目,以生活质量为目标,主要依据经济结构、创新活动、劳动技能、区域文化等方面竞争力影响因素建模,即金字塔模型。模型层次分明,以提高城市居民生活质量为基础,认为城市竞争力的显性表现为生产率和就业率两个方面,模型强调生产力和就业两大重要指标。

国内的城市竞争力影响因素研究对比国外相对滞后,但国内学者根据中国国情与城市发展进程,借鉴了国外的城市竞争力模型,建立了符合中国城市发展要求的城市竞争力模型。①城市竞争力特点。冯兵(2003)认为城市核心竞争力具有独特性、扩展性、积累性和耐久性的特点,且由城市运行控制能力和城市持续发展能力组成。②城市竞争力模型。倪鹏飞(2001)提出的"弓弦箭"模型,将城市竞争力分为"硬竞争力"和"软竞争力"共12种分竞争力,"硬竞争力"主要包含了城市区位优势、城市基础设施建设、城市规划布局、科研水平发展等要素,"软竞争力"包括了历史文化、政策制度、城市管理等方面,而城市产业发展作为前两者功能的体现,三者共同构成"弓弦箭",形成城市竞争力。廖远涛、顾朝林(2004)等人在借鉴波特钻石模型,提出层次竞争力模型,认为城市发展目标是城市生活品质质量的提高。③城市竞争力方法研究。郑睿、李汉铃(2006)通过利用模糊关键矩阵方法,建立了基于多属性的系统结构城市竞争力系统模型,通过计算要素层属性对系统的贡献度,客观分析各因子对系统影响因素,并得出结论政府管理力是城市产业竞争力的核心影响因素。李永强(2001)在城市竞争力研究中从综合能力和单项能力、动态和静态的角度建立了城市竞争力概念模型,将心理学、教育学和市场营销学等学科并处于统计分析技术前沿的结构方程模型应用于城市竞争力模型的构建和评价。马瑞华(2006)在研究中国产品品牌空间分布时,通过对品牌经济与城市竞争力实证发现城市品牌数量与城市竞争力呈正相关关系,得出品牌经济可大大提高城市竞争力的结论。

1.2.4.2　特色小镇竞争力评价指标体系和方法相关研究

国外学者关注点集中在城市竞争力评价指标的构建上,美国巴克内尔大学彼得·卡尔·克罗索(Kresl,1999)认为在评价城市竞争力时,选择指标原则至关重要,其城市竞争力及评价框架是显示性框架和解释性框架的结合。利用多变量把抽象的竞争力显示成具体的可比较的竞争力,是他对城市竞争力指标体系研究的一个重要贡献。伊恩(Iain,1999)在研究城市竞争力的主要参考生活标准、就业率、生产力、上下部门趋势及其总体影响、公司特质、商业环境、创新及学习能力等因素。罗伯特(Robert,1999)主要考虑环境、生活形态、就业、住宅成本、健康服务、运输、犯罪、教育、经济、艺术、政府税收、商业空间、生活成本、政治支撑力、工资水平因素来综合评价城市竞争力。保罗·贝恩沃思(Benneworth,2007)认为高等教育是城市竞争力的重要影响因素,他通过对英国纽卡斯尔大学、荷兰屯特大学研究发现,知识资本有助于创新,创新是经济剩余增长的原因,知识经济发展是提升城市竞争力的重要推手,而大学即是知识资本的发散地,在城市发展中起至关重要的作用,也是提高城市竞争力的关键因素。

城市竞争力评价研究方法:扎纳克斯(Zanakis,2005)利用逐步回归、加权非线性规划技术、智能学习技术(人工神经网络),和推理技术(分类和回归树),对43个国家的经济、国际化、政府、金融、基础设施、管理、科学和技术以及人口和文化特征等55个变量进行了分析,得出国家竞争力的第一驱动力是低国家风险和高计算机普及率。舒莱•翁塞尔(Önsel,2008)等人在评价国家竞争力时,对于等权处理和主观定权提出质疑,并且认为基于国内生产总值的测算方式是不够的,利用人工神经网络方法对178个指标进行了筛选与权重分析,对于不同的国家分类各自有不同的指标选择。乔里亚诺保罗(Chorianopoulos,2010)等人对雅典作为城市竞争力研究对象,利用卫星图像和地理信息系统了解城市地区土地开发情况,并指出城市规划、土地利用是提高城市竞争力的关键因素。

国内学者相关研究主要集中在:①小城镇关键驱动因素研究。分析了小城镇核心竞争力构成要素(李仲飞,2015;曾五一,2013;潘家华,2014;魏后凯,2011;王泰,2004;高会研,2006;笪可宁,2009;笪可宁、赵希男,2010;赵永平,2013),强调制度创新是新型城镇化关键驱动因子(罗小龙、张京祥,2011;周诚君,2013),产业支撑对于城镇化发展作用(刘秉镰,2014),以及隐性知识是获取竞争优势的重要来源(冯涛,2011)。②基于可持续发展小城镇的产业定位研究。以业兴城,以城促业(匡耀求,2015),小城镇可持续转型发展研究综述与展望(李国平等,2018)。③城镇化评价研究。《国家新型城镇化规划(2014—2020)》从城镇化水平、基本公共服务、基础设施、资源环境四方面,选取18项指标构建城镇化指标体系,从国家指导层面给出了新型城镇化具体测算指标,评价指标更加关注公平、质量和人口发展。王蕾、钱晓东(2012)在对甘肃省城镇化建设水平进行评价时,对主成分分析结果使用了聚类分析,从而避免同一而论,忽略各州市间差异。涂永强(2012)通过因子分析和聚类分析相结合方法,对山东各地市城镇化发展水平进行排名和划分。

1.2.5 研究评述

国外对于特色小镇的研究主要是对旅游城镇的研究,通过对国外著名的旅游城镇或正在开发的旅游城镇进行调研与考察,就小镇的政治、人文、社会、环境、产业等多个方面对旅游小镇的进行发展评估,很多学者发现特色旅游业助力于当地小镇的发展,推动了当地经济增长;但也有部分学者在研究旅游城市时发现,有些城镇旅游业发展与当地的资源、环境等各个因素都有所矛盾,严重阻碍了该地区的经济发展与进步。目前我国对于特色小镇的竞争力评价的文献相对较少,但是对于特色小镇的特点与发展方向相关研究较多。国内绝大部分学者着重于特色小镇的产业,关注于产业的创新与发展,说明特色小镇的发展理念即是通过特色产业体现出来的。随着特色小镇的不断发展与深入,学者逐渐关注到生态、人文、资源、政府等各种要素的影响,并提出了特色小镇的发展方向与规划。

查找了相关城市竞争力及指标评价的文献,国外学者对于竞争力的影响因素主要是从硬实力和软实力两个部分来建立竞争力模型的。早期的竞争力模型关注产业结构、经济实力等一些硬实力部分。随着城市发展的不断推进,环境、土地、人才等多种问题的出现,学者们在建立城市竞争力模型时将环境、人力、文化等多重软实力作为重要影响因素。随着研究的不断深入,也有学者利用智能学习技术、推理技术,卫星图像和地理信息系统等新兴方法对城市竞争力进行评价。国外学者对于竞争力指标主要考虑生产力,除此以外,教育、环境、基础设施建设等也都是城市竞争力评价的主要指标构成。随着城市发展演进以及城市生活成本的提高,部分学者认为生活成本、住宅成本、工资水平等方面也是构成城市竞争力的重要因素。国内学者基于国外的几大著名城市竞争力模型对模型作出了创新与修改,制定了符合我国国情的城市竞争力模型,近些年也有学者在不断尝试利用新的模型与方法对城市竞争力进行评估与测算;对于竞争力指标评价方面,绝大部分学者主要关注产业与经济两个方面的内容,除了经济与产业两个指标以外,很多学者也将环境、人才、资本、交通、政府等纳入指标体系,近些年随着生活质量的提高,也有学者将生活品质等相关指标加入评价考核中。

2 特色小镇竞争力理论分析

2.1 特色小镇竞争力内涵研究

2.1.1 特色小镇概念及内涵

特色小镇之说由来已久,其具体内涵经过长时间演变更为复杂。为了在后文的具体探讨中避免概念杂糅,能够更好地针对问题进行探究,有必要在此先对本书中"特色小镇"的概念进行明确界定。

小镇一词的汉语释义如《南齐书·柳世隆传》中所载:"东下之师,久承声闻。郢州小镇,自守而已。"亦为掌握一方军政大权的藩镇中之较小者,再往后则有县以下人口会集,且有贸易活动的居民点之意,如清朝王步青于《见闻录·松江记事》所载:"中大桥……沿黄浦江北岸一小镇也。市长不过半里。"特色之意则是有明显区别于他者的风格或样式、具有独到之处。根据以上解释,"特色小镇"的文字涵义应当是具备独特之处的、有政府管理和商业活动的小规模人口集中居住点。

对于小城镇,虽然在国内的使用频率很高,但实际上使用其内涵并不统一。民政部门对其定义较为狭窄,一般专指建制镇;经济部门在其中加入了县级市的概念;建设部门则把集镇也纳入其中(许和本、许国,2005)。集镇是农村集市自然形成的,建制镇由集镇发展而来,但是集镇还是农村,而建制镇已有城镇化的特点(谢扬,2003)。故此,将建制镇作为小城镇的定义应当是可行的。

最早发布关于规模化建设特色小镇政策文件的是云南省人民政府。在其2005年发布的《关于加快旅游小镇开发建设的指导意见》中,将特色小镇与城镇化挂钩,可见最初的特色小镇定义与特色小城镇可以说是基本相同。随后山东省、海南省、贵州省、江西省等地接连开展了特色小镇的建设，其内涵便是如此。直到 2015 年，浙江省人民政府发布对特色小镇的建设实施意见，其内涵却与原先大不相同：从规模上来看，浙江的特色小镇比其他省市建设的要更"小"，一般不超过 3 平方公里；从主体上来说，浙江的特色小镇更强调企业主体，其他省市则更强调政府的主体地位；从实质上来讲，浙江的特色小镇也不是其他省市建设的"建制镇"，而是区别于行政区划单元和产业园区工业园区的功能平台。在该政策文件中明显提出了，特色小镇是"发展空间平台"。由于落地的速度极快、产生的效益极好，浙江定义的另类"特色小镇"后来居上，反而赢得了相当的话语权。

再到 2016 年国家层面出台政策，积极推动各地区进行特色小镇的建设，但是从文件中可以看到，"特色小镇"一词，在住房和城乡建设部、国家发展和改革委员会及财政部于 2016 年 7 月 1 日联合下发的《关于开展特色小镇培育工作的通知》中，特色小镇"原则上为建制镇"，可以说其定义还是与最初的版本相同，直到 10 月份国家发改委发文，将两者进行了详细区分。在推广建设的后期，各省在实践中由于概念不清、定位不准等原因出现了很多问题，从而中央于 2017 年 12 月再次发布政策文件《关于规范推进特色小镇和特色小城镇建设的若干意见》，明确了特色小镇和特色小城镇的区别：一是规模，前者以"小"为特点，基本为几平方公里，后者则拥有几十平方公里以上的土地，还需有一定人口经济规模；二是背景，前者是出于推动经济结构转型升级、统筹城乡发展，后者则是加快城镇化进程、促进新型城镇化建设；三是性质，前者是一种具有复合功能的创新创业平台，后者为行政建制镇。

浙江版本的特色小镇实际上是出于对本省情况的具体把握，发挥民营企业发展良好、创新创业氛围浓厚的自身优势，打造的具有与以往特色小镇有共同之处的区域概念。虽然与大部分省市所建设的特色小镇大相径庭，但这项创新举措确实对国家层面的政策出台起到了一定的促进作用。本研究致力于探讨全国范围内的特色小镇扩散现象，虽然在 2017 年 12 月的中央文件中对两个概念已作出明确的区分，但是纵观特色小镇全局，两者实际上密不可分，在研究其发展的过程中无法完全剥离。尤其是政策文件中，实际上只有部分对两者进行了明确界定并区分使用，故此，在下面研究中所陈述的特色小镇将包含两部分：一是源自浙江版本的特色小镇，即新型功能平台；二是最初版本意义上的特色小镇，即特色小城镇。

2.1.2　各地特色小镇的概念实质

目前在关于特色小镇的研究中,大部分并没有将两者完全区分开,而是将其作为一个整体进行描述,从而认为浙江是其源头,而中央是吸纳学习者。实际上,对比 2015 年 4 月浙江出台的政策文件和 2016 年 7 月出台的被认为是特色小镇"建设信号"的部委层级政策文件之后可以发现,两者所说的"特色小镇"并非同一概念,而 2016 年 10 月中央发布的政策文件《关于加快美丽特色小(城)镇建设的指导意见》中,才将两者首次做出了区分。

为了更好地描述特色小镇的发展,通过网络查询 31 个省级政府政务公开的内容,将各省区市先后出台的最早有关"特色小镇"的政策文本加以对比,并根据其中的描述,例如建设规模大小、性质是否为建制镇等,甄别文本所提特色小镇的具体内涵,确定倡导的特色小镇的性质。根据以浙江省、贵州省为主的各地发布的政策文件和中央发布的相关文件,具体区分原则见表 2-1。

表 2-1　特色小镇与特色小城镇内涵差异

区分标准	特色小镇	特色小城镇
思想背景	经济转型升级、供给侧结构性改革	新型城镇化建设
主管部门	国家发展改革委	住房城乡建设部
性质	创新创业、发展平台空间	行政建制镇
面积	几平方公里(一般要求规划用地在 3 平方公里左右,建筑用地 1 平方公里左右)	几十平方公里

得益于电子政务的发展和政务公开的推广,大多数政策文件可以通过网络检索进行获取。根据对 31 个省级政府的政策文本检索结果和如表 2-1 的具体区分标准,统计时间截止于 2019 年 2 月 1 日,按时间顺序整合各地首次发布特色小镇相关政策的情况。

根据统计结果,可以得出截至 2019 年 2 月,开展特色小镇建设并出台针对性政策文件的省区市共有 29 个,占比 93.5%,尚有山西省和新疆维吾尔自治区两个省份暂时没有发布相关针对性的政策,但也都以其他方式划入政府工作范围并落实建设,新疆维吾尔自治区早在 2016 年的党委经济工作会议上就提出了要打造特色城镇,山西省也将特色小镇的建设写入了各项文件,并作为 2019 年政府工作报告的重点工作任务。根据首次发布的政策内容,各地开展的建设实质为特色小镇,即复合型功能平台的,共有 11 个;而实质为特色小城镇的共有15 个,其余有 3 个地区在涵义区分的基础上同时开展了两个方向的建设。在后期政策文件中,如果出现需要同时涵盖两个含义的情况,一般统一称之为特色小(城)镇。

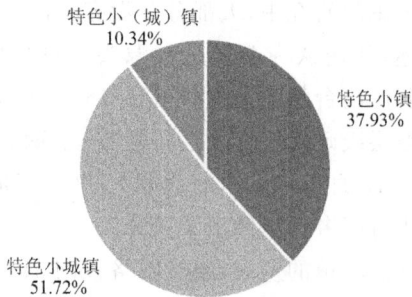

图 2-1   各省级政府发布政策内涵比例图

从图 2-1 可以看出,各个省级政府发布的政策中指导建设的具体内涵为特色小镇和特色小城镇的数量较多,分别占总体的 37.93% 和 51.72%,仅有少部分省级政府发布的政策文件囊括两方面意涵,是为特色小(城)镇,占 10.34%。相对来说,更多省级政府政策内容中的"特色小镇"其具体涵义乃是特色小城镇,超过半数。这是由于浙江版特色小镇的建设经验具有较强的限制性和一定的不可复制性,也可能与特色小城镇的建设提法更早有一定的关联。

最早提出特色小镇建设的是云南省,早在 2005 年就已经针对旅游特色小镇发布了相关政策,其实质为特色小城镇;紧随其后的是贵州省。若不仅仅从发布的针对性政策文件来看,在 2005 年至 2012 年间,山东省、海南省、北京市和江西省其实也已经在规划设计要建成"特色小镇",并将建设计划对外发布。因此,现在真正意义上所提的特色小镇其实起步较晚,直到 2015 年 4 月的浙江省才发布专门的政策文件,但是由于其成效突出,迅速形成了一定的影响力。

根据统计的数据绘制出发布特色小镇和特色小城镇政策的行政区划如表2-2,从地域分布上看,沿海地区的省级政府大多数发布的为建设功能平台意义层面的特色小镇建设,仅有辽宁省和上海市发布的政策实质为特色小城镇建设,广东省的则是两方意涵的特色小(城)镇。特色小城镇则以内陆地区为主,只有甘肃省、湖南省、陕西省建设的内涵为特色小镇,黑龙江省和湖北省则是特色小(城)镇。

由于最初提出发展空间平台意义上的特色小镇建设的浙江省为沿海省份,是因为沿海省份存在更多的内外部相似条件,或有其他原因导致的这种分布状况差异,则需要进一步的探究。

表 2-2 省级政府发布政策内涵分布

地区	北京	天津	河北	山西	内蒙古	辽宁	吉林	黑龙江	上海	江苏
特色小镇		√	√							√
特色小城镇	√				√	√	√		√	
特色小(城)镇								√		

地区	浙江	安徽	福建	江西	山东	河南	湖北	湖南	广东	广西	海南
特色小镇	√		√		√			√		√	√
特色小城镇		√		√		√					
特色小(城)镇							√		√		

地区	重庆	四川	贵州	云南	西藏	陕西	甘肃	青海	宁夏	新疆
特色小镇						√	√			
特色小城镇	√	√	√	√				√	√	
特色小(城)镇										

2.1.3 国家层面特色小镇概念内涵实质

中央层面出台的政策一般来说会对地方政策起到指导性的作用。为了更好地研究特色小镇概念的变迁过程,通过网络检索中央部委出台的相关政策,并根据同一标准对其中所提及的特色小镇概念内涵进行区分,则得出国家层面出台特色小镇的政策情况及其内涵统计(详见图 2-2 所示)。

由上述统计情况(图 2-2)可知,国家层面发布的政策中,绝大部分的意义内涵为特色小城镇,共有 14 项,占到 70%。仅有国家林业局发布的 1 项政策中明确指出其指导建设的森林特色小镇为创新发展平台,另有 5 项文件是关于兼具两者意涵。在最早的 2016 年 7 月四部委发布的政策文件中,所提的"特色小镇"就明确指出原则上为建制镇,也就是说其概念仅为特色小城镇。直到 2016 年 10 月国家发改委发布的政策文件中,才明确指出特色小镇和特色小城镇的涵义差别,并界定了两者的范围。而在该政策中,也指出要以特大镇、专业特色镇作

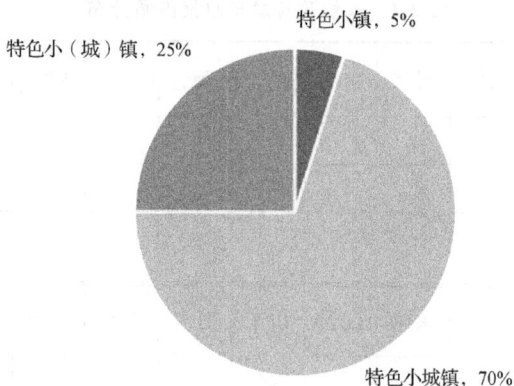

特色小镇，5%

特色小（城）镇，25%

特色小城镇，70%

图 2-2   中央部委发布政策内涵比例图

为发展重点，也就是认为特色小城镇的建设更关键。

　　由此可见，国家层面实际上意识到浙江模式的特色小镇有其独特的建设背景，其中确实有值得吸纳学习的部分。虽然由于各省资源条件等存在一定的不可复制性，但两种提法确有一定的相通之处，即"先建成、后命名"的建设模式、"产业主导"的发展模式和"政府引导、企业主体"的运作模式。这正是中央政策向地方政策吸收推广的重点，也证明了中央政府在向地方创新政策进行学习借鉴的过程中会更加注重普适性，以便向各地进行推广。

2.1.4　本研究对特色小镇的概念界定

　　本研究探究的是特色小镇情况，由于在特色小镇的实际发展过程中，前期各个省份出台的政策里所谈及的"特色小镇"概念是混杂的，这些文件提出的"特色小镇"的意义，其实并没有明显地区分特色小镇和特色小城镇，直到扩散后期才逐渐清晰界定了两者的意涵。但是，无论这些文件对特色小镇的定义是建制镇还是发展创新平台，实际上都是对产业建镇模式的提倡，两个概念一出同源具有相通性，并不能将其完全分开看待。

　　在大多数学者对特色小镇政策进行的研究中，虽然提到了特色小镇和特色小城镇的意涵不同，但通常认为浙江省于 2015 年 4 月发布的文件是特色小镇政策扩散的起点，而 2016 年 7 月是中央对其"吸纳"的典型标志。然而对比浙江首次发布的政策文件和中央首次发布的政策文件可以发现，两者涵义其实并不完全相同，前者是现在明确意义上的"特色小镇"，后者却是"特色小城镇"。但不可否认的是，浙江版本的特色小镇政策的成功确实推动了中央层面对特色小镇的重视,因此可视其为最初版本即云南版本特色小镇的创新。

　　综上所述,特色小镇不是传统定义上乡、镇的概念,是独立分类出来由政府主导规划,以打造具有鲜明特色产业、优雅宜居环境发展模式为目的的小镇。从字面意思理解可以划分成三个部分来对特色小镇内涵进行分析,"特"字指小镇特色产业,即特色产业为小镇产业发展的主要方向,特色小镇企业主体和产业主体应该是围绕其"特"来发展,无论是其特色产业份额还是特色产业成熟程度都应该是小镇产业中最高的,"特"为特色小镇产业定位和产业发展的基础,集小镇资源优势大力发展小镇之"特",是小镇发展的关键。"小"字指小镇规划面积,"小"是特色小镇发展的内在要求,"小"才能做到投入密集化、产业特色化、产业集中化,在"小"的范围内将特色产业做到极致,"小"并不代表不全,麻雀虽小,五脏俱全,特色小镇的特色产业链应该是在"小"的区间内做到完整与统一。"镇"是指小镇发展形式主体,不是传统意义上的行政划分中特指的镇,而是可以理解为一种新型的产业发展、产业聚集区,但是"镇"字却代表了小镇的一些基本特性,即小镇是该区域经济发展较为良好、适合居民居住生活的地方。总的来说,特色小镇是我国社会经济转型发展的必然产物,是一种符合我国特色社会主义发展基本要求的特殊发展模式的创新,也是我国在不断促进城镇化进程中的又一条发展路径。

2.1.5　特色小镇竞争力内涵及特点研究

　　特色小镇竞争力是特色小镇与其他小镇竞争中体现的能力,是特色小镇发展潜力的表现,亦是特色小镇可持续发展的动力。竞争力,顾名思义,必须通过竞争才能看出其力所在,竞争是竞争力的产生方式,竞争力是竞争的表现方式,故在评估特色小镇竞争力时我们最先需要明确竞争主体特征是什么,作为竞争主体中最能体现竞争力的核心要素又是什么。特色小镇竞争力的主体是特色小镇,特色小镇是具备"特""小""镇"几个基本特征的产业创新集聚区,特色小镇的鲜明特点是产业极具特色、环境舒适宜人。其次从特色小镇竞争力要素出发,我们发现小城镇、城市竞争的内容可以是城市产业结构、交通便利程度、基础设施建设程度、居民生活质量等,而作为特色小镇的竞争力要素,必须体现其特色产业,特色产业具备竞争力是特色小镇竞争力的保障,特色小镇没有特色产业的支撑等于失去竞争力的灵魂,以特色产业为基点,全面打造特色产业生态链是小镇核心竞争力的体现。特色小镇竞争力亦有和城市乡镇竞争力相同之处,其竞争力是由多个因素组成,并不是依托单一要素,其考量的是整个特色小镇发展的综合能力、持续能力,而这些能力可以从区位交通、生态环境、人才、医疗环境、生活质量、文化资源等多方面维度加以辅之。最后,综合以上各种要素的支持,特色小镇最终需要对资源要素进行合理的分配与最大化其效用,才能真正实现特色小镇竞争力的成长。

综上,我们发现特色小镇竞争力具备以下几个特点:一是独特性。每一个特色小镇产业发展方向不同,且产业构成各有差异,特色小镇竞争力需以其特色产业为基本衡量点,故在评价特色小镇竞争力时需要充分考虑每个小镇产业发展的特性。二是整体性。特色小镇竞争力不是一蹴而就的,其构成是各个要素的综合体现,不能只关注其中一个或几个因素,避免出现单一化、片面化评价特色小镇竞争力,从整体出发,综合考量,全面且细致地明确影响特色小镇竞争力要素的组成。三是动态性。和国家、城市发展一样,在不同阶段的发展时期上,国家、城市竞争力的内涵是不断发生变化的,同样,作为新兴的发展模式,目前全国特色小镇仍处于一种起步的状态,其发展路径和规划依然在一个逐渐摸索的过程中,导致特色小镇竞争力内涵也是不断发生变化的,故在如何提高特色小镇竞争力方面,在不同时期对于其发展要求是不同且呈动态变化的。

2.2　我国特色小镇竞争力理论模型研究

2.2.1　花园城市理论的提出

"花园城市"的概念来源于霍华德(1898,1902)在其著作《明日:一条通向真正改革的和平道路》(后改名为《明日的田园城市》)中的"田园城市"。霍华德(1919)认为田园城市是为健康、生活以及产业而设计的城市,四周有永久性农业地带围绕,城市的土地归公众所有。在此基础上,霍华德将田园城市分为两类,即"单体花园城市"和"社会城市",单体花园城市主要是指单个城市及其周边乡村的和谐发展问题,社会城市即"花园城市群",是指若干个花园城市与其围绕的中心城市一起逐渐构成一个城市群,通过高速公共交通网络体系实现居民在城市之间的便捷流动;通过城市集群的形式享受到一个人口规模相当的大城市所能够拥有的设施与便利,确保居民能够随时进入美好清新的乡村环境中去。

2.2.1.1　英国的实践

1903 年,霍华德和花园城市协会在距伦敦约 56 公里的地方成立了第一个花园城市公司,建立了第一座花园城市——莱奇沃思(Letchworth),虽然规模小,形态也不成熟,但其独特的理念引起了人们的广泛关注。1944年,在"花园城市"的理论基础上,大伦敦规划了"中心城—绿化隔离带—卫星城"空间模式,通过人口的迁移、扩散缓解内城拥塞的压力。这些卫星城市虽然远离伦敦大都市,但其城市功能完善,规模较大,形成了区域发展的新的反磁力中心。

2.2.1.2 美国的实践

美国花园城市运动的最大特点是在霍华德理论基础上进行了创新。一是提出了"邻里单元"概念。克劳伦斯·帕利在1929年提出将居民区面积控制在以学校、商店等公用设施为中心、以步行可达距离为半径的范围之内,加强城乡社会的亲合力。二是实施瑞本模式。基于新泽西州瑞本市区的一次花园城市试验,施坦因和亨利·莱特在1927—1929年提出实行人车交通分离模式。罗斯福新政时期建设的马里兰州的绿带以及俄亥俄州的格林希和威斯康星州的格林代尔两个移民区都以此为实践。

2.2.1.3 澳大利亚的实践

1890—1914年,澳大利亚处于经济低谷和城市失业危机之中,在改革浪潮推动下,霍华德的花园城市理论被介绍进来。澳大利亚首都堪培拉城市为绿色的青山和美丽的人工栽种松林翠柏所环拥,50%以上的面积为国家公园或保留地,城市呈环状由市中心向四周辐射,城郊与周边乡村毗连,景色秀丽优雅,环境清新宁静,成为举世闻名的花园城市。

2.2.2 城市竞争力理论模型

国家竞争力模型中较为知名的理论模型为波特国家竞争力模型和IMD模型,丹尼斯模型和道格拉斯·韦伯斯特模型则是城市竞争力模型的代表。虽然两者的竞争力主体分别是国家和城市,但是在宏观层面上对于特色小镇竞争力模型仍有较大借鉴意义。

波特国家竞争力模型,亦称波特钻石模型,该理论指出国家竞争力由生产要素、需求条件、支持产业、企业战略四个要素构成,除此之外,政府和机会也是影响国家竞争力的重要因素。IMD模型主要从企业竞争力来衡量国家竞争力,而企业竞争力的高低又受国家对企业宏观层面的调控影响,两者相互关联,共同发展,除此之外,该理论还从企业管理、经济实力、科学技术等八个方面与四大环境要素共同形成国家竞争力理论体系。丹尼斯模型提出的城市国际竞争力模型为 $C=F(U,N,T,F)$,即城市国际竞争力可以表达为受支撑国际贸易活动的城市环境、国家因素、国际贸易依附程度以及产业的国际竞争力四大变量影响的函数,该理论对研究城市竞争力有重要实用价值。道格拉斯·韦伯斯特提出的城市竞争力模型从经济结构、区域禀赋、人力资源和制度环境四个方面来描述了城市竞争力的构成。

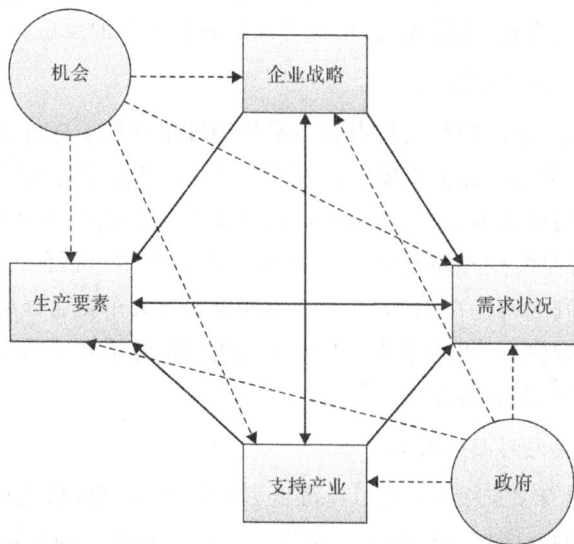

图 2-3   波特国家竞争力模型

2.2.3   基于波特钻石模型的特色小镇竞争力评价理论模型

本研究通过基于对波特钻石模型的研究,深入细化特色小镇竞争力构成,拟构建基于钻石模型的特色小镇竞争力评价理论体系。

从特色小镇生产要素出发,其基本构成为其初级生产要素和高级生产要素,特色小镇初级生产要素是小镇与生俱来适合其发展的优势因素,包括小镇自然环境、区位因素、自然资源等,高级生产要素则是小镇交通发达程度、基础设施建设程度、高端人才要素等,对于特色小镇来说,其产业发展独特,故其在生产要素构成方面亦是呈多元化和动态化,如历史经典产业特色小镇,历史文化资源是其生产要素的重要构成。从需求状况分析,市场需求是时刻发生变化的,在笔者看来,在贸易日渐国际化的今天,唯有在行业、产业中保持足够的竞争力,才能在市场上占有足够份额。小镇特色产业亦是如此,关注市场动态、产业前沿消息,特色小镇根据自身发展优势找准产业定位,挖掘产业内在市场潜力。如诸暨袜艺小镇,倚靠其袜子产业基础,准确抓住市场需求状况,不断将产业品牌化、高端化,从之前高产高耗到如今的高端集约,成功完成产业转型升级,实现小镇快速发展。从相关产业分析,特色小镇重点发展的是特色产业,但是其相关支持性产业和其支柱性产业一样重要。波特指出需关注"产业集群",作为特色小镇来说,发展的应该是特色产业集群,而不是单一的某项产业或领域,优势产业带动相关产业共同发展,形成完整的产业生态链,不断加强优势产业产业创新能力,进而不断提高相关产业技术要求和支持能力。从企业战略角度来看,特色小镇企业应专注于产业竞争力的提升,不仅需要具备行业竞争力,更要拥有国际影响力。在企业竞争方面应当注重企业之间的良性竞争,建立合理健康的企业运行机制,深度挖掘产业发展潜力,紧跟市场国际形势发展,不断扩大国内、海外市场,争作行业标杆,构筑产业国际竞争力。政府和机会也是特色小镇竞争力的重要组成部分,政府部门作为产业定位、产业规划、产业布局等小镇多方面建设的推手,扮演的是一个产业推动者、小镇缔造者的角色,通过制定科学合理的政策,把握市场动向,规范行业竞争规则,以及对小镇企业考核、小镇发展考核等,确保小镇的稳步发展;而机会这一不稳定性影响因素往往是最不可控的,但是一个好的机遇能持续提高小镇产业竞争力,大幅提高小镇发展水平,此时则需要政府或者小镇龙头企业去寻找机会,如何拓宽融资渠道、如何寻找市场入口、如何控制成本、如何科技创新等等都是可以去创造的机会。笔者将特色小镇竞争力具体拆解成内部竞争力、外部竞争力和核心竞争力三个部分,并将六点要素分别对应与三者关联,通过竞争力结构来进一步阐述特色小镇的竞争力构成(见图2-4)。内部竞争力,即小镇初级、高级生产要素的构成,主要由生产要素构成,外部竞争力来自市场需求、政府、机会的支持,而核心竞争力来自其企业战略和支持产业及相关产业发展,三者竞争力相互影响,且其影响大小各异,内部竞争力的提升能带动外部竞争力、核心竞争力的提高,外部竞争力的成长同样也能促进内部竞争力、核心竞争力的增长,而核心竞争力的提高则能导致内部、外部竞争力的飞跃。特色小镇竞争力在于其核心竞争力,内部和外部竞争力同样必不可少。

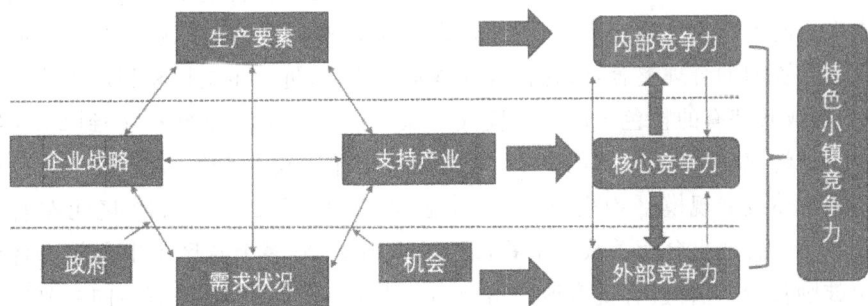

图 2-4　特色小镇竞争力理论模型图

3 我国特色小镇发展现状与演化轨迹研究

  2014年10月,浙江省省长提及"特色小镇"的概念,并于2015年1月发布《浙江省政府工作报告》,其中正式规划建设一批特色小镇,这种被赋予了创新涵义的"特色小镇"开始出现在公众视野里。随着特色小镇的建设在浙江省获得一定的成功后,中央对其进行了认可和支持,从2016年下发的《关于开展特色小镇培育工作的通知》始,中央部委持续以各种方式进行力推,特色小镇的建设开始在全国各省区市迅速开展,目前已有29个省区市出台了针对性的政策支持特色小镇发展。

  截至目前,全国特色小镇建设数量达到403家,从建设数量来看,第一批特色小镇建设数量为127家,第二批特色小镇建设数量增加到276家,其中小镇人口数量在100万人以上的有32家,20万人以上的有6家。从地区分布来看,总体呈东密西疏,南多北少的状况,与地区经济发展水平有一定关联。相对来说华东地区分布特色小镇数量较多,而浙江省作为率先展开特色小镇创建工作的省市来说,特色小镇数量最多,为23家。从产业分布来看,特色小镇产业分布主要集中在旅游及历史文化型产业,占比达到60%之多。这些小镇通过对旅游资源历史文化资源的合理整合,依托自身环境资源优势,进一步挖掘和利用当地资源特点,形成其特有的特色小镇发展模式。从小镇投资规划分布来看,到2020年全国共计将建成2468家特色小镇,总投资额预计达到66660亿元,每个特色小镇依据小镇发展规模平均投资额在50亿元、30亿元、20亿元、10亿元左右不等。从全国各地出台相关政策来看,北京、上海等20多个省区市出台相关特色小镇鼓励政策,且将会有更多地区出台相关小镇优惠政策,且政策导向主要集中在土地规划、奖金补贴、税收优惠等方面。全国各省区市地区特色小镇建设数量及2020年规划特色小镇和投资金额如图3-1、表3-1所示。

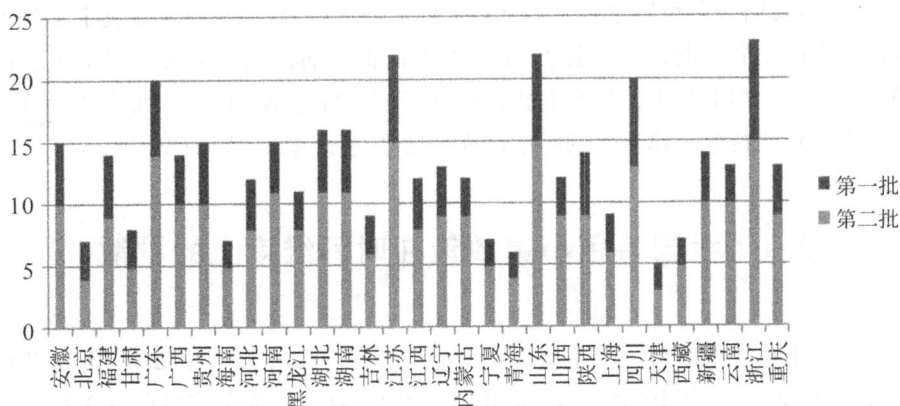

图 3-1　全国各省区市地区建设特色小镇数量图

表 3-1　2020 年全国各省市地区规划特色小镇数量及投资金额

省(区、市)	特色小镇规划数量	投资金额（亿元）	规划年份	省(区、市)	特色小镇规划数量	投资金额（亿元）	规划年份
北京	42	2100	2020	湖北	50	1500	3～5
天津	20	1000	2020	湖南	100	3000	2020
河北	100	5000	3～5	广东	100	5000	2020
山西	40	1200	3～5	广西	100	1000	2018
内蒙古	48	480	2020	海南	100	5000	2020
辽宁	50	1000	2020	重庆	30	300	"十三五"
吉林	80	1600	2020	四川	200	2000	2020
黑龙江	100	2000	2020	贵州	100	1000	2020
上海	40	2000	2020	云南	200	2000	"十三五"
江苏	100	5000	3～5	西藏	100	1000	2020
浙江	100	5000	3	陕西	100	1000	2020
安徽	80	2400	2020	甘肃	18	180	2018
福建	100	5000	2020	青海	20	200	2020
江西	60	1800	2020	宁夏	40	400	3～5
山东	100	5000	2020	新疆	100	1000	3～5
河南	50	1500	3～5	全国	2468	66660	2020

综上，我国特色小镇建设离不开政府政策的支持，特色小镇政策决定了特色小镇建设的发展方向；税收、财政、土地等方面推出的优惠政策决定了特色小镇的发展速度。相关政策的出台和执行程度影响着特色小镇的整体实力和竞争能力。本章将从特色小镇政策的扩散研究我国特色小镇在我国的发展情况。

3.1　我国特色小镇政策在时间维度上的扩散

特色小镇政策的推广基本集中于 2015 年至 2017 年这 3 年之间，其中 2015 年有 4 个，2016 年有 16 个，2017 年 6 个。因此，以季度为单位将已发布特色小镇政策的省级政府数量进行累计。2005 年至 2015 年的近 10 年间仅有云南省和贵州省两地发布了特色小镇政策，故此不作单独绘制。

以省级政府最早发布有关特色小镇的政策时间为横轴，以到该时间为止发布有关特色小镇政策的省级政府的累计个数为纵轴，绘制出散点图。由图 3-2 可见，特色小镇政策在省级政府间的扩散曲线近似 S 型，但不完全符合典型的 S 型扩散曲线特征，中间存在极为明显的爆发期。

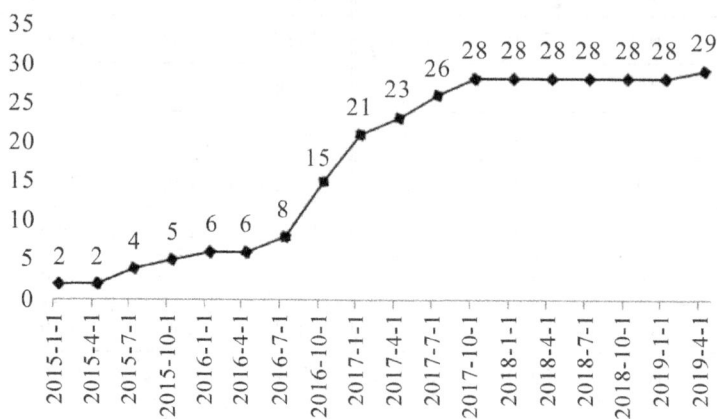

图 3-2　已发布特色小镇政策的省级政府数量累计

根据图 3-2，特色小镇政策在省级政府间的扩散整体呈现四个阶段。2015 年 4 月以前为政策初创萌芽期，特色小镇政策开始在省级政府的政策发布中出现，但增长极为迟缓；2015 年 4 月至 2016 年 7 月为政策创新发展期，特色小镇政策在扩散过程中出现再次创新的现象，并开始在部分省级政府间扩散，增速有所提高；2016年7月至2017年10月为政策推广爆发期，特色小镇政策在全国各省级政府间迅速扩散，采纳数量急剧攀升；2017年10月以后为政策扩散收尾期，特色小镇政策的扩散趋于饱和，总体增长又显平缓。

3.1.1　第一阶段：政策初创萌芽期(2005年10月—2015年4月)

该时期是创新政策的萌芽阶段。2005年，"特色小镇"这个名词初次出现在云南省人民政府下发的政策文件中，《关于加快旅游小镇开发建设的指导意见》作为最早的由省级政府发布关于特色小镇的针对性指导政策，可以看作该项创新政策的起点。

从政策内容中可以看到，云南省之所以提出要建设旅游特色小镇，是由于其城镇化水平较低，仅为28.1%，远远低于当年全国城镇化水平。其次，云南省内的农村状况不佳，生活水平不高。而云南省拥有数量繁多且质量较高的旅游资源，有较多的人文历史文化可供挖掘。为了提高城镇化水平、破解"三农难题"、转化本省优势资源，云南省开创性地指出要整合各方资源以促进小城镇建设，积极使用各项措施使旅游小镇的开发建设尽快获得一定的成果。

第二个正式发布特色小镇针对性政策的省级政府是贵州省。2012年9月，中共贵州省委、省人民政府发布了政策文件《关于加快推进小城镇建设的意见》。从政策内容中可以看出，该政策的实施背景也与提高全省城镇化水平、推进全省小城镇建设的需要有关，当年该省城镇化率为36.41%，不到全国52.57%的城镇化率。在同样的问题背景下，云南省和贵州省率先在政策方面开启了探寻特色小镇的建设之路。

在这将近十年间，除了云南省和贵州省对特色小镇进行了实践之外，还有一些省市也对其作出了一定的探究。早在2008年5月，山东省济南市就已经发布了建设计划，分别根据城镇自身的环境和资源禀赋进行具有特色的城镇建设。2010年6月，海南省提出要规划建设一批特色旅游小镇，提高城镇综合实力，吸引农村人口往城镇集中。2011年12月，北京提出要在重点小城镇中引导发展五类特色小镇。为支持引导五类特色小镇的建设，2012年4月，北京市小城镇发展基金正式启动运营，为解决小城镇的建设资金难题提供了新方式。同年11月，江西省南昌市举办了特色小镇建设座谈会，提出要重点建造17个特色小镇。

在此阶段，为了提高城镇化率、提升农民生活质量，"特色小镇"这个提法开始进入到部分省级政府的视野之中，内涵等同于特色小城镇。有少数政府尝试对特色小镇进行建设并出台了相应的政策，但是这些特色小镇的建设由于其形式不够新颖，成效不够显著，并没有产生足够的影响力，以至于在其诞生的近10

年之内都没有进行规模化的扩散,仅在少部分省市的建设中有所涉及。

3.1.2　第二阶段:政策创新发展期(2015 年 4 月—2016 年 7 月)

以浙江省"特色小镇"的正式政策文本发布为起点,特色小镇政策进入了创新发展期。实际上,该省的特色小镇实践还要更早,如龙泉青瓷小镇于 2011 年已经开始投入建设;2014 年 12 月,特色小镇被写进了浙江省的城市发展规划;2015 年 1 月,浙江省两会的《浙江省政府工作报告》中提出要围绕七大产业计划建造一些特色小镇,并将其纳入 2015 年的重点工作。

2015 年 4 月,浙江省人民政府发布了《关于加快特色小镇规划建设的指导意见》,其中明确指出了特色小镇的意义内涵等,这也意味着浙江版的"特色小镇"正式形成。随后,又颁布了一批政策引导特色小镇的发展如表 3-2。

表 3-2　浙江省特色小镇重要政策统计表

发布时间	发布单位	政策名称
2015 年 4 月 22 日	浙江省人民政府	《关于加快特色小镇规划建设的指导意见》
2015 年 6 月 1 日	浙江省发展和改革委员会	《关于公布第一批省级特色小镇创建名单的通知》
2015 年 9 月 2 日	浙江省住房和城乡建设厅	《关于加快推进特色小镇建设规划工作的指导意见》
2015 年 9 月 15 日	浙江省特色小镇规划建设工作联席会议办公室	《关于开展第二批省级特色小镇创建名单申报工作的通知》
2015 年 10 月 9 日	浙江省特色小镇规划建设工作联席会议办公室	《浙江省特色小镇创建导则》
2015 年 10 月 15 日	中国人民银行杭州中心支行、浙江省特色小镇规划建设工作联席会议办公室	《关于金融支持浙江省特色小镇建设的指导意见》
2016 年 3 月 16 日	浙江省人民政府办公厅	《关于高质量加快推进特色小镇建设的通知》

在浙江省发布多项政策大力推动建设的同时,西藏自治区、河南省、海南省、福建省、重庆市也在这个阶段内依次发布了特色小镇的相关政策,实现了该创新政策的初步扩散。从这些政策中所表述的"特色小镇"意涵上看,西藏、河南和重庆推进建设的实质仍是特色小城镇,而海南、福建则是吸收了这个创新版本的"特色小镇"内涵,也提出了要建设一批具有明确产业定位和一定社区功能的特色小镇。

浙江省特色小镇的建设成果引人注目,不仅带动了该项政策在省级政府间的扩散,甚至将这种影响力传达到了中央政府。2015 年 12 月,习近平总书记对特色小镇的建设下达批示。2016 年 2 月,国家发改委召开新型城镇化发展的发布会,总结并推广浙江模式的特色小镇建设相关情况。2016 年 7 月,中央部委下发《关于开展特色小镇培育工作的通知》,其中提出了到 2020 年计划培育 1000 个特色小镇,标志着特色小镇已成为国家的建设战略。

在这一年余的时间里,浙江版本的特色小镇在建设成效上取得的巨大成功,将全新意涵上的“特色小镇”制定成正式的政策,把这个概念推入了大众的视野。一方面,从时间轴来看,浙江省的成功确实推动了这项创新政策在省级政府间的平行扩散和自下而上的垂直扩散,但另一方面,值得深思的是,由于浙江省特色小镇与其他地方政府、中央政策中所提的特色小镇内涵存在较大的差异,到底是否能在这一步说这项创新政策已经由地方创新已经上升为国家政策,还值得进一步探讨。

3.1.3　第三阶段:政策推广爆发期(2016 年 7 月—2017 年 10 月)

自 2016 年 7 月中央部委联合发布了政策文件,“特色小镇”这个概念迅速被推广到全国,不仅引导各地政府展开了对特色小镇的建设热潮,还引起了学界的关注,各类专家开始对这个名词进行研究,召开研讨会对此发表分析和建议,“特色小镇”从一个很少受到注意的概念,一跃成为了国内的经济领域热点。由此,各地政府纷纷出台相关政策并落实建设,特色小镇政策由此进入了推广爆发期。

从统计数据中可以看到,在这短短的一年左右时间里,共计有 20 个省级政府发布了特色小镇的针对性政策,从数量来看是第一阶段的 10 倍,时间却仅用了第一阶段的 1/10 左右,呈现出扩散加速状态。有学者指出,这段时间的特色小镇政策扩散曲线不符合渐进式政策扩散模式的 S 型,而呈现指数增长状态的 R 型,属于一种非渐进式的政策爆发状态。

由扩散曲线可知,增长趋势最明显的是 2016 年 7 月至 2016 年 12 月,在 6 个月总共有 13 个省级政府跟进发布,平均每个月 2 个以上,随后增速才渐渐减缓,但 2017 年仍有 7 个省级政府发布了特色小镇的针对性政策,数字依然处于一种较高的增长状态。

与此同时,中央层面也在这段期间出台了大量的政策引导特色小镇的建设。在这一年有余时间里,以住建部、发改委为主,包括林业局、农业部、体育总局等在内的国家各部委发布了共计 17 项政策,从金融支持、实施组织、宣传引导、报送程序等各方面对特色小镇在各地的建设实践提供指导,也分别针对具有限定色彩的特色小镇类型发布政策,引导推进各类特色小镇的建设。发改委还连同三大政策性银行和其他金融机构,出台了一系列金融政策支撑特色小镇的发展,以缓解特色小镇建设中的资金问题。

在这段时间内,全国各省市不仅频频发布政策跟进特色小镇的建设,更是在实践上不断推进落地开展,并积极参与国家级特色小镇的推荐与申报。国家住建部分别于 2016 年 10 月和 2017 年 7 月发布了第一批和第二批特色小镇,第一批包含 127 个特色小镇,第二批包含 276 个,合计共有 403 个特色小镇获得了国家级的肯定。然而从政策内容中可以看到,实际上各地推行的特色小镇政策中对于"特色小镇"的内涵是有所差异的,其中有一半的省级政府推行政策的实际内涵是特色小城镇,而非浙江创新的复合功能平台。有 7 个省级政府推行的为浙江版本的特色小镇,其余 3 个省级政府推行的政策是包含了两方面的内涵,即特色小(城)镇。

3.1.4　第四阶段:政策扩散收尾期(2017 年 10 月至今)

到 2017 年 10 月,已有 28 个省级政府发布了特色小镇的针对性政策,直到 2019 年 1 月 31 日湖南省也发布了相关政策文件,共计 29 个省级政府已发布,仅有 2 个还未发布,采纳率达 93.55%,可以说至此特色小镇政策基本完成了全国范围内的覆盖,政策扩散已经进入了收尾期。

虽然政策在全国省级政府之间的扩散已经趋于饱和,但在这段时间期间国家层面仍出台了一系列政策引导特色小镇的发展。在第三阶段政策的推广爆发期中,特色小镇的建设在全国范围内广泛铺开,短时间内在各省区市落地开花,扩散效应显著。但特色小镇的快速建成也引发了一系列问题,因此,2017 年 12 月中央四部委联合发布的政策文件中,再次对全国特色小镇和特色小城镇的建设发展进行规范化,也更加明确了两者之间的异同。2018 年 8 月,发改委又下发了《关于建立特色小镇和特色小城镇高质量发展机制的通知》,其中明确指出应当根据特色小镇和特色小城镇的本质内涵差异,调整并分列两者创建名单,并建立典型引路机制和服务支撑机制。

此外,政策在省级政府间的扩散进入尾声,绝不意味着特色小镇的建设也同样到了收尾阶段。相反,特色小镇的建成并非一劳永逸,而需要长期的规划和运营,目前仍有很多专家学者致力于讨论特色小镇的发展走向,国家层面及各地省市政府也在持续发布相关政策继续推进特色小镇的建设(如表 3-3)。特色小镇的建设方兴未艾,又进入了一个新阶段。

表 3-3 近期各省级政府发布特色小镇政策统计表

省份	发布时间	发布单位	政策名称
四川	2019 年 2 月 26 日	省文化和旅游产业领导小组	《关于印发〈四川省文旅特色小镇评选办法(试行)〉及申报的通知》
山东	2019 年 2 月 21 日	省发展和改革委员会	《关于开展 2019 年度省级服务业特色小镇培育工作的通知》
湖南	2019 年 1 月 31 日	省发展和改革委员会	《关于印发〈湖南省加快推进特色产业小镇建设专项实施方案〉的通知》
吉林	2019 年 1 月 29 日	省人民政府	《关于印发支持特色小镇和特色小城镇建设若干政策的通知》
云南	2018 年 10 月 19 日	省人民政府	《关于加快推进全省特色小镇创建工作的指导意见》

3.2 我国特色小镇政策在空间维度上的扩散

通常研究认为,创新政策的扩散还受到地域的影响,最早的政策扩散学者沃克就发现,创新政策在美国各州之间的扩散受到临近州表现的影响。在我国,地域上较为邻近的省份之间对某个创新政策的采纳也可能会受到彼此的影响,如果附近的省份采用一项政策解决某个问题时取得了较好的成果,那么该省份在考虑解决相同问题的时候,就很有可能参考附近省份的做法,通过政策吸纳或政策学习的形式出台类似的政策,由此形成了创新政策在相邻地域内的空间扩散。

3.2.1 特色小镇政策在邻近地域的扩散现象

特色小镇政策的采纳受到内外部因素的影响,某个省级政府发布特色小镇针对性政策的行为,可能带动邻近的省级政府同样发布该项政策。根据省级政府首次发布政策的时间进行地域区分,绘制时间分布如表 3-4。

表 3-4　各省级政府首次发布特色小镇政策时间分布表

时间	所属区域
2015 年以前	贵州、云南
2015 年	浙江、河南、海南、西藏
2016 年	天津、河北、内蒙古、辽宁、上海、江苏、安徽、福建、江西、山东、湖北、重庆、四川、甘肃、青海
2017 年	北京、吉林、黑龙江、广东、广西、陕西、宁夏
2017 年之后	湖南

注：缺山西、新疆

从各省级政府首次发布特色小镇相关政策时间的行政区划（如表 3-4）分布来看，早期特色小镇的建设主要在西南一角，随后于 2015 年中部地区的部分省份进行进一步发展，再向全国范围进行扩散，内陆省份的跟进偏迟。就整体而言，特色小镇的政策扩散的地域范围并无时间上的连续性，没有呈现极为明显的波状区域扩散路径，甚至在 2015 年就出现了发布相关政策的 4 个省级政府之间完全不相邻的现象。但是浙江和西藏两个省份作为第二阶段的扩散源点还是起到了一定的作用，其周围的省级政府基本于 2016 年出台了特色小镇的针对性政策，尤其是浙江，带动效应相对明显。

因此，从相同时间段内扩散地域的分布情况来看，特色小镇政策在邻近地域的扩散效应确实部分存在，但相当不明显。同质性较高的省级政府之间相对来说会有一定的影响，但基本呈现出跳跃式的扩散路径。

3.2.2　特色小镇政策在行政区域的扩散现象

按照行政区划代码，对全国的地域进行划分，除港澳台地区外主要分为东北、华北、华东、中南、西南、西北六个区域，以进一步探讨特色小镇政策的空间扩散现象。

由表 3-5 可以看出，2015 年之前，最早发布特色小镇政策的省份都属于西南区域，从云南省初创开始，贵州省跟进发布，形成了特色小镇政策的雏形。

直到 2015 年 4 月，位于华东地区的浙江省发布了具有创新性的特色小镇政策，随后在西南、中南地区的西藏、河南和海南也发布了相关政策。可以看到，此时由于西南和中南地区同样面临城镇化率较低、亟需城乡统筹发展的问题，又同样存在旅游资源较为丰富等优势，因此推行特色小镇的政策首先在这两个地区进行了扩散。但此时特色小镇的政策扩散仍然处于一个较为缓慢的阶段，发布的省级政府区域也相对集中。

表 3-5　特色小镇政策的行政区域内扩散时间

时间	所属区域					
	东北	华北	华东	中南	西南	西北
2015 年 4 月以前					云南、贵州	
2015 年 4 月—2015 年 7 月			浙江		西藏	
2015 年 7 月—2015 年 10 月				河南		
2015 年 10 月—2016 年 1 月				海南		
2016 年 4 月—2016 年 7 月			福建		重庆	
2016 年 7 月—2016 年 10 月	辽宁	河北、内蒙古	安徽、山东		四川	甘肃
2016 年 10 月—2017 年 1 月		天津	上海、江西、江苏	湖北		青海
2017 年 1 月—2017 年 4 月	吉林					陕西
2017 年 4 月—2017 年 7 月		北京		广东		宁夏
2017 年 7 月—2017 年 10 月	黑龙江			广西		
2017 年 10 月至今				湖南		

2016 年 7 月中央部委发文推动之后，可以明显看到东北、华北、西北、西南四个区域立刻进行了跟进，尤其是受到浙江省影响的华东地区，在 2016 年 7 月至 2017 年 1 月期间就有安徽、山东、上海、江西、江苏五个省级政府密集地出台了相关政策，加上在 2016 年 6 月已出台政策的福建，这六个迅速跟进的省级政府在地缘上较为接近。其次是华北地区，河北、内蒙古、天津三个地缘上邻近的省级政府也在这个期间发布了特色小镇的针对性政策。最后开始的是东北和西北地区，以辽宁和甘肃为首在中央政策的推动下也依次开始了特色小镇的政策，随即该区域的其他省级政府也进行了跟进。至 2016 年 10 月，全国各区域都已发布了特色小镇的针对性政策。

从表 3-5 中可以看出,最早开始有省份发布特色小镇针对性政策的是西南地区,同时该地区也是最早完成特色小镇政策扩散的区域,至 2016 年 9 月四川省发布《四川文明特色小镇创建活动方案》,西南地区的五个省份都已经出台了特色小镇的针对性政策。而次早有省份发布特色小镇针对性政策并进行创新的华东地区,也是第二个完成了该项政策扩散的区域,至 2016 年 12 月,华东的七个省级政府也都出台了相关政策。而有趣的是,中南地区的政策扩散时间较长,从最早的河南到最迟的湖南,期间相隔近 4 年。

同时,可以看到特色小镇政策的扩散部分受到地缘相近的省级政府影响。例如,在最初萌芽阶段发布了该项政策的云南和贵州两个省级政府紧挨彼此,后期跟进的省级政府中,重庆和四川在发布政策的时间上也较为相近。除浙江外的华东地区省级政府在半年左右就完成了政策扩散的全部覆盖,而位于西北和华北地区的省级政府基本在临近的时间段内发布了特色小镇的针对性政策。但就整体而言,特色小镇的政策扩散受到相邻地区的影响较为有限,没有呈现连续的临近地域扩散现象,并无由近及远的波状扩散效应。

3.3 特色小镇政策扩散的时空特征

从整体上看,特色小镇政策的省级政府间扩散既带有横向政府间的自发扩散特征,又带有纵向政府的推动扩散特征。从时间上看,以 Logistics 曲线进行数据拟合(图 3-3),可以认为特色小镇政策的整体扩散情况呈现近似 S 型,符合典型的创新采纳曲线趋势,说明其基本呈现创新扩散的普遍规律。

在前期,采纳特色小镇政策的省级政府非常少,扩散的进程非常缓慢。早期采纳的省级政府如云南、贵州为特色小镇政策的进一步扩散打下了坚固的基础,但受限于传播渠道的狭窄和采用效果的不明显,在这个阶段对该创新政策的追随者也较少。直到浙江对其进行较大的创新后,采用效果的显著对其他省级政府产生了一定的示范性作用,而媒体的宣传也打开了这项政策的传播渠道,使更多省级政府了解并对这项政策产生兴趣,从而进入创新的评估和采纳阶段。当然,在后期快速扩散阶段又有了不同的驱动机制产生影响,因此特色小镇政策在省级政府间的扩散趋势在基本符合创新扩散的普遍规律的基础上,中间还呈现出较为明显的政策爆发阶段。在后期,政策扩散接近饱和,尚未采纳的省级政府大多对该项政策具有较低的采用期望和较高的接受门槛,通常采纳时间会更长,因此扩散速度减缓。

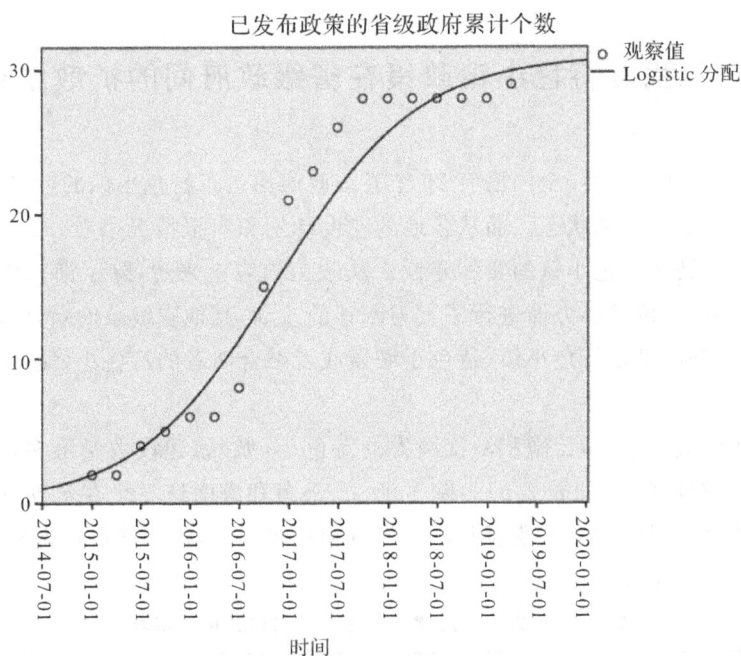

已发布政策的省级政府累计个数

图 3-3　已发布特色小镇政策的省级政府累计数量的 Logistics 曲线拟合结果

模型总计及参数评估

因变量：已发布政策的省级政府累计个数

方程式	模型摘要					参数评估	
	R^2	F	df1	df2	显著性	常数	b1
Logistic 分配	0.928	206.497	1	16	0.00	2.147E+264	1.000

自变数为时间。

　　从空间上看，特色小镇政策的扩散过程与地缘关系有一定的关联，尤其在 2015 年以前这种现象较为明显。但是在中期开始这种临近地缘的扩散趋势已经被打破，仅 2015 年，出台特色小镇针对性政策的 4 个省份已分散在西部、中部、东部、南部，之间相隔距离非常遥远。2016 年及之后，特色小镇政策遍地开花，在全国各地都进行了广泛的扩散。根据邮政编码的六大地域区划来看，在大多数情况下，属于同一行政区域的省级政府采纳该政策的时间更为接近，但从整体上看由于整体扩散时间较短，这种扩散趋势的说服力并不是很强，而且从地图上看，特色小镇政策并没有形成波状的地域扩散现象。

3.4   我国特色小镇政策在省级政府间的扩散结果

截至 2019 年 2 月,全国已有 29 个省级政府出台了特色小镇的针对性政策,基本接近扩散饱和的状态。而从各地的建设计划和申报情况来看,31 个省级政府都已经开展了特色小镇的实际建设。从政策内容上来看,除了浙江省对特色小镇的内涵、定位等各方面进行了大刀阔斧的改动,其他省级政府对其进行的创新并不多,基本是以特色小镇、特色小城镇或者融合两者的特色小(城)镇的方式进行推广。

从建设成果来看,云南和浙江两省的特色小(城)镇建设数量最多,而海南、湖南和黑龙江次之(如表 3-6)。除了浙江、云南和海南这三个在早期开展特色小镇或特色小城镇的省级政府其建设数量相对较多外,整体排布较为分散,没有较强的地域规律性。

表 3-6   各省级政府建设特色小(城)镇数量分布表①

数量	省 区 市
较多	浙江、云南、海南、湖南、黑龙江、陕西
多	江苏、北京、重庆、安徽、山东
中等	广东、四川、甘肃、河北、江西、辽宁、天津、河南
少	新疆、福建、贵州、青海、广西、西藏
较少	山西、内蒙古、吉林、上海、湖北、宁夏

实际上,虽然大部分省级政府首次发布的政策内容中仅有特色小镇或特色小城镇,但在后续的政策中可能会加入另一种涵义的内容,同时倡导两方面的建设。因此,如果分别从特色小镇和特色小城镇两个方向的建设成果来看,在特色小镇方面浙江的建设成果最为突出,其次是山东(如表 3-7)。总体上,沿海地区的建设数量较多,与 2005 年发布的《关于加快旅游小镇开发建设的指导意见》中涵义为特色小镇以沿海地区为主的情况相同。而特色小城镇方面,则是以云南、湖南和黑龙江为首。总体上,内陆地区的建设数量较多(如表 3-8)。令人惊讶的是,对比两张表可以发现,云南不仅建设的特色小城镇数量最多,同时也建设

---

①   来源:特色小镇网 http://www.51towns.com/bigdatas-detail.html? id=2

了较多特色小镇。此外,山东、四川、江西也在两方涵义上的建设成果同样斐然。

表 3-7　各省级政府建设特色小镇数量分布①

数量	省 区 市
较多	北京、山东、海南、云南
多	河北、吉林、江西
中等	江苏、福建、天津、黑龙江、安徽、广西、四川
少	湖北、广东
较少	山西、内蒙古、辽宁、上海、浙江、河南、湖南、重庆、贵州、西藏、陕西、甘肃、青海、宁夏、新疆

表 3-8　各省级政府建设特色小城镇数量分布②

数量	省 区 市
较多	黑龙江、湖南、云南
多	北京、重庆、陕西
中等	江西、山东、四川、江苏、浙江、安徽、广东、贵州
少	辽宁、吉林、新疆
较少	天津、河北、山西、内蒙古、上海、福建、河南、湖北、广西、海南、西藏、甘肃、青海、宁夏

虽然特色小镇政策在全国范围内开始大规模的扩散,但是从第三阶段开始,就已经暴露出了很多问题,从政策本身来看,主要存在概念不清、内容同质化等问题。

其中最大的问题就是概念不清。在特色小镇政策的发展和扩散过程中出现过一次概念的重大革新,即浙江省发布的非建制镇的特色小镇概念,而此前的特色小镇实际上都是特色小城镇。因此在很长一段时间里,特色小镇在各省的推广中是混杂的,部分省份推行的是新概念下的特色小镇,有部分则是实际意义上的特色小城镇,还有个别省份出台的则是包含两部分意义的特色小(城)镇政策,中央政府发布的政策中也没对两者进行区分。由图 3-4 可见,省级政府首次发文涵义为特色小镇和特色小城镇的数量和增长趋势基本相当,后者始终略高。

①　来源:特色小镇网 http://www.51towns.com/bigdatas-detail.html? id=2
②　来源:同上。

直到 2016 年 12 月之后,有部分省级政府开始将两者进行区分并分别建设,两者之间的差异才在省级政府的政策文件中有所体现。

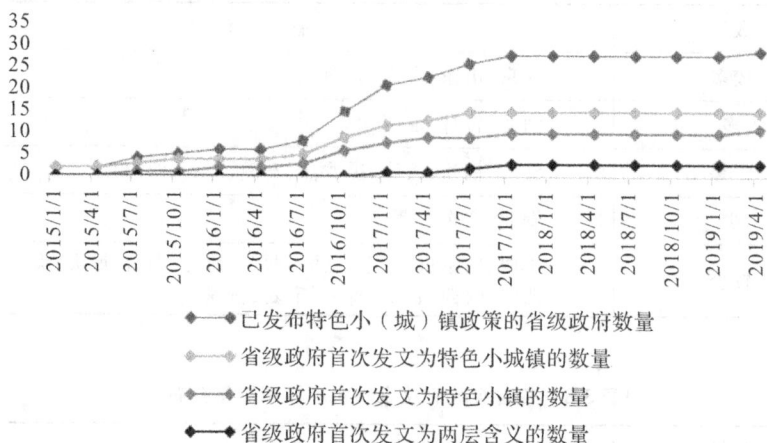

图 3-4　各省份首次发布特色小镇政策涵义的累计数量

概念不清使得各省在进行实践的时候出现了许多问题,例如盲目冲动、生搬硬套、乱扣帽子等,使大部分省市的特色小镇并没有取得理想中的成绩。

其次,阅读后期各省出台的特色小镇政策并进行对比,可以看到无论该省级政府发布的政策文件内涵是特色小镇、特色小城镇还是特色小(城)镇,政策内容基本大同小异,与中央出台的政策或创新发生地的政策相比,并没有突破性的创新,甚至出现趋同的现象,基本上是以产业定位、特色突出、规划引领、主场主导或意义类似的词汇作为主要关键词,申报程序也基本分为自愿申报、分批审核、年度考核、验收命名四步。这表明在后期各省级政府创新性表现不明显。

3.5　特色小镇政策的扩散驱动分析

特色小镇的建设最初作为低城镇化率省份加强乡镇建设、提升农民生活水平、提高城镇化率的一种手段,在发展过程中被其他省份吸纳并进行了发展创新,丰富其内涵,从而使特色小镇政策成为了一项独特的经济政策。实际上,省级针对性政策的发布更多的是用以表明,特色小镇的建设在该省内已经成为一项成熟的、制度化的建设行为,发布的政策文本也多以意义内涵、建设原则、组织报送、审批程序等更加规范化的内容为主。特色小镇政策的研究应当回归于政策本身,根据上一章的描述,可以看出特色小镇政策的扩散受到诸多方面的影响,整体过程也呈现出多变的特征。

特色小镇政策的出台得益于来自三方面的驱动力,而这三方面驱动力的此消彼长造成了扩散曲线的阶段性变化。

3.5.1 现实需求导向

从 2005 年开始,省级政府针对特色小镇的政策首次在云南省出现,在省级政府间的创新及扩散动力主要来自于该省份内部的现实需求。

实际上,受到西方的经验影响,各地政府和学界对于我国小城镇的特色化发展讨论由来已久。在 20 世纪 90 年代开始的地方小城镇建设研究热潮中,还有众多涉及小城镇建设的外国经验、特色挖掘、推动力量、实践经验等各方面的探讨文章。但在这些研究中,还并没有形成统一的"特色小镇"概念。政府方面首次提到"特色小镇"这个名词,则可以追溯到 1996 年出版的《全国小城镇试点改革经验文集》中,收录的昆山市《加快新型城镇建设促进经济社会发展》一文①。2004 年 5 月,北京市通州区台湖镇计划将中心区建成节能特色小镇。这说明,对于特色小镇建设的初步理论研究和实践探索很早就已经展开了,但是长期没有出现规模化制度化的建设,直到 2005 年 9 月,云南省率先作为省级政府发布了针对性政策,指导特色小镇的建设。

以上学界和地方政府对小城镇的特色化发展探究和实践,构成了特色小镇省级政府针对性政策出台的原发基础。那么,为何对特色小镇的针对性政策首先于云南省出台?

特色小镇政策作为一项经济建设政策,是当时立足于云南省本身的省情提出的。2005 年 1 月 19 日,在人代会上云南省省长徐荣凯做了政府工作报告,报告中阐述了云南省在这一年中会重点抓好落实的几个问题,其中包括要加大对"三农"的支持力度、切实提高农民收入,加快城镇化建设进程、促进生产要素向城镇聚集,支持发展旅游业、增强旅游吸引力。从中可以发现,云南省在当时面临着几个重要的问题:一是"三农"问题突出,农村收入渠道狭窄且产业结构不合理;二是城镇化率比较低,仅为 28.1%;三是服务业和旅游业规模不够,还没有得到足够的发展。因此,提出要在省级政府层面上规模化建设特色小镇,正是契合了当时云南省面临的难题。

贵州省面临的问题和云南省类似。从 2012 年的贵州省政府工作报告中可

---

① 国家体改委农村司.全国小城镇试点改革经验文集[M].北京:改革出版社,1996:195.

以看到,当时的贵州省也同样面临着农业和农村基础薄弱、城镇化率较低的问题,贵州省规划形成"两圈、九群、五区"的省域城乡空间布局,发展城镇组群。2012年9月出台的特色小镇建设意见中,明确到2015年,贵州省要建成100个各具特色的示范小城镇。

综上可知,在政策扩散的初始阶段,各省份之间进行创新政策采纳,首先是基于对解决同样现实问题的需求。在自然的政策扩散状况下,符合同样有解决某个问题的需求的省份会有自发的动力去寻求解决方案,比如参考已采取某种政策并取得一定成效或期望取得一定成效的地区。

但是,在对其他省份的创新政策进行采纳的过程中还可能产生另一种现象,那就是在该创新政策基础上的创新。在特色小镇政策扩散中的具体表现而言,就是在特色小镇的政策扩散过程中出现了浙江省对该政策的大幅度再次创新,为该政策注入意义完全不同的新内容,从而成为新的政策传播源。

浙江省对特色小镇改头换面般的创新首先也是基于自身的现实问题需求。一是当时的外在环境改变而产生的新需求,当时面临的大背景是中国的经济增长进入"新常态",其特征是经济结构需要不断优化升级。2014年5月,习近平总书记首次提及这个名词,并作出了"重要战略机遇期"的论断,整体环境的改变给了浙江省进行经济政策创新的刺激。而浙江省需要解决的问题也有其特殊性,其省内有发达的"块状经济带"、发达的商业环境和市场,但同时也有产业集群程度不够的问题。曾经浙江专业市场与中小企业相联系形成的"块状特色经济"具有较强的竞争优势,然而进入新时代后,这种发展模式逐步更替,甚至出现了衰退的现象。浙江版本的特色小镇特别注重对特色产业的汇集,是基于本身问题提出的解决方案,因此,浙江省对特色小镇的创新也是基于自身的问题,产业集群的低效与浪费成为特色小镇政策创新的问题导向。

云南省建设特色小镇的主要目的与提高城镇化有关,而浙江省更需要解决的问题是产业集聚。因此,在政策扩散的后期,各省份根据自身的现实问题需求分别采纳创新或再次创新的内容,从而形成了云南版特色小镇(现已定义为特色小城镇)、浙江版特色小镇和综合式三种不同的政策倾向。实际上,这是基于每个省份自身需求不同而导致的选择差异。

3.5.2　地方资源禀赋

某个省级政府对创新政策的采纳还与当地的人文资源、经济资源、社会资源、自然资源有关。

最开始在云南省发布的政策为旅游特色小镇,因其一直以来都是旅游大省,拥有非常丰富且独特的旅游资源,例如高原景观、边疆风物和民族文化等。在其旅游资源中,不仅有高山峡谷、洞穴湖泊等自然风貌,还有文物古迹、少数民族风情等人文景观。可以说,云南省的乡镇资源储备很多,如果能找到适当的途径予以充分开发,不仅能增强云南省的旅游吸引力,还能提高农民整体收入水平。因此,云南省自身的资源禀赋也是特色小镇政策得以出台且起步于旅游特色小镇的重要原因。

贵州省与云南省地缘相接,面临的问题和拥有的条件也都类似。因此可以看出,在政策扩散的自然演进阶段中,主要萌发于内部因素和前期诸多研究和实践的基础之上,而特色小镇政策的省级扩散可能存在于相邻地域的政策学习和模仿之中,但主要动力还是基于地方自身的建设和现实条件。

同样的,特色小镇政策扩散到浙江省后出现了再次创新的现象,也与其自身禀赋有所关联。

浙江省的特色小镇注重对产业的集聚效应,而发达的民营经济为特色小镇政策的创新提供了良好的民间资源。据浙江省统计局的调查显示,2017年浙江省民营经济创造增加值约构成了 GDP 的 65.2%,可以说在浙江的经济发展中不可或缺,其发达程度在全国也是名列前茅。根据对数位浙江特色小镇经营者的访谈可以看到,浙江省特色小镇实际上最初是由企业自发建造,随后政府在此基础上得到启发,产生的一种创新的经济建设模式。因此,浙江省的特色小镇其创新是根源上的创新,重点不在于政府对城镇简单的资金支持、政策倾斜等有了名字再给予扶持,而在于产业的定位与汇集,由企业自主发展再予以定性命名,是以产业打造空间,而不是过去的以空间打造产业。因此,浙江省快速发展的民营经济是其自身独有的资源禀赋,成为特色小镇政策创新的经济支撑。

> 严格来说,我们小镇是企业自发来搞的,慢慢培育发展的……我们是真正立足于当地的文化特色,再结合地方的产业基础,在这些基础上以产业为支撑点做了业态方面的延伸和丰富。[①]

> 就像管理酒店一样,企业知道政府有一套东西,有需要可以去申请,不要管得太多、太死,真正好的企业应该去找市场……企业有自主

---

① 关于特色小镇政策采纳的驱动因素研究访谈记录.浙江某特色小镇经营者 Q.20181203.浙江杭州.

权,比如申报,有申报的就申报,有不懂的就问。①

产业的定位和规划,这个是很要紧的,当时在这里做梦想小镇,实际上也是基于这里互联网创业的氛围跟人才、资源的集聚,因为假如没有这些基础的话,也不会在这里做一个互联网创业的小镇,这个是我认为的第一步……②

其次,特色小镇政策的创新也是基于浙江省长期的建设工作积累。2004年,浙江省制定了地方政府中的首个城乡一体化的纲领性文件;而且,浙江省很早就开始注重发展小城镇、中心镇;注重发展区域特色经济、块状经济,于1992年开始发展开发区园区;注重发展都市区,1998年率先提出城市化战略。这三条政府的建设主线在此时共同汇聚,城镇化和产业集聚的需求相碰撞,成为特色小镇政策创新的历史源泉。

此外,浙江省内对于特色小镇的实践其实是比较早的,但当时还没有形成"特色小镇"这个特殊的概念,也没有政府介入扶持。例如龙泉青瓷小镇,原本是一家于1998年倒闭的国有龙泉瓷厂,2008年由披云公司购得其旧址并投资建设,历时6年精心打造成为一处龙泉青瓷文化旅游标志性景区。2014年6月和8月,浙江省委书记夏宝龙和省长李强分别对此地进行调研,在此基础上提出了对特色小镇的建设。因此在企业自发的建设实践,无疑也作为了该省特色小镇政策创新的实践基础。

此地是国有瓷厂,1998年倒闭成垃圾场,在2008年买来用了6年时间,投了几个亿,建成目前的样子,一个漂亮的工业园。当时国有瓷厂员工有两三千人,倒闭后镇上只有五六百人,目前这里有六七千人,游客每年有二三十万,现在当地农民回归而且比原来更热闹。③

3.5.3　地方官员的个人政绩需求

对政策创新扩散的原因探究,还与政府之间存在的竞争机制有很大的关联。

①　关于特色小镇政策采纳的驱动因素研究访谈记录.浙江某特色小镇经营者 Y.20181125.浙江杭州.

②　关于特色小镇政策采纳的驱动因素研究访谈记录.浙江某特色小镇经营者 M.20190121.浙江杭州.

③　关于特色小镇政策采纳的驱动因素研究访谈记录.浙江某特色小镇经营者 Q.20181203.浙江杭州.

我国地方官员间存在的"政治晋升锦标赛"激励机制,导致地方的行政长官追求与其他地方的相对优势,以博求政绩上的突出,得到晋升机会。一方面,这种对相对优势的竞争不仅表现在 GDP 增长,也表现在其他各种能代表地方政治绩效的指标,还包括能引起上级关注的"先进"或"一流"的政策创新行为[①]。政策创新行为不仅包括成为其发源地,也包括对其进行较早的采纳。

然而,虽然成为政策创新或再次创新的发源地显然能够获得较高的个人收益,但是在未知的情况下进行创新,具有较大的不确定性,官员需要承担较强的风险和成本,投入资源可能无法收获足够的收益,甚至面临创新失败的可能。但是,直接采纳已有的创新政策则能大大减少不确定性,也可以减少在评估和试验阶段的成本,在这种情况下,即使个人收益可能会降低,地方官员还是会选择及早采纳已有的创新政策而不一定是进行创新。因此,这种地方政府之间的竞争,会促使创新政策的采纳和在当地的出台。

另一方面,落实有效的创新政策确实能够促进该地方的经济社会发展或解决现实问题,提高地方的各项可见可比较的数据,从而转化为"看得见的政绩",因此,切实有效的创新政策也能提高官员的个人政绩。在一项关于当地政府最渴望向中央争取的资源的调查中,有 36.7% 的受访者认为是改革试点权[②]。

官员的个人政绩有所需求使之愿意采纳创新政策,而我国科层制的制度体系和单一制的权力集中体系,则给创新政策的快速出台和推行制造了良好的制度条件。尤其是地方政府的"一把手",通常作为地方政府政策创新的决策人,其意志往往能推动一项创新政策的出台或采纳。以龙泉青瓷小镇和云栖小镇为例,由于 2014 年浙江省委书记和省长参观调研后的指示,省政研室快速反应对此进行专门研究,在短短半年的时间内特色小镇的新内涵从无到有,再到列入政府工作报告,到 4 月就出台了特色小镇规划建设的具体要求,进展非常之快速。因此,我国科层制和单一制的政治体制,可以说是特色小镇政策创新的制度保障。

> 当地书记说,一个县的土地指标只有三四百亩,又要搞房地产、搞工业、搞农业,轮不到旅游的,省委书记当场就说你可以上报,省里可以直接给指标,不受地方限制;……周围的配套不行,比如门口、道路,省委书记指示这些应该是政府搞的。

---

① 靳亮,陈世香.横向自发与纵向推动:我国政策扩散的双重逻辑——以地方文化体制改革为例[J].广西社会科学,2017(11):124-129.

② 石亚军.中国行政管理体制现状问卷调查数据统计[M].北京:中国政法大学出版社,2008:18-24

　　2014 年 8 月,当时的省长看了我的报告,当场就说这个很好,我们可以出台政策,交代给省政研室……一个星期不到,省政研室就下来调研、开座谈会,10 月征求意见,12 月征求意见稿出来,之后,省里就想提出要培养一批这样的小镇,当时 11 月份乌镇互联网,12 月份梦想小镇,之后一路讲小镇。做特色小镇,当地政府领导的思维很重要。领导开不开明,敢不敢担责任,愿不愿意为地方做事情。[1]

　　……有 20 万元,这些钱是由政府来出的,并且有一个专门的评审委员会,由省金控办负责,当时的省长说,5000 万元,专门是支持这些小的项目团队,每个项目团队 20 万元,……省长跟我们讲,这个 5000 万元就是打算烧掉的。[2]

　　由访谈可知,地方官员尤其是具有较强话语权的官员,其个人品质及意志对政策的采纳与创新具有非常鲜明的作用。通常情况下,他们对创新政策的关注可以极大地减少采纳创新政策的障碍,并缩短采纳过程中所需要的时间,还能提供实施创新政策需要的资源。

　　基于以上自身条件,浙江省在采纳特色小镇的政策时出现了再次创新的行为。而其创新所需的人文与自然禀赋也成为了其他省份在采纳过程中的参考信息,例如江苏省也有着发达的民营经济基础和产业聚集建设,因此在采纳特色小镇政策的过程中也会更倾向于建设浙江省类的综合发展平台,而不是建制镇。

---

　　[1]　关于特色小镇政策采纳的驱动因素研究访谈记录. 浙江某特色小镇经营者 Q. 20181203. 浙江杭州.

　　[2]　关于特色小镇政策采纳的驱动因素研究访谈记录. 浙江某特色小镇经营者 Y. 20181125. 浙江杭州.

4 国内外特色小镇竞争力典型案例分析

4.1 国外特色小镇竞争力典型案例分析

4.1.1 达沃斯小镇案例分析

（1）小镇简介

达沃斯小镇地处瑞士东南部，坐落在一条 17 公里长的山谷里，临接奥地利边境，是阿尔卑斯山系最高的小镇，海拔为 1529 米。小镇被皑皑雪山、茂密山林、山谷湖泊所包围，环境优美，空气清新，小镇人口不多，约为 1.3 万。达沃斯拥有欧洲最大的天然溜冰场，每年滑雪旺季接待 70 多万来自世界各地的游客，健康舒适的生活环境加之迷人秀丽的风景，小镇亦被称为"达沃斯旅游健康度假村"。自 1970 年以来，每年 1 月底至 2 月初世界经济论坛（WEF）都会在小镇召开，故也称"达沃斯论坛"，达沃斯小镇更是因此声名鹊起，走向世界。

（2）小镇发展历程

13 世纪后半叶，讲德语的移民首先来到达沃斯，当时的瑞士统治者颁发了一项封地契约，赋予达沃斯居民自我管理的权力；后来随着人口增多，到 16 世纪形成达沃斯城。19 世纪时白色瘟疫肺结核折磨着无数人的生命且患者无法医治，一个偶然的机会德国医生亚力山大来到达沃斯小镇，发现小镇地理环境特殊，海拔高，空气新鲜纯净，小镇生活的居民无一患此疾病，最初的达沃斯也就演变成为肺病患者最佳的疗养地，无数的医院、疗养院落地小镇。1877 年，欧洲最大的天然冰场以及一座冰雪体育馆建立落成，来此训练的选手和举办的赛事络绎不绝。1900 年后，小镇发展偏向于休闲旅游，相关设施建设不断推进：世界第一条雪橇道、第一条滑雪索道、第一个高尔夫球场……在之后的几十年间,小镇在发展中不断优化与进步,成为阿尔卑斯地区的著名旅游景点。1969年,达沃斯会议中心在小镇建成,世界经济论坛(WEF)自1970年都在达沃斯举办,除此以外,小镇还在这几十年间承办了各式各样的世界知名会议。达沃斯小镇已经从最初的疗养地、健康村演变成为运动度假胜地、以世界经济论坛为首的众多国际会议举办地。

(3)小镇竞争力分析

①充分发挥自然环境优势。达沃斯小镇最早以空气出名,凭借着清新干净的空气、适宜的气候,成为当时的健康村,小镇建设大量的医院以及疗养院,一方面吸引当时大量上层资产阶级来此度假休闲,又一方面吸引了众多投资者的关注。随着小镇的发展,小镇通过开发大面积的雪山,充分利用了当地的环境优势,欧洲最大的高山滑雪场在小镇建成,电缆车可达海拔1530～2610米的滑冰运动场。20世纪后,小镇成为国际冬季运动中心之一,一年四季都有着不间断的各项体育赛事。例如世界锦标赛(花样滑冰、速度滑冰、冰球、滑雪、阿尔卑斯滑雪、跨国滑雪等等)各项体育比赛等。

②高端会议扩大国际影响力。达沃斯小镇最成功之处莫过于利用高端会议在小镇的落地来扩大自身在国际上的影响力,每年在小镇举办的大型国际会议50多个,小型国际研讨会达到200多个,高端会议与会的一般有各国政要、商业巨头、国际组织领导人、专家学者、艺术家、科研领头人等等。高端会议还促进当地基础设施建设,会议中心有超过30个会议厅,每个厅可以容纳30～1200人不等,配备了最先进的通讯系统。高端会议同时带来了相应的经济效应,"会议经济"应运而生,达沃斯全年GDP约为8亿瑞士法郎,其中光这些国际会议就能给达沃斯带来3亿瑞士法郎的收入。通过小镇举办多样的国际会议,小镇将独特的人文生态和舒适环境展现给世界,成功打造小镇国际形象。

③成功的发展模式。会议通过收取会员费、论坛战略伙伴和议题合作伙伴的合作费以及年会、地区性会议和峰会的会费来维持论坛运转,小镇在会议举办上不仅做到了会议收益,还增强了自身的小镇竞争力。高端会议对旅游业也有带动效应,将收入投入到酒店等旅游基础设施建设与升级,达沃斯目前拥有75家酒店,其中4家五星级酒店(2家为准五星级酒店),12家四星级酒店,23家三星级酒店,还有众多的经济型酒店,共计床位2.4万多个。旅游业是当地很大一部分居民的收入来源,1.2万居民中直接从事旅游服务业的就占1/3左右,且每年这个小城要接待来自世界各地的230多万名游客。无论是在承办会议还是旅

游业相关产业,小镇都做到了精准和优质的服务,形成了良好的口碑与国际形象,形成了小镇业态发展的良性循环,"会议经济"+"旅游经济"的融合发展也是达沃斯小镇迈向国际化成功的脚步。

4.1.2　格林威治基金小镇案例分析

(1)小镇简介

美国格林威治小镇是康涅狄格州西南部的一座城镇,属纽约北部的住宅卫星城镇,距纽约曼哈顿地区仅 45 分钟车程,这个人口仅 6 万、面积仅 174 平方公里的地方,却是对冲基金的天堂,小镇安居约 380 多家对冲基金,人均收入达 903 万美元,资产密度居世界第一。全球 350 多只管理着 10 亿美元以上资产的对冲基金,有近半数公司把总部设在这里。基金所管理的资产已达 3500 亿美元,其中包括管理 65 亿美元资产的多战略对冲基金 FrontPoint、管理逾 100 亿美元资产的隆派恩(Lone Pine)以及克利夫·阿斯内斯(Cliff Asness)掌控的 190 亿美元资产的定量型基金 AQR 以及行业老大桥水基金(Bridgewater)一家就掌管着 1500 亿美元的资产规模。

(2)小镇发展历程

19 世纪之前,格林威治小镇主要发展农业,20 世纪初逐渐向金融服务业转变,20 世纪 60 年代末,投资界传奇人物巴顿·比格斯在格林尼治小镇创立了第一家对冲基金。20 世纪 90 年代,对冲基金在小镇周边不断涌现,大量金融机构的总部基地迁移到格林尼治,最多时数量可达到 4000 家。21 世纪初,尤其是千年虫和"9.11"事件之后,格林威治又成为众多对冲基金搬家的目的地,纽约曼哈顿的大量金融高端人士到格林威治定居。得益于政府长远的眼光,通过税收政策、环保、市政与大批经纪人、对冲基金配套人员等高素质人才"强联姻",格林尼治基金小镇金融集聚效应快速形成,逐渐聚集成了"对冲基金圈",为当地产业结构的调整和社会经济的协调发展发挥着重要作用。

(3)小镇竞争力分析

格林威治小镇之所以是全球著名的对冲基金之都,成为全球对冲基金的重要聚集地,很大程度上归功于政策、区位、环境以及基础设施四个方面的因素。优惠的政策便利,格林威治的房产税只有 1.2%,同比纽约的房产税却高达 3%,康涅狄格州有利的个人所得税税率与附近的纽约州相比,1000 万美元的收入在格林威治可以少缴 50 万美元的税赋,与纽约严格的对冲基金监管政策相比,格林威治的监管环境就相对宽松,其次远低于曼哈顿地区的低价租金设置,政府的多项政策可以说吸引众多基金落户小镇;区位优势明显,格林威治基金小镇毗邻纽约,是纽约市的卫星城镇之一,距离纽约曼哈顿区只有不到50公里的路程,火车汽车不到一个小时的车程,小镇也就成为纽约金融要素溢出效应的直接获益者;优美舒适的环境,小镇地处康涅狄格州的黄金海岸,海岸线长达32英里,秀丽的风景宜人的气候,小镇也成为了富豪们的"避暑山庄",摩根大通总裁史蒂文·布莱克(Steven Black),百事集团总裁唐纳德·肯德尔(Donald Kendall)和克里斯托弗·辛克莱(Christopher Sinclair),花旗银行董事长桑福德·威尔(Sanford Weill),高盛集团前总裁约翰·温伯格(John Weinberg)都住在这里;完善的配套设施建设,对冲基金聚集区要放在沿海地区,对网速的要求很高,同时需要强大的供电设施,小镇在基金基地建造柴油发电机设施,配备专门的备用电力系统,防止出现停电、断电的状况,小镇还拥有严格的安保系统,保障小镇工作者的切身安全与利益,除此之外,小镇配套了各式各样的生活设施、娱乐设施、健身设施,心理诊所、医院、养老院、购物中心等等。

4.1.3　硅谷案例分析

(1)小镇简介

硅谷,位于美国加利福尼亚州北部、旧金山湾区南部的圣塔克拉拉县,小镇坐落在该县一段长约25英里的谷地,又因小镇初期主要是研究和生产为以硅为材料半导体芯片,故得名硅谷。硅谷是当今电子工业和计算机业的王国,是高科技技术创新和发展的开创者,该地区的风险投资占全美风险投资总额的1/3,落地硅谷的计算机公司已经发展到大约1500家。硅谷周边遍布美国顶尖大学,其中最为人熟知的是斯坦福大学(Stanford University)和加州大学伯克利分校(UC Berkeley),硅谷主要以中小型创业公司群为主,其中也不乏谷歌、脸书(Facebook)、英特尔、苹果公司、甲骨文、特斯拉等世界知名企业。

(2)小镇发展历程

硅谷起源于二战,微电子业还未真正崛起,主要是对半导体、大型计算机和仪器仪表等的生产和制造,1948年晶体管发明,1955年第一家半导体公司——肖克利半导体实验室的创建在硅谷创建,开发和生产以硅为元素的半导体及相关产品的硅谷开始初步发展;20世纪70—80年代中期,微电子时代的来临,1971年硅谷英特尔公司发明第一台微处理机(MCS-4),1976年苹果微型电脑在硅谷问世,微电子业给硅谷带来了巨大的财富,1978年硅谷50家大的电子公司总销售额高达884亿美元,这一时期,硅谷成为整个世界发展最快、最为富有的地区之一;20 世纪 80—90 年代中期由于硅谷自身发展的瓶颈加之国际形势变化、政策调节等因素,当时的硅谷处于短暂的低潮时期,但是 90 年代初软件业的崛起再次让硅谷成为设计发明的聚集地,硅谷的软件业大多数是在 1980—1984 年间建立的,如 ASK、数字研究公司、维斯公司等,在这一时期,硅谷的集成电路产业结构也向高度专业化转变,形成了设计业、制造业、封装业、测试业等各个分支,并将制造业和封装业等分散到临近各州和第三世界。90 年代中期至现在,全世界进入了网络时代,网络时代带动了软件业又一次高潮,雅虎、美国网景公司等知名网络公司也将总部设在硅谷。

(3)小镇竞争力分析

①依托大学产学结合。硅谷地区一共有 8 所大学,9 所专科学院和 33 所技工学校,在这些科研型大学的依托之下,硅谷拥有丰富的技术人才、新技术、新理论的储备,尤其是斯坦福大学在 20 世纪五六十年代对硅谷的改革创新和新兴公司的建立中起了核心作用,"硅谷先驱"特曼创立的斯坦福大学工程系为 20 世纪 50、60 年代的"电子革命"奠定了基础,帮助兴建斯坦福大学研究院(SRI),致力于将军用技术转化为民用技术,促进斯坦福工业园(Stanford Industrial Park)的建立和发展,旨在专门为高技术企业服务,建立荣誉合作项目,加强了公司和大学之间的联系。成功地开创了一种新的硅谷发展模式,即大学—科研—产业三位一体的模式。

②政府扶持政策引导。硅谷的发展,离不开政府的支持以及政策的导向,政府的政策导向直接影响了高科技发展的速度和内容,硅谷的发展就是一个最好的例证。政府过制定法律、法规、科技政策、军事订货、研究合同、设置政府实验室和发展研究中心以及对地方研究活动实行直接资助等方式来鼓励和资助硅谷高科技的发展;1953 年《小企业法》为高技术中小企业贷款提供担保,20 世纪 80 年代,政府制定《小企业创新发展法》和《加强小企业研究发展法》等措施,按比例提供给中小企业 R&D 经费;硅谷成立初期,其订单有 1/4 来自政府,50 年代,联邦政府的军事订货达硅谷产品销售额的 40%,在集成电路发展的 60 年代,美国政府购买集成电路产品数量一直占企业全部产量的 37%～44%;联邦政府在加州设置了 70 多家联邦实验室和研究发展中心,雇佣了约 25000 名专家,每年的经营预算达 1.76 美元。

③创新企业家挑战未来。从某种意义上说,推动硅谷前进的最大动力是创新企业家、工程师和科学家,肖克利、特曼、诺伊斯、特德·霍夫和乔伊斯等著名的科学家和企业家都是硅谷的缔造者。白人企业家对硅谷发展的贡献是不言而

喻的,这里需要强调的是移民企业家,尤其是中国和印度的移民对硅谷发展的贡献。据统计,有专业技能的移民在硅谷的数量占大多数技术公司工程师总数的 1/3,截至 1998 年,中国和印度的工程师所创建的企业占硅谷技术产业的 1/4,这些公司销售额的加总超过 168 亿美元,提供 58282 个就业机会(分别占总销售额的 17% 和总就业机会的 14%),可以说硅谷是建立在 IC(印度和中国)技术之上的。

4.1.4 传统特色产业小镇典型案例分析

(1)小镇简介

在欧美小镇,制衣制鞋、制表、制香等传统工艺代代相传,手工作坊长年积淀,孕育了百年经典的奢侈品牌,使得小镇成为业内传奇。代表性小镇主要有:①格拉斯小镇。格拉斯小镇位于法国普罗旺斯,是现代香水的发源之地,是天然的花卉种植胜地,这里一年四季洋溢着迷人的地中海风情,茉莉、玫瑰和蔷薇交替绽放。200 年前第 1 家生产香精香料的工厂诞生于此,自那以后,香水制造业在这座小城扎根发芽。目前,格拉斯有 40 多家香水工厂,包括弗拉戈纳、夏里玛和莫利纳尔等知名香水制造厂,为小镇创造的财富超过 6 亿欧元。格拉斯国际博物馆展示了四百多年来和香水有关的一切,包括最古老的香水提取过程。②瑞士拉绍德封小镇。拉绍德封小镇与制表业血脉相连,1900 年小镇生产的手表已占世界手表市场的 55%,号称"世界钟表之都"。在拉绍德封小镇内进行建筑规划,集约利用土地资源,借助钟表文化打造了钟表制造的心脏小镇。这里有瑞士最大的钟表博物馆—国际钟表博物馆,从古老的日晷钟表到如今先进的精密钟表,记录了钟表业发展的悠久历史。③英国北安普顿小镇。小镇是世界上的制鞋圣地之一,这座"站立在男人脚上的小镇"生产的皮鞋以过硬品质赢得了"值得穿一辈子"的美名。北安普顿博物馆拥有世界上最大的鞋履收藏系列,展示了从古埃及到现代北安普顿鞋匠们参与设计的 12000 双鞋子,包括维多利亚女王在婚礼上穿的白色锦缎婚鞋,以及电影《红菱艳》中女主角莫伊拉希勒的红色芭蕾舞鞋。④德国赫尔佐根赫若拉赫小镇。该小镇十分悠久的手工业发展传统使小镇人民的生活质量不断提高,人才市场发展态势良好,为当地经济带来 1.67 万个就业岗位。德国赫尔佐根赫若拉赫小镇依托传统制造产业,将体育运动用品符号化、特征化,创造包括三家全球知名企业阿迪达斯、彪马、舍弗勒等著名体育用品,镇上的居民几乎都是这些企业的员工。

(2)小镇竞争力分析

一是主导产业突出"特"。欧美传统特色产业小镇的产业特色,独一无二、知名度甚高,而且持续创新,代代相承。决定小镇增长的能力取决于小镇能否形成一种繁荣的主导产业,以及由这产业将会派生出的新的产业。这种累积和循环的产业发展过程将推动小镇成长发展。产业布局不能太杂,避免企业五花八门,工厂密密麻麻,必须突出主导产业,特色化、专业化、精细化、集聚最有优势、最具特色和成长性的产业。

二是产业细分一定突出"精准",走在细分行业的尖端。多国外小镇本质上是专业小镇,在所属领域找准了定位并站之城。法国格拉斯小镇、瑞士拉绍德封小镇、德国赫尔佐根赫若拉赫小镇、英国北安普顿小镇等,莫不是如此。

三是产业项目精挑细选,与小镇产业优势形成"强关联"。这些小镇以传统制造业为基础,进行产业升级,由制造业向第三产业的服务业转型派生,形成专业化、商业化的特色小镇,这种累积和循环的产业发展过程将推动小镇成长发展。

4.1.5 风情小镇典型案例分析

(1)小镇简介

许多欧美小镇或地处偏远,在悬崖峭壁与高山深谷中偏居一隅,或缺乏工业与商业而逐渐凋零。这些小镇,时代的进步,科学的发展似乎与它们无缘,仍旧保持着古老的习俗。在物欲横流的现代社会,这份古朴却吸引着世界各地游客纷至沓来。风情小镇主要有:希腊福莱甘兹罗斯小镇、西班牙格塔里亚镇、苏格兰亚波多尔镇、法国沙溪尼奥勒、德国施陶芬小镇和英国拉文纳姆小镇等。这些小镇都是世界上最著名的旅游小镇,尤如世外桃源般浪漫,没有世俗的嘈杂与急迫,漫步在这些小镇的古道上,看着"三山半落青天外,二水中分白鹭洲"的风景,登高远眺,能望见"港口归帆如鸟翥,迎船百鸟飞",采菊东篱下的悠然自得油然而生。这些欧美小镇因地制宜地实现了"生态+旅游"的叠加,"自然生态风景+人文历史背景"的融合,"嵌入式开发+保护原生态"的结合。

(2)小镇竞争力分析

风情小镇一般可以分为"生态资源型"和"人文历史型"两大类别。

"生态资源型"特色小镇依靠优美的自然风光开展旅游产业、健康产业、养老产业等。"生态资源型"特色小镇以绿色低碳鲜明生态特色为发展基点,围绕这一基点开展民宿、度假、健康养生等服务,吸引了一大批渴望缓解城市压力、向往大自然风光的人前往。与传统小镇相比,特色小镇一个显著特点在于,它不是简单地作为一种聚居形态和生活模式而存在,还是一种宝贵的文化旅游资源和休闲、度假场所。"人文历史型"特色小镇是依赖于历史经典文化与传统技艺传承，开展传统文化与技艺的传承与创兴，以此为基础展开系统性的人文开发与旅游开发。"人文历史型"特色小镇一般以物质文化遗产和非物质文化遗产为基础，在对其深度开发的同时保证其"原生态"，保持人文的鲜活性。文化是小镇的内核，也是小镇魅力最持久的核心元素之一。应通过独特的自然风貌、生活习俗、传统历史文化等社会性元素，诠释小镇文化，体现文化的"原生性"和"鲜活性"。小镇的文化标识要找准自己的文化定位，切忌文化的多元、过杂，聚焦单一文化元素，挖掘地域特色文化，保持和形成个性特色。依托历史文化名镇名村开发文化价值，打造个性鲜明的建筑风格、绿化景观和人文特色文化，为小镇发展注入文化元素，凸显文化产业价值。

4.2　我国特色小镇竞争力典型案例分析

4.2.1　浙江省特色小镇竞争力典型案例分析

4.2.1.1　玉皇山南基金特色小镇竞争力典型案例分析

（1）小镇现状介绍

玉皇山南基金小镇位于杭州市上城区，北倚西子湖畔，南临钱塘江，背靠玉皇山，毗邻八卦田，属于杭州城市中心地区，且在西湖景区范围内，交通便利，风景优美，环境宜人。杭州玉皇山南基金小镇于 2015 年 5 月 17 日正式揭牌，标志着一个以格林尼治基金小镇（美国著名基金小镇）为标杆的基金小镇在国内诞生。同年，小镇入选省首批特色金融小镇创建名单，2016 年，小镇在浙江省特色小镇考核中获得优秀，同时被评为示范小镇。小镇总规划占地面积 5 平方公里，核心区域 3 平方公里，用于办公的建筑面积达 70 万平方米。截至 2017 年 11 月，基金小镇累计入驻金融机构 2214 家，总资产管理规模 10405 亿，投向实体经济 3408 亿元，成功扶持培育 98 家公司上市，1—11 月已实现税收 20.1 亿元。

（2）小镇发展脉络

2008 年，杭州市上城区人民政府正式启动玉皇山南综合整治工程，并提出在玉皇山南地区打造一个省内领先、全国知名的文化创意类示范园区，彻底改变玉皇山南地区杂乱落后局面，借助整治工程，区内交通组织和市政设施得到了全面的改善，明确了小镇的初期发展方向为文创产业，企业构成基本为文创企业。

但是随着小镇发展，发现文创企业普遍存在融资困难的问题，为了解决该问题,政府有意识地规划引进一些投资基金公司,为园中文创企业开辟新的融资渠道。随着杭州市政府制定了《关于鼓励为文化创意企业提供融资服务的实施意见》(杭政办〔2010〕12 号)等政策文件的出台,创新推出无形资产担保贷款风险补偿基金、文创产业转贷基金等文创金融产品。2010 年,浙江赛伯乐基金顺势进驻,成为首家进驻小镇的金融企业。2012 年 6 月,将原先产业园改名为"杭州山南国际创意(金融)产业园",且正式开园。此后,一些私募机构、银行及券商陆续跟进,形成了创投产业园区。同年,我国开始大力发展私募市场,推进金融体制改革,杭州市提出《杭州财富管理中心年实施纲要》,提出大力推进金融改革与创新,积极打造以私募金融服务为龙头的财富管理"金三角"目标,为园区发展基金产业提供了契机。

2015 年 5 月 17 日,杭州玉皇山南基金小镇正式揭牌,随着基金小镇的正式落成,小镇的一系列基础设施建设和环境治理得到了更进一步加强,2015 年 10 月邵逸夫医院与上城区政府合作成立了"邵逸夫医院杭州玉皇山南基金小镇国际医疗中心"并在基金小镇举行挂牌仪式。2015 年 11 月,思鑫坊启动了提升改造工程。困扰思鑫坊多年的"顽疾"——无证餐饮全部得以整治完毕,外立面的提升改造更是恢复了老建筑的当年风貌,房屋内部也进行了每户人家的拼厨接卫工程,生活质量明显提升。2017 年 10 月玉皇山南基金小镇已启动 4A 景区创建工作,创建范围主要涵盖 55 个资源点,包括白塔、天龙寺造像、吴汉月墓等国家级文保单位,以及大资福庙、南观音洞、八卦田遗址等市级文保点等。

2017 年 7 月 15 日,根据基金小镇的实际需求,上城区市场监管局出台首个省级特色小镇"定制版"工商登记新政——《关于发挥市场监管的职能作用 支持玉皇山南基金小镇加快建设的实施意见》,制定了服务小镇发展的 12 条政策,包括试行全程电子化登记、放宽新兴市场主体名称、放宽经营范围核定条件、实行集群化住所登记等内容,切实解决了金融类企业设立登记的实际困难,推动了小镇快速成长,小镇的社会经济综合效益不断显现。

随着小镇的快速发展,一场场峰会、论坛纷纷落地杭州,全国乃至全世界的私募基金聚焦玉皇山南基金小镇,从而全面提升基金小镇的竞争力和影响力。2016 年 11 月 7 日,2016 全球私募基金西湖峰会。2017 年 6 月 24 日,第三届(2017)全球私募基金西湖峰会。2017 年 7 月 21 日,浙江省中小企业协会、中金国际集团、杭州玉皇山南基金小镇管委会在山南基金小镇共同举办"中国好项目走进杭州玉皇山南基金小镇"论坛。2017 年 10 月 28 日,成功举办了第二届中国(杭州)私募基金高峰论坛。

（3）特色小镇竞争力分析及经验总结

①发展因地制宜。玉皇山南基金小镇坐落于杭州，杭州作为浙江省省会城市，是浙江省政治经济的中心，交通便利、区位优势明显，同时有雄厚的经济基础；以浙江大学为首的数十所知名高校坐落在这座历史名城，提供了丰富的人才储备与知识支撑；玉皇山南基金小镇紧邻西湖，背靠玉皇山，依山傍水风景秀丽，2017 年小镇启动打造 4A 景区，为办公与生活提供了舒适宜人的环境；浙江省民营企业众多，浙商在浙江省经济总量中占据很大比例，民间资本庞大，在资本投资方面有着巨大优势。在占据资本、人才等优势的"大环境"下，凭借着小镇自身区位便捷、环境舒适、历史文化底蕴丰富等"小环境"的加持，可以说玉皇山南基金小镇是特色小镇因地制宜发展的典范。

②精确产业定位。玉皇山南基金小镇初期是以文创产业为基础，文创企业为主的发展模式，在发展过程中发现存在融资困难的问题，由于文创企业对于现实成本的考虑较多，对于优秀企业的招商困难，且产业不具有龙头企业带动效应，导致了文创产业只存在物理意义上的集聚，并没有产生化学反应。随后小镇发展方向指向了"文创＋金融"，随着赛伯乐、敦和投资、凯泰资本等一批私募龙头企业入驻，小镇借鉴美国格林尼治基金小镇的发展模式，进而打造以金融产业为主的"金融＋科技""金融＋文化""金融＋旅游"的集聚私募金融小镇。从小镇的发展历程可以发现，小镇产业的及时转变以及精确定位盘活了小镇的发展，精确产业定位是小镇发展的不竭动力，保障了小镇的可持续发展。

③明确政府职能。玉皇山南基金小镇的初期建设及后期发展都离不开政府规划及政策引导，政府在基础设施建设、招商引资、产业创新、发展保障、人才吸引等各个方面都有所规划与引导，政府在小镇发展中扮演一个观察者与引导者的角色，根据小镇自身优势，观察小镇发展趋势，制定最适合小镇发展的方案，出台相应的政策意见予以引导。

政府通过设立创投社区服务中心、基金经理人之家等交流对接平台，提供资本对接、项目路演、联合调研、人才培训等，构建"募""投""管""退"全方位产业服务平台，充分发挥"店小二"的服务作用。同时，与各大银行、券商、期货等机构建立直通端口，提供私募基金完成从注册、产品设计、发行、销售一条龙服务，并协助对接银行资金池。在政策扶持上，2008 年，杭州市上城区人民政府正式启动玉皇山南综合整治工程，全面完善了小镇的基础设施建设，为小镇的发展奠定了基础；2010 年杭州市政府制定了《关于鼓励为文化创意企业提供融资服务的实施意见》，为园中的文创企业开辟新的融资渠道，政府牵头招商引资；2012 年杭州市提出了《杭州财富管理中心年实施纲要》，不断推进金融改革与创新，为小镇发展基金产业提供契机。2015 年 4 月,杭州市出台《关于深入推进文化创意产业与相关产业融合发展的实施意见》,为小镇"文创＋金融"融合发展提供了有力的政策保障。2016 年 5 月,上城区出台《上城区金融人才分类认定办法(试行)》《关于吸引海内外领军型人才来上城区创新创业"1211"计划的实施意见》《上城区打造玉皇山南基金小镇扶持意见》等政策文件,构建具有竞争力的人才政策体系,为小镇吸纳优质人才。

④打造产业生态链。政府在培育和引进各类私募(对冲)基金等核心业态时,配套引进与其业务密切相关的私募中介服务机构、辅助性产业、共生性产业和配套支持部门等,共同构成五层次生态圈,利于打造私募(对冲)基金与上下游企业的"零距离"战略关系,构建完备的私募基金产业链和生态系统。玉皇山南基金小镇在产业内容上找准核心产业,以金融中介服务组织为补充,形成完整的新金融产业生态链,产业链上下游不断充实完善,形成有效互动。

4.2.1.2 云栖小镇竞争力典型案例分析

(1)小镇发展脉络

云栖小镇的成长经历了三次定位的转变。2002 年至 2005 年,云栖小镇定位为传统工业园区,由杭州政府批复设立转塘科技经济园区。2005 年至 2011 年,云栖小镇定位为科技产业园,发展定位为高科技产业和企业总部型产业,主要产业导向为生物医药、电子信息、机电一体化、新能源等。直到 2011 年至 2014 年,云栖小镇才转型定位为云计算产业园。

①云栖小镇与阿里结缘。2013 年 10 月阿里云与西湖区合作共建阿里云计算创业创新基地,成立了全国首个云产业生态联盟,即"云栖小镇"联盟,并召开首届阿里云开发者大会。随后阿里云开发者大会(后更名为"云栖大会")永久落户云栖小镇,而飞天 5K 的数据机房也在云栖小镇启动上线。在阿里巴巴的支持下,云栖大会每年的参会人数都一直飙升:2013 年 4000 人、2014 年 8000 人、2015 年 2 万人、2017 年近 6 万人,一直到 2018 年的 12 万人。

②云产业生态不断完善和发展。云栖小镇的发展与云计算大数据产业的发展息息相关。目前,云栖小镇已累计引进包括阿里云、富士康科技、Intel、中航工业、银杏谷资本、华通云数据、数梦工场、洛可可设计集团在内的 600 多家高科技企业,其中涉云企业近 400 家,而且多数要么是名企,要么是大企,要么就是手握独特高科技利器的特企,产业覆盖大数据、APP 开发、游戏、互联网金融、移动互联网等多个领域。

（2）特色小镇竞争力分析及经验总结

①以政府为主导，明星企业引领。"政府主导、名企引领"的创新模式，是云栖小镇快速发展的秘诀。2012年底，西湖区政府发布《关于促进杭州云计算产业园发展的政策扶持意见》，在转塘科技园的基础上，加快建设第一个市级云计算产业园——杭州云计算产业园；对在园区新设立（或新引进）的企业总部（或大企业大集团），给予资助。

2013年4月，该产业园与阿里巴巴集团阿里云公司达成合作，在园区共建阿里云创业创新基地。随后，阿里云专门制定了引企扶持政策，进一步发挥"名企引领"作用。

②建设创业创新引导区和"超级孵化器"两大载体。创业创新引导区和"超级孵化器"是云栖小镇的重点工程，也是小镇未来产业发展的重要载体。创业创新引导区以通过分步租赁及装修引导区用房，为优质创新型涉云企业打造"拎包入驻"式免租区域，并给予其他扶持，加快小镇引进云生态产业链中最具活力与潜力的创新型企业，短期内在本区域内形成一定的产业生态。

"超级孵化器"也是小镇锻造产业特色的重要载体。这一孵化器是以5000平方米的超级孵化器为载体，为创业企业及人才提供各类相关服务，快速集聚云计算创业人才和项目，囊括海内外创业创新先锋。

③突出科技人文竞争力，打造美丽云社区。云栖小镇致力于凝聚科技人文特色，使其成为云栖小镇的核心竞争力；同时，打造美丽云社区，为创业者、工程师等提供一个舒适又能激发创作灵感的美丽环境。

4.2.2　国内其他地方特色小镇竞争力典型案例分析

4.2.2.1　南京未来网络小镇

（1）小镇现状介绍

南京未来网络小镇位于南京市江宁区，规划面积40平方公里，核心区面积6.22平方公里，以新一代信息技术、智能制造为主导产业，是江苏省首批重点特色产业小镇，并入选2019年赛迪顾问评选的"产业空间·最具成长力特色小镇十强"。目前小镇已经建成悠谷科技孵化器、科技创业服务中心、科技交流中心等产业载体，以及餐饮、奥特莱斯、人才公寓、洲际酒店等配套设施。在产业发展与培育方面，小镇先后引入了江苏省未来网络研究院、中国3D打印研究院和弗劳恩霍夫中德研究院等科研机构，以及华为等龙头企业，并孵化了机器人、无人机和物联网等相关领域的特色企业，是未来江宁地区高科技产业创新发展的重要引擎。

（2）小镇竞争力分析及经验总结

①推进技术研究，建设产业高地。围绕未来网络试验设施（CENI）重大科技基础设施项目（由国家发改委批复）和通信技术国家实验室，集聚国内外一批领军人才团队，加大未来网络前沿基础技术、关键核心技术的研究和形成，使小镇未来网络技术研究处于全球领先地位。

②创造环境，引进人才。南京未来网络小镇加强与中科院、东南大学、南京邮电大学等科研院所产学研合作，联动，促进技术、人才、项目等创新要素向小镇集聚，实现未来技术的产业化。同时，秉持"产城融合"的发展理念，建成砂之船商业广场、上秦淮假日酒店、南京未来科技城小学等相关配套，为企业入驻和居民生活提供坚实的保障，营造宜居宜业的环境。

4.2.2.2　四川省古蔺县二郎镇"中国郎"特色小镇

（1）小镇现状介绍

古蔺县二郎镇坐落在赤水河之滨，古代川盐入黔的重要集散地，是红军二、四渡赤水的渡口和红军开仓分盐的旧址所在地，是郎酒的故乡，郎酒的原产地。2018年9月28日，四川省小城镇建设领导小组办公室印发《关于公布第二批省级特色小城镇名单的通知》，明确古蔺县二郎镇入选第二批省级特色小城镇，并在特色小城镇创建基础上，大力推动"中国郎"特色小镇建设。二郎镇"中国郎"特色小镇核心区规划范围包括二郎滩区块和复陶区块，面积分别为8.2平方公里和5.0平方公里，合计13.2平方公里。

（2）小镇发展脉络

二郎镇地处川黔交通要道，与贵州名酒产地茅台隔赤水河相望，相隔不过几十里。二郎镇人酿酒的历史距今已有两千年之久。1956年，国营四川省古蔺郎酒厂成立。1999年，国家质量监督局、标准样品委员会将39°酱香型郎酒作为酱香型低度白酒标准样酒，成为中国酱香白酒标准。2011年，郎酒品牌价值达到了175.55亿元，排名中国500强第51位。

近年来，随着"以新带旧、以城带乡、产城互动"的城镇化发展战略的快速推进，二郎镇借助赤水河旅游环线区位优势，与茅台、习酒、郎酒形成酱香酒谷工业旅游的"金三角"。真正实现了镇以酒兴、镇以酒名，有力地促进宜居、宜业、宜游生态绿色二郎建设。

（3）特色小镇竞争力分析及经验总结

①把准"一业凸显"产业特点推进"一核多元"产业布局。近年来，二郎镇始

终坚持郎酒产业核心地位,加快推进白酒产能及工业旅游发展,投入资金40亿元,完成郎酒两河口1.3万吨生产车间、天宝峰16万吨酒库B区、黄金坝4万吨酒库、黄金坝生产车间等名酒产能建设并全面投产;总投资约18.6亿元的郎酒总部、郎酒宾馆、郎酒生态制糒园区、天宝峰包装物流园区、金坝露天陶坛酒库等名酒建设项目正加快实施。同时,围绕郎酒产业配套,发展乡村旅游和城郊农业,培育壮大文明甜橙、华年核桃、龙滩花椒、鱼塘蔬菜、卢山脆红李、石榴软籽石榴等七大特色农业产业区,基本建成"龙滩—清水—鱼塘"城郊农业示范片、"文明—华年"乡村旅游示范片。

②把准"双核多片"地域特点推进"双芯驱动"城乡规划。二郎镇整合上级投入和社会扶持资金3000余万元完成场镇绿化、亮化和规范化建设,先后完成E线道路、二郎公园等建设打造,二郎场镇人居环境得到有效改善。二郎镇域内除二郎场镇外,有复陶场镇为行政经济副中心,民胜大街、新华片区等人口集中区,在城乡建设规划中,二郎镇突出人居功能布局,按照"产业·文化·旅游·生态·社区"五大功能对全镇进行分区:在以二郎场镇为核心的区域,投入1.2亿元,突出产镇相融理念,按照传统川南民居和现代化酱酒产业建筑相互交融的格局实施城镇风貌塑造,建成集对外交流、产业发展等功能为一体的产业服务区;在以复陶场镇为核心的区域,突出功能齐备、交通核心,推进交通路网、综合贸易市场建设和场镇规范化整治,建成集便民服务、经济商贸等功能为一体的社区综合服务区。同时,"双芯驱动"推进北部文化区、南部生态区、西部休闲区布局。

③把准"多元发展"文化特点推进"四位一体"文化融合。二郎镇把"准"镇域文化特色,着力推进白酒文化、红色文化、盐运文化以及生态文化四大文化相互融合、形成文化合力。一方面突出酱酒文化主线,充分利用郎酒交流会、座谈会等契机,邀请专家学者、知名人士到红军街、红军渡口、美酒河风景区等地进行参观,以白酒文化影响力带动其他文化知名度提升,郎酒·红色之旅累计吸纳游客5万余人。另一方面将其他文化融入酱酒文化主线,深挖本土历史文化,重点培育和传承黄家扬琴、民胜舞狮、玉林花灯、传统糖画等民间技艺,定期举办赛龙舟、观音庙会、坝坝舞、篮球运动会、春节群众文艺晚会等民俗文化活动,凸显酱酒文化唯一性、排他性。

二郎镇抢抓机遇、科学规划,加快推进城乡基础设施建设、产业发展布局、生态环境保护、特色文化培育等工作,为特色小镇建设创建成功打下坚实的基础:

第一,构好发展蓝图。斥巨资邀请知名规划设计单位对特色小镇建设进行规划,目前已完成《"中国郎"特色小城镇概念规划》。在全镇范围内按照"一核多元"产业规划布局以二郎滩为核心的酱酒产能和工业旅游区、以龙滩村为核心的红粱基地、以文明华年为核心的乡村旅游片区等 7 大特色产业区;按照"双芯驱动"功能分区打造二郎滩产业服务区、复陶商贸服务区两个经济发展核心,带动北部特色文化区、南部原乡生态区、西部山地休闲区建设。

第二,找准特色,拓宽道路。坚持以郎酒为龙头引领,依托酱酒产业,走一、二、三产业融合发展的道路:一是发挥郎酒龙头作用,带动镇域白酒企业恢复和扩大产能,形成集群效应。目前,川酒集团已入驻二郎,川酿、源河产能逐渐恢复。二是延伸白酒产业链,打造"红粱种植—白酒生产—酒糟养牛"的工农业循环产业。以龙滩村为核心建成红粱基地 5000 亩,全镇发展肉牛养殖 1 万余头;三是围绕酱酒生产发展配套服务产业,加快推进物流运输、城郊农业、商贸旅游等产业发展壮大。目前,已培育物流运输企业 3 家,郎酒红色之旅累计接待游客5 万余人。

第三,突出重点工作,筑牢一个基础。坚持以脱贫攻坚为统揽、项目建设为抓手,加快郎酒产能项目和工业旅游项目建设,推进城乡水、电、路、网等基础设施建设,筑牢特色小城镇发展基础。目前,已投入资金 40 亿元,完成郎酒两河口1.3 万吨生产车间、天宝峰 16 万吨酒库 B 区、黄金坝 4 万吨酒库、黄金坝生产车间等名酒产能建设;总投资约 18.6 亿元的郎酒总部、郎酒宾馆、郎酒生态制釉园区、天宝峰包装物流园区、金坝露天陶坛酒库等名酒建设项目正加快实施;整合资金 1800 万元推进红军街文物本体维修保护工程;全镇新增通村硬化路 93.3公里,整合资金近 2000 万元完成全镇水利工程建设及水管网铺设,投入资金2000 余万元推进电网改造。

下一步,二郎镇将以特色小城镇建设为契机,按照大扶贫、大生态、大旅游、大工业的发展理念,将二郎镇打造成一个能代言酱酒文化的小镇、一个能成为白酒＋旅游融合发展示范的特色小镇、一个能促进世界白酒文化交流平台的特色小镇。

4.2.2.3　广东省北滘镇特色小镇

(1)小镇现状介绍

北滘镇位于顺德区北部,镇域 92 平方公里,常住人口 26 万,其中户籍人口11 万,九个居委会十个村委会。就是这样一个人口 26 万的不足百平方公里的地方,改革开放 40 年来涌现出著名家电企业美的集团和房地产企业碧桂园集团和大批中小企业,成为珠江三角洲农村工业化的典范。

(2)小镇发展脉络

北滘镇周围 1 小时车程范围,聚集了中国最大的家电制造集群,有超过万亿的工业产值。这个典型的"中国制造"地带向"中国创造"转型,工业设计可以发挥的作用不可限量。北滘镇看准了工业设计园的功能,力争做到最好,他们给自己设定了一个目标,就是在北滘镇的工业区规划出2.8平方公里范围,建设"广东工业设计城"。"广东工业设计城"内将布局工业设计博物馆、设计广场、设计师公寓等项目,使北滘这个家电重镇装上一个创新驱动的引擎。这个大胆的设想加上脚踏实地的实践立即得到顺德区和广东省有关部门的支持,进而得到了国家有关部委的支持。北滘以建设全国最具规模的工业设计园作为奋斗目标,因此广东省将"广东工业设计城"的称号授予了北滘镇。

通过省区共建、部省共建,"广东工业设计城"正式挂牌,由镇政府成立的广东工业设计城有限公司与运营主体同天公司共同规划建设运营,针对北滘镇家电重镇的产业特色,彰显了以工业设计引领创新的时代特色。"广东工业设计城"不是建制镇,而是一个嵌入在建制镇中的特色小镇。

(3)特色小镇竞争力分析及经验总结

①找准特色,形成产业集聚。北滘镇依托特色鲜明的家电产业形态,形成更强的产业集聚效应。从2008年开始,北滘瞄准家电产业特色优势,顺势打造广东工业设计城,弥补了北滘许多家电企业普遍缺乏核心和产品设计能力的短板。

②绿水青山里的特色小镇。比较传统专业镇产业经济的单向维度,特色小镇特有价值就在于城、产、人、文的有机融合,是融汇"五位一体"、注重人的全面发展的综合性空间平台。北滘特色小镇的成功,是在推动城市经济建设的同时,不断完善公共服务配套,保留城市发展的一片"绿水青山"。

③人才+"智造",创新产业链。北滘特色小镇也是以美的全球创新研发中心为核心,并以其创新创业产业链条为抓手,依托广东工业设计城、中国慧聪家电城、省区共建的创业孵化基地等,聚集"双创"人才,承接龙头企业溢出效应,建立起创新产业链。

4.2.2.4　中国"碳谷"——江苏省常州石墨烯小镇典型案例分析

(1)小镇现状介绍

常州石墨烯小镇位于江苏省常州市西太湖科技产业园,规划面积3.38平方公里,建设用地1348亩,规划区常住人口10000人,是全国唯一的国家石墨烯新材料高新技术产业化基地。石墨烯是一种新材料,在物理、化学、生物等方面都有着极其重要的作用。小镇目前已建成集"研究院—众创空间—孵化器—加速器—科技园"于一体的完善的创新创业生态体系。

(2)小镇发展脉络

2011年,江南石墨烯研究院在常州成立。2016年5月,江苏省启动了特色小镇的创建,目前园区内就有 6 家主板上市企业,13 家新三板上市企业,截至目前,大约有 120 多家企业落户常州石墨烯小镇,年产值超过 20 亿元,2017 年该特色小镇入选江苏省首批特色小镇,截至目前,小镇在石墨烯产业领域已经创下了全球第一条年产 100 吨石墨烯粉体生产线,拥有全球第一条 3 万平方米 CVD 法石墨烯透明导电薄膜生产线等 10 个"全球第一"。

(3)特色小镇竞争力分析及经验总结

①初创产业善用金融和资本。石墨烯属于战略性新兴企业,2010 年康斯坦丁·诺沃肖洛夫和安德烈·盖姆因成功分离出石墨烯获得诺贝尔物理学奖,因此石墨烯企业大多初创型,规模小且前期投入大,难以从银行获得贷款。为了解决这一难题,一方面由政府出头承担部分研发和检测设备购入,"两权分离",设备所有权归政府所有,使用权归企业所有,同时江南石墨烯研究院采用与企业共建实验室的模式,由研究院提供厂房、设备给企业,企业专注于研发与市场;另一方面,政府还建立"政府引导、企业主体、风险补偿"的投资金融体系,建立各项创投基金总规模超过 20 亿元。

②以业聚人、以镇留人。在 2011 年实施的名为"龙城英才计划",常州市先后引进 30 多个石墨烯领域的领军型创新创业团队,包括二维碳素总裁金虎、常州第六元素材料科技股份有限公司董事长瞿研、常州国成新材料科技有限公司董事长董国材等重量级人才。与此同时,常州市武进区高标准建设创客公寓,还为研究石墨烯的科研人员提供购房补贴。江苏的特色小镇多为制造业小镇,不同于浙江特色小镇,浙江特色小镇严格限定三平方公里的区域范围,常州石墨烯小镇则创造性地将生产企业与其他部分分开。依托良好的石墨烯产业基础和优越的创新创业环境,小镇已建成集"研究院—众创空间—孵化器—加速器—科技园"于一体的创新创业生态体系。

③高瞻远瞩,培育产业。回顾常州石墨烯小镇的建设路径,我们可以发现正是地方政府的苦心经营与推动使得产业逐步壮大。政府不受利润核算的约束,眼光长远,将重点放在了培育产业上。2014 年,园区的常州第六元素材料科投股份有限公司成功登陆新三板,成为国内石墨烯行业首家新三板挂牌企业,二维碳素也于 2015 年挂牌新三板。2017 年 3 月,碳元科技股份有限公司在上海证券交易所上市,成为常州第一家本土培育的石墨烯主板上市企业。2018 年,常州市政府带着石墨烯小镇的名片举办各种国际会议、论坛和传播活动,进一步增强其市场曝光率,随着配套、服务和产业体系的完备,其产业"领头羊"地位不断得到巩固,实现强者愈强、强者恒强之格局。

5 我国特色小镇竞争力综合评价实证研究

5.1 我国特色小镇竞争力综合评价指标体系构建

5.1.1 指标体系构建原则

在构建我国特色小镇竞争力评价指标体系之前,首先要明确指标体系构建原则,本书在设计该指标体系时,主要遵循下述原则。

(1)科学与系统性原则

根据小镇发展的总体状况与内在关联进行指标设计,各个指标具有一定的联系性与独立性。指标体系构建突出层次感,所选指标从特色小镇发展本质出发,客观真实反映我国特色小镇发展质量。

(2)宏观与微观兼顾性原则

分别从宏观与微观两个层面上进行剖析,层层递进,具有逻辑一致性,体现我国特色小镇发展状况的内在联系与外在表征。

(3)典型代表性原则

本研究通过对我国特色小镇的调研以及大量相关文献阅读,选取指标注重体现我国特色小镇发展的核心部分,对特色小镇发展所存在的优势与劣势进行初步的分析与探讨,选取指标具有显著代表性,提高结果数据可靠性。

(4)可取数可量化可比性原则

所选指标可从问卷调查、企业报表、统计年鉴、专家企业打分等形式获取,各个指标不同量纲数据可进行归一化处理、定性数据可进行定量处理。对于不同小镇发展状况比较时,为做到公正公平与客观,选择小镇具有共性且有代表性的核心指标,实现指标可取数可量化可比性原则。

(5)以人为本原则

在设计我国特色小镇发竞争力评价指标体系时,注重对人文、生态、生活环境等方面的关注,以适应人不断提高的物质、精神生活要求。与此同时,从小镇布局、政策引导等多方面来侧面反映人们对职业规划、人生规划的一种需求,也是特色小镇发展核心所在。见表5-1。

5.1.2 我国特色小镇竞争力综合评价指标体系

本章以特色小镇竞争力指标体系建立原则和对我国特色小镇竞争要素的分析,并结合第二章节特色小镇竞争力理论,初步梳理了评价特色小镇竞争力指标基本构成:人力资源、资本资源、政府服务、环境资源、基础设施、产业规模、技术创新,并进一步建立以下特色小镇竞争力指标体系。见表5-1。

表 5-1　我国特色小镇竞争力综合评价指标体系

一级指标	二级指标	三级指标	数据获取途径
外部竞争力	人力资源	中高级技术职称占比	企业报表统计数据
		专科及以上受教育程度人数占比	企业报表
		员工平均薪资	统计数据
		每年引进高端人才数量	统计数据
		"新四军"创业人数	统计数据
		省、国家级"千人计划"人才数	统计数据
	资本资源	固定资产投资额	统计数据
		新土地开发建设面积	统计数据
		特色产业投资额	企业报表统计数据
		民间资本投资额	统计数据
		商业综合体项目固定资产投资额	统计数据
		国有资产投资额	统计数据
	政府服务	企业落户政策	专家/企业打分
		人才吸引政策	专家/企业打分
		政府扶持补助资金	统计数据
		政府民生支出占比	统计数据
		政府行政效率	专家/企业打分
		政府产业布局	专家/企业打分

续表

一级指标	二级指标	三级指标	数据获取途径
内部竞争力	环境资源	绿化覆盖率	统计数据
		空气质量达标率	统计数据
		水质量达标率	统计数据
		噪声达标率	统计数据
		文化资源价值	专家/群众打分
		垃圾处理率	统计数据
		公园绿化面积	统计数据
		小镇景区等级	统计数据
	基础设施	居民休闲环境质量	专家/群众打分
		WiFi覆盖率	统计数据
		公共设施配套建设质量	专家/群众打分
		交通便利性	专家/群众打分
		居民生活舒适度	专家/群众打分
		特色小镇公共服务	专家/群众/企业打分
核心竞争力	产业规模	规模以上企业数	统计数据
		每年入驻新企业数	统计数据
		特色产业集中度	专家/企业打分
		特色产业企业占比	统计数据
		特色产业收入占比	统计数据
		特色产业市场占有率	企业报表统计数据
		特色产业产值	企业报表统计数据
		特色产业服务业收入	企业报表统计数据
	技术创新	每年专利数	统计数据
		每万元R&D经费金额	企业报表统计数据
		创业企业数量	统计数据
		企业孵化器及众创空间数量	统计数据
		开展高校、研究所合作项目个数	统计数据
		形成国家、行业标准项目项数	统计数据

5.1.3 具体指标体系的选取及解释

本研究对于我国特色小镇竞争力主要从外部竞争力、内部竞争力以及核心竞争力三个维度进行分析与说明。见图 5-1。

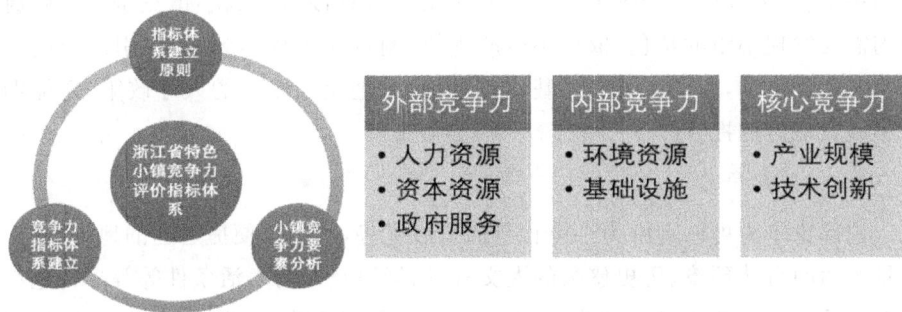

图 5-1　我国特色小镇竞争力综合评价指标体系构建图

(1)外部竞争力

特色小镇外部竞争力可以理解为外部因素对特色小镇发展的影响因素,排除小镇自身地理环境历史等内部因素,主要包括特色小镇人力、资本、政府等外力影响,是特色小镇竞争力状况的重要体现。通过大量的人力资源吸收、资本资源投入以及政府服务提升,全面提升特色小镇发展质量。外部竞争力包括人力资源、资本资源、政府服务。

① 人力资源。人力资源指标体现特色小镇吸引人才能力,人才是行业发展的必需品,人才是产业不断向高端化品牌化发展的必由之路,引进高级技术职员、高素质高学历职员、高端人才职员是小镇发展质量提升的依托。

② 资本资源。资本资源指标蕴含的是特色小镇发展潜力和发展动力两层意思:发展潜力代表特色小镇发展趋势,当特色小镇拥有一个好的产业规划,好的政策引导以及好的发展前途时,会吸引更多银行家、资本家来投资,将有更多资本流入小镇。资本资源指标代表的不仅仅是外界对特色小镇看好状态,更是小镇自身发展良好的标志,即小镇发展潜力;发展动力显而易见,无论是小镇基础设施建设、生活环境改造以及产业生态链打造等等,都离不开资本,再好的设想与规划,没有足够的资本支持都等于纸上谈兵,当小镇拥有丰富的资本资源,才能完成小镇初期的布局与产业规划,随着产业发展技术不断革新更替,更需要大量资金来保障这一进程,所以说资本资源是小镇发展的重要动力,是小镇竞争

力体现的重要标志。

③ 政府服务。政府机构是特色小镇发展总体方向的规划者,政府在小镇中扮演的角色不仅仅是局限于公共服务的建设者、宏观经济的调控者、维护市场的管理者,还需要是通过总结小镇不同发展阶段出现的问题并且积极完善产业规则的决策者,可以说一个决策与发展方向制定将直接影响到小镇竞争力。政府机构需要发现小镇的特色、依托小镇的优势,制定相关优惠政策,吸引产业的龙头企业入驻小镇,配套完善相关基础建设,好的企业加之好的人才政策,才能助力小镇竞争力的提升。

(2)内部竞争力

内部竞争力可以理解为小镇自身的发展优势,可以是便捷通达的地理区位、风景秀丽的自然环境、历史悠久的人文背景、舒适宜人的生活条件等等。特色小镇发展是需要内外兼修的,"外"为力,"内"为源,只有自身拥有一定的具有发展能力的基础,才能长久持续的发展,小镇的发展亦是如此。如浙江省特色小镇分类中旅游类小镇需要有先天的旅游资源,健康类小镇需要干净的空气、纯净的水资源、无污染的生活环境等等。内部竞争力包括环境资源和基础设施。

① 环境资源。环境资源指标主要涵盖的是特色小镇生活、工作环境质量以及一些先天的人文旅游资源。舒适的工作环境、宜人的生活环境是小镇居民和外来工作者安居乐业的保证,一些靠旅游业健康业为产业基础的特色小镇则其本身即是拥有丰富的旅游人文资源以及健康的生活条件。

② 基础设施。基础设施建设是居民生活、百姓工作的物质保证,是一个城镇发展的基础,从过去单单满足基本生活的基础设施到如今物质精神两个层面的设计,基础设施普及不仅仅是医院、交通、超市等的建设,更是需要涉及休闲、娱乐、养生、健康等多方面的考虑,建设符合现代化要求的基础设施,提高居民生活工作的舒适度,是城镇竞争力水平高低的表现之一。

(3)核心竞争力

核心竞争力可以理解为小镇竞争力中最为重要和关键的一环,特色小镇的竞争力核心是其特色产业,产业竞争力的强弱是衡量小镇竞争力强弱的标准,特色小镇作为特色产业的集聚地、优势产业聚集区,其竞争力核心就是产业竞争力,而如何将产业发展高端化国际化,从旧时的劳动密集型转向技术密集型,从单一的加工制造零售转化成高端制造一站式服务,从过去高污染高能耗的生产方式转变成无污染低消耗的产业生态链,则需要技术革新、创新创意的支持,故本书认为产业规模与技术创新共同构成小镇的核心竞争力。核心竞争力包括产业规模和技术创新。

① 产业规模。三大产业发展的变迁是一个地区、城市经济实力竞争力的缩影,产业规模的每一次提升都是地区城市竞争力的一次重要蜕变,产业发展是经济发展的基础,唯有产业的高速发展才能带动整个经济的前进,带动居民生活水平质量的提升。特色小镇的特点是特色产业,特色小镇应当优先发展特色产业,特色产业在行业中的竞争力、在市场中的占有率就是小镇企业在产业发展中的竞争力,企业产业竞争力的集合就是小镇的产业竞争力。

② 技术创新。技术是第一生产力,技术诞生需要创新,打破陈旧、突破旧技术禁锢,不断提高生产力,蒸汽机作为动力的第一次工业革命,电器广泛应用的第二次工业革命都大大提高了生产力,技术创新的竞争力来源于此,每一次小创新都将是生产力提升的一小步。小镇的产业发展靠的不是"因循守旧""抱残守缺",而是"不拘一格""独具匠心",在新思想、新技术盛行的时代,需要不断创新与改革,在产业发展中巩固自身地位,只有在技术、思维上有所突破,才能在产业发展中做出自己的特色。

5.2　数据来源

本研究数据来源主要来自浙江省统计局、浙江省各市统计年鉴,各类政府门户网站公布的浙江省特色小镇信息、浙江省特色小镇网发布的特色小镇信息,以及统计调研、专家访谈、问卷调查等方式。

在数据预处理方面,对一些缺失数据进行了科学的插值补充,对一些异常数据进行了修改或删除。进一步确保了数据的真实性和可靠性。

5.3　我国特色小镇竞争力综合评价分析

5.3.1　德尔菲法和层次分析法

德尔菲法是通过征询专家意见,通过统计结论反复回馈给专家进行再打分直到得出一致结论的一种方法,通过专家对所选指标进行重要度评判,利用层次分析法,根据专家意见构建指标的判断矩阵,通过计算每一级判断矩阵的最大特征值,当通过一致性检验之后(当不通过检验时反馈给专家直至通过检验),计算矩阵特征向量,根据归一化后权重确定指标最终权重,本研究共收集 10 位专家对各指标重要性进行评价打分。具体算法流程如下:

(1)构建判断矩阵

本研究通过征询专家意见,用两两重要性程度之比的形式表示出两个方案的相应重要性程度等级,从而构建判断矩阵,重要性程度标度表(见表 5-2)。

表 5-2　重要性标度量化表

重要性程度	重要性量化值
同等重要	1
稍微重要	3
较强重要	5
强烈重要	7
极端重要	9
两相邻判断的中间值	2,4,6,8

通过问卷、访谈等形式对专家、统计局工作人员进行调查构建浙江省特色小镇竞争力评价指标判断矩阵。

(2)一致性检验

当判断矩阵的阶数时,通常难以构造出满足一致性的矩阵来。但判断矩阵偏离一致性条件又应有一个度,为此,必须对判断矩阵是否可接受进行鉴别。本研究通过计算判断矩阵的特征值以及特征向量,对各级判断矩阵进行随机一致性检验,CI 越小,说明一致性越大。考虑到一致性的偏离可能是由于随机原因造成的,因此在检验判断矩阵是否具有满意的一致性时,还需将 CI 和平均随机一致性指标 RI 进行比较,得出检验系数 CR,当 CR<0.1,则认为该判断矩阵通过一致性检验,否则就不具有满意一致性。

其中,随机一致性指标 RI 和判断矩阵的阶数有关。一般情况下,矩阵阶数越大,则出现一致性随机偏离的可能性也越大,其对应关系如表 5-3 所示。

表 5-3　平均随机一致性指标 RI 标准值

矩阵阶数	1	2	3	4	5	6	7	8	9	10
RI	0	0	0.58	0.90	1.12	1.24	1.32	1.41	1.45	1.49

对专家所得的判断矩阵进行一致性检验,检验结果如表5-4所示。

表5-4   一致性检验表

判断矩阵	矩阵阶数	最大特征值	CI	CR	是否通过检验
A1	3	3.00000	0.00000	0.00000	通过检验
B1	3	3.00000	0.00000	0.00000	通过检验
B2	2	2.00000	0.00000	0.00000	通过检验
B3	2	2.00000	0.00000	0.00000	通过检验
C1	6	6.00000	0.00000	0.00000	通过检验
C2	6	6.00000	0.00000	0.00000	通过检验
C3	6	6.00000	0.00000	0.00000	通过检验
C4	8	7.95078	−0.00703	−0.00499	通过检验
C5	6	6.09649	0.02920	0.01556	通过检验
C6	8	8.00000			通过检验
C7	6	6.00000	0.00000	0.00000	通过检验

(3)确定矩阵特征向量及最终权重

通过对判断矩阵的特征向量以及求归一化特征向量,确定各个专家对"三新"统计制度方法改革影响因素的权重(如表5-5所示)。

表5-5   判断矩阵特征向量及归一化特征向量表

判断矩阵	最大特征值对应特征向量	归一化特征向量
A1	[0.348,0.547,0.762]	[0.210, 0.330, 0.460]
B1	[0.330,0.561,0.759]	[0.200, 0.340, 0.460]
B2	[0.707,0.707]	[0.500, 0.500]
B3	[0.862,0.506]	[0.630, 0.370]
C1	[−0.443,−0.188,−0.122, −0.355,−0.565,−0.554]	[0.199,0.085,0.055,0.159,0.254,0.249]
C2	[−0.520,−0.323,−0.302, −0.219,−0.552,−0.427]	[0.222,0.138,0.129,0.093,0.236,0.182]
C3	[−0.380,−0.207,−0.518, −0.288,−0.426,−0.529]	[0.162,0.088,0.221,0.123,0.181,0.225]

续表

判断矩阵	最大特征值对应特征向量	归一化特征向量
C4	$[-0.211, -0.246, -0.299, \\ -0.167, -0.404, -0.422, \\ -0.509, -0.422]$	$[0.079, 0.092, 0.111, 0.062, 0.151, 0.157, \\ 0.190, 0.157]$
C5	$[0.437, 0.190, 0.418, 0.354, \\ 0.532, 0.437]$	$[0.185, 0.080, 0.177, 0.150, 0.225, 0.185]$
C6	$[-0.404, -0.422, -0.176, \\ -0.317, -0.281, -0.317, \\ -0.264, -0.528]$	$[0.149, 0.156, 0.065, 0.117, 0.104, 0.117, \\ 0.097, 0.195]$
C7	$[-0.544, -0.480, -0.304, \\ -0.272, -0.368, -0.416]$	$[0.228, 0.201, 0.128, 0.114, 0.154, 0.174]$

　　根据表 5-5,我们可以通过归一化处理特征向量,并根据层次分析法最终确定我国特色小镇竞争力评价指标体系各层指标权重。指标权重如表 5-6 所示。

表 5-6　我国特色小镇竞争力评价指标体系权重分布

一级指标	权重	二级指标	权重	三级指标	权重
外部竞争力	0.2100	人力资源	0.0420	中高级技术职称占比	0.0084
				专科及以上受教育程度人数占比	0.0035
				员工平均薪资	0.0023
				每年引进高端人才数量	0.0067
				"新四军"创业人数	0.0107
				省、国家级"千人计划"人才数	0.0104
外部竞争力	0.2100	资本资源	0.0714	固定资产投资额	0.0159
				新土地开发建设面积	0.0098
				特色产业投资额	0.0092
				民间资本投资额	0.0067
				商业综合体项目固定资产投资额	0.0168
				国有资产投资额	0.0130
		政府服务	0.0966	企业落户政策	0.0157
				人才吸引政策	0.0085
				政府扶持补助资金	0.0213
				政府民生支出占比	0.0118
				政府行政效率	0.0175
				政府产业布局	0.0218

续表

一级指标	权重	二级指标	权重	三级指标	权重
内部竞争力	0.3300	环境资源	0.1650	绿化覆盖率	0.0130
				空气质量达标率	0.0150
				水质量达标率	0.0184
				噪声达标率	0.0103
				文化资源价值	0.0249
				垃圾处理率	0.0260
				公园绿化面积	0.0314
				小镇景区等级	0.0260
		基础设施	0.1650	居民休闲环境质量	0.0304
				WiFi覆盖率	0.0132
				公共设施配套建设质量	0.0291
				交通便利性	0.0247
				居民生活舒适度	0.0371
				特色小镇公共服务	0.0305
核心竞争力	0.4600	产业规模	0.2898	规模以上企业数	0.0433
				每年入驻新企业数	0.0452
				特色产业集中度	0.0188
				特色产业企业占比	0.0339
				特色产业收入占比	0.0301
				特色产业市场占有率	0.0339
				特色产业产值	0.0282
				特色产业服务业收入	0.0564
		技术创新	0.1702	每年专利数	0.0388
				每万元 R&D 经费金额	0.0343
				创业企业数量	0.0217
				企业孵化器及众创空间数量	0.0194
				开展高校、研究所合作项目个数	0.0263
				形成国家、行业标准项目项数	0.0297

5.3.2　浙江省特色小镇竞争力分析

通过德尔菲和层次分析法得到各个具体指标的权重之后,将各个特色小镇的特征数据代入进行计算,可以综合得到各个特色小镇的竞争力评价得分,图5-2、5-3分别为浙江省特色小镇排名前十位与排名后十位的竞争力评价得分图。

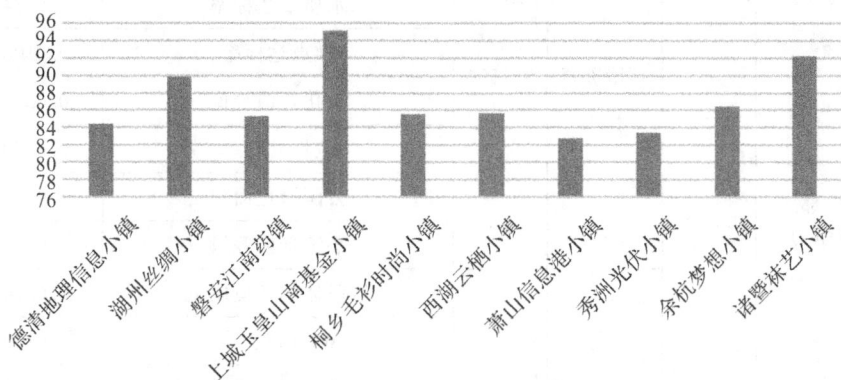

图 5-2　浙江省特色小镇前十 AHP 评价法得分

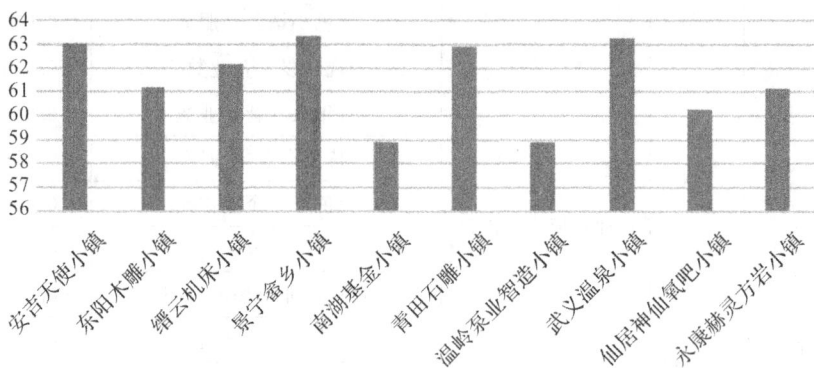

图 5-3　浙江省特色小镇后十 AHP 评价得分

从图 5-2、图 5-3 我们可以发现上城玉皇山南基金小镇与诸暨袜艺小镇在浙江省特色小镇中最具竞争力,得分分别为 95.14 分、92.28 分,两者核心产业为金融与时尚,上城玉皇山南基金小镇依靠其独特的产业定位、诸暨袜艺小镇依靠其雄厚的袜业制造基础进行产业转型升级,在浙江省特色小镇发展中名列前位。相对比南湖基金小镇与温岭泵业智造小镇在这浙江省特色小镇竞争力排名末位,得分分别为 58.90 分、59.92 分。南湖基金小镇作为金融特色小镇,从 2015 年合格评级到达 2016 年警告评级,其发展处于停滞不前状态,而缺乏投资引入、产业基础薄弱、缺少龙头企业带动是目前该镇亟待解决的问题。而温岭泵业智造小镇在泵业产业中,则缺乏高端产业竞争力,产业创新滞后,无法体现其特色产业优势。

　　通过计算浙江省各个特色小镇竞争力综合评价得分,本研究依据各个特色小镇所在地区以及产业定位,分别绘制了根据市级分布以及产业分布的特色小镇竞争力评价图,如图 5-4、图 5-5 所示。

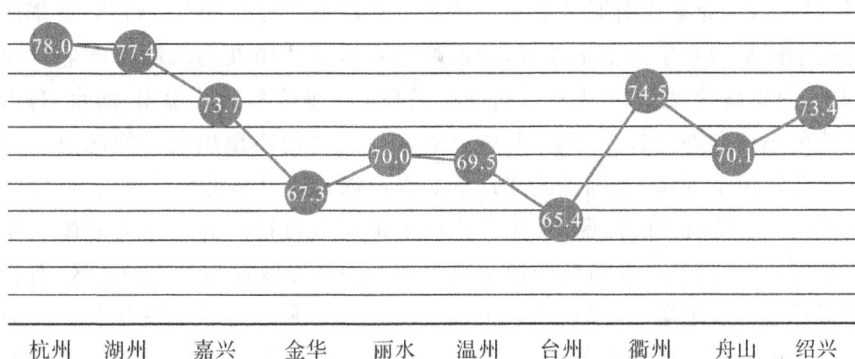

图 5-4　浙江省特色小镇竞争力评价各市平均得分

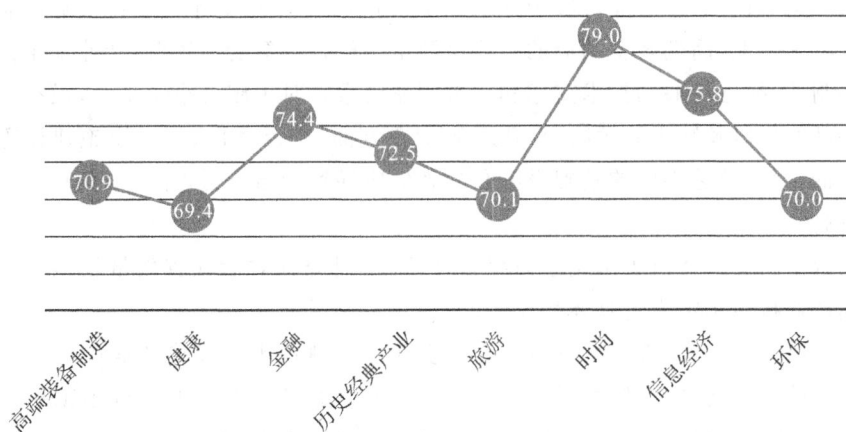

图 5-5　浙江省特色小镇竞争力评价分产业平均得分

从图 5-4 我们可以发现浙江省各市地区特色小镇竞争力总体水平并不算高,各个地区特色小镇发展仍有较大发展空间,各个地区仍需大力开发小镇自身内部竞争力,招商引资吸引人才扩大外部竞争力,加强产业基础与产业创新增强核心竞争力。从分地区看我们可以发现杭州(信息经济产业为主)作为浙江省省会城市,依托其经济、地理、政治等多重有利因素,特色小镇数量较多且质量都发展较好,具有较高的特色小镇竞争力水平。湖州、衢州两市虽创建特色小镇相对数量不多,但特色小镇发展在浙江省特色小镇竞争力表现较好,如衢州龙游红木小镇依托其自然环境和红木产业基础,整合各项优势资源,精准定位为旅游产业发展,将红木产业集旅游服务业为一体具备其特殊旅游竞争力。台州、金华两地的特色小镇平均竞争力水平较低,如温岭泵业智造小镇在高端制造产业方面缺乏创新、缺少高端要素,难以形成行业中较高的产业竞争力。温州、丽水、舟山等地区特色小镇发展也较为一般,其中发展较差的特色小镇出现的问题也主要集中在产业定位不到位、基础设施建设落后以及创新能力不足等情况。

从图 5-5 我们可以发现,浙江省特色小镇竞争力较高的行业为时尚产业与信息经济产业,信息产业特色小镇主要集中在经济发展较为发达的地区,有较好的投资环境与政策培育环境,基础设施建设较为完善,竞争力较为突出。时尚产业特色小镇大多为传统产业转型升级,产业基础较为扎实,产销渠道大多已经打通,加之产业创新、产业品牌化高端化发展,产业竞争力较强。相比之下,环保及健康产业的特色小镇竞争力较差,缺乏行业竞争力,且一些小镇存在"炒概念"等形式主义的情况,在产业发展中并没有实际产出。高端装备制造和旅游行业表现也较为一般,高端装备制造的一些小镇由于科技创新能力较低,产业却定位在高端制造,缺乏足够的技术支撑和高端产业要素。对于旅游小镇来说,没有高端旅游品牌化以及缺少旅游特色,在资源配置方面,小镇宣传、基础设施建设等投入较低,导致缺乏必要的基础设施和品牌效应导致产出较低,导致小镇总体竞争力不高。

依据浙江省特色小镇竞争力综合评价,本研究针对浙江省数量较多的四个不同产业特色小镇进行具体的比较。

如图 5-6 所示,湖州丝绸小镇与磐安江南药镇在历史经典产业中竞争力排名位居前 1、2 两名,东阳木雕小镇、青田石雕小镇以及朱家尖禅意小镇排名靠后,作为历史经典产业特色小镇,应注重地区特色,政府、企业应加大产业宣传力度,适当加大投资金额,形成一定产业规模及产业竞争力,进一步落实产业品牌化。

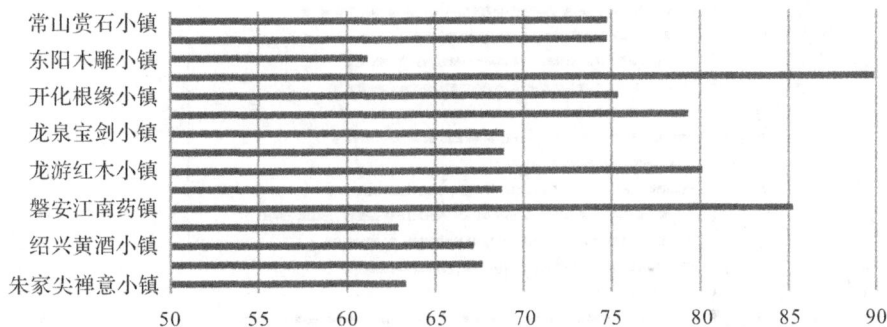

图 5-6　历史经典产业特色小镇竞争力综合评价得分

　　如图 5-7 所示,浙江省旅游特色小镇中,普陀沈家门渔港小镇与杭州湾新区滨海欢乐假期小镇竞争力排名靠前,仙居神仙氧吧小镇与永康赫灵方岩竞争力相对较差,作为旅游特色小镇,在依托自身环境优势的同时加强基础设施建设,在最大限度保留原始生态风景情况下,进行适度产业化改造,突出地区旅游特色。扩展在政府旅游补贴等方面支出,吸引国内外游客在小镇平价优质旅游消费,进而扩大经营收入。挖掘小镇产业特点、景区特色、历史文化等多方面内容,扩大特色小镇综合竞争力。

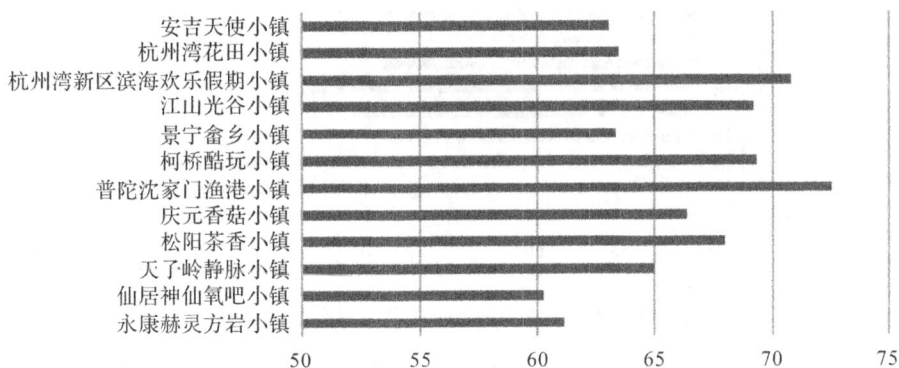

图 5-7　旅游特色小镇竞争力综合评价得分

　　如图 5-8 所示,浙江省高端装备制造特色小镇中,秀洲光伏小和长兴新能源小镇竞争力排名前列,温岭泵业智造小镇与缙云机床小镇在则竞争力相对偏弱。

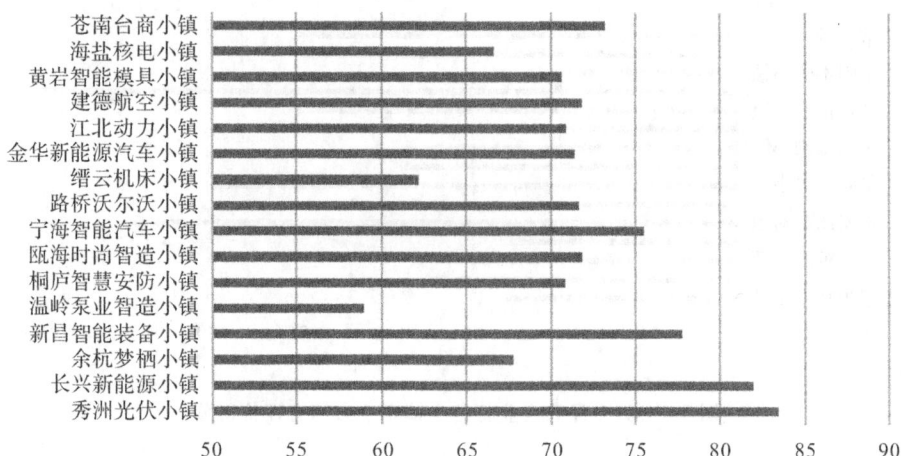

图 5-8　高端装备制造特色小镇竞争力综合评价得分

加大科技创新投入,提升科技创新能力,在高端装备智造行业中具备技术优势,促进传统产业转型升级,提高产品科技价值附加值。政府需要利用政策优惠等引导、鼓励企业进行产业结构调整,形成高端制造产业生态布局,进而全面提高小镇竞争力。

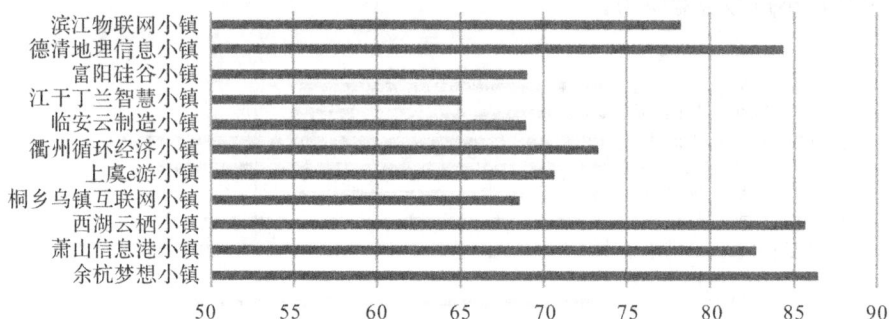

图 5-9　数字经济特色小镇竞争力综合评价得分

如图 5-9 所示,浙江省数字经济特色小镇中,余杭梦想小镇、萧山信息港小镇以及德清地理信息小镇竞争力排名前三,江干丁兰智慧小镇竞争力评价最低。在信息经济产业中,小镇需通过引入产业优势企业,加大产业集聚效应,政府提供土地、税收等优惠政策,同时加大科技创新投入,衔接国际、行业中最新前沿技术,不断创新技术,吸收高端人才要素,提升小镇竞争力。

5.4 降维数据可视化

本研究构建的浙江省特色小镇竞争力评价指标体系,共涉及三级指标 46 个,即有 46 个具体特征,如何寻找各个数据之间存在的关联以及各类数据间的关系,仅仅通过观察复杂的多维数据表是无法实现的。在此,降维方法作为一种减少特征的方法,通过对多维特征进行缩放,再将低维数据进行数据可视化是对数据特征及数据类型进行分析的常用手段。

常用的降维方法有很多,本研究主要利用以下四种降维方法进行数据降维。①pca 降维。主成分分析是常见的一种降维方法,主要思想是基于样本点离超平面的最小投影距离或者最大投影方差,其优势在于计算方法简便,各主成分之间相互正交,去除了原始数据成分之间的相互影响。②tsne 降维。tsne 降维方法是辛顿(Hinton)在 2008 年提出的一种非线性流形学习方法,其基本原理是通过在高维空间中利用高斯分布将距离转换成概率分布,在低维空间用 t 分布将距离转换成概率分布,使得从数据在映射后有一个更好的降维效果。其优势主要体现在不同类的点会尽量分离开来,但这种分离效果不会趋于无限大,避免出现不相似点距离太远的情况,故降维效果相对良好。③lda 降维。lda 降维区别于其他降维方法,属于监督型学习算法,其原理是对同类别数据在超平面上投影之间距离尽可能靠近,不同类别数据在超平面上投影距离尽可能远,从而达到较好的降维效果。④fa 降维。因子分析降维主要是通过构造因子模型,将原始变量表示成隐变量线性组合的一种方法,其优点在于信息丢失相对较少,因子变量具有较强的可解释性。

本研究通过利用这四种常见的降维方法对浙江省特色小镇竞争力评价指标进行缩放,为了更好的实现可视化与缩放效果对比,设置 n_components＝2(缩放至 2 维),并将浙江省各个特色小镇级别评价标签放入效果图。如图 5-10 所示。

从图 5-10 我们可以发现,四种降维方式的效果有明显差异,pca,fa 降维方法出现了三种类型有交叉的情况,降维效果相对较差,tsne 存在两种类型交叉的情况,不过数据总体分布较为合理,但是降维效果仍不理想,lda 降维效果相对较好,四种类别数据相对隔离,除了部分类别有些许重叠,总体降维效果算最好。

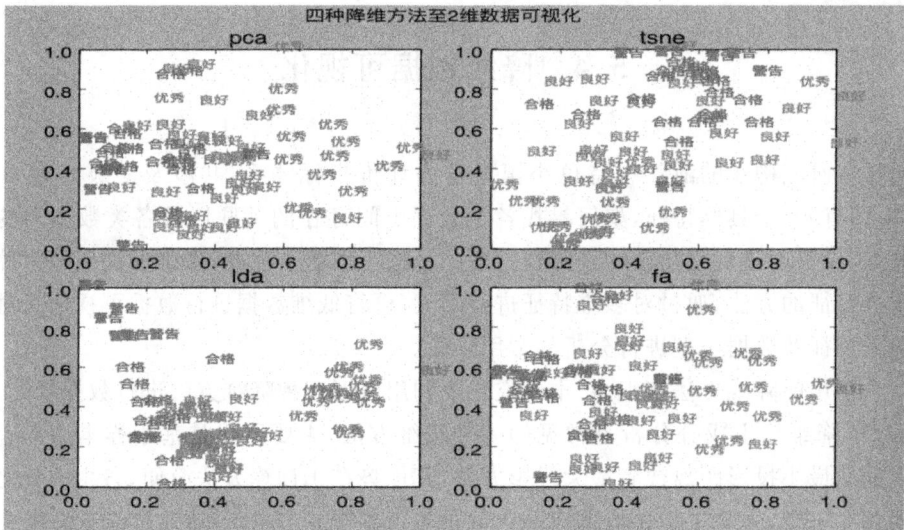

图 5-10　pca、tsne、lda、fa 四种降维方法可视化图

5.5　基于 xgboost 模型对浙江省特色小镇竞争力评级分类

上一节对于不同评级类型的浙江省特色小镇做了多维放缩的降维可视化，虽然通过降维初步将各级别特色小镇有了一个相对准确的划分，但是在实际运用中，将特色小镇新样本采集数据通过降维以可视化呈现的方式对比来确定其特色小镇级别，误差仍然较大（lda 降维方法在合格和良好之间的有区分度但不显著以及仍有部分类似"异常值"的点出现在一些特殊区域，难以支撑准确的划分依据）。在本节，将引入 xgboost 算法，构建浙江省特色小镇分类模型，作出一个较为精确和科学的划分。

5.5.1　xgboost 算法

xgboost 算法是目前在各大数据竞赛以及工业界运用最为广泛的算法，可以运用在分类、预测、排序等各种实际问题，本研究通过将通过利用 xgboost 算法对浙江省特色小镇进行分类。xgboost 算法最早由陈天奇（2014）提出，是 GB 算法的一种高效实现方法，其基本学习器可以分是 cart 也可以是 gblinear，xgboost 算法对目标函数加入了正则化项，学习器为 cart 时，其正则化项与树叶子节点数量和叶子节点值相关，区别于 GBDT 算法，其不仅利用了损失函数的一阶导数信息，还通过对损失函数的二阶泰勒展开，利用了其二阶导数信息。

xgboost 算法推导如下：

模型：

$$\hat{y}_i = \sum_{k=1}^{K} f_k(x_i), \ f_k \in \mathscr{F} \tag{5.1}$$

目标函数：

$$Obj = \sum_{i=1}^{n} l(y_i - \hat{y}_i) + \sum_{k=1}^{K} \Omega(f_k), \ f_k \in \mathscr{F} \tag{5.2}$$

其中 $l(y_i - \hat{y}_l)$ 为损失函数，$\sum_{k=1}^{K} \Omega(f_k)$ 为正则化项，$\mathscr{F}$ 为所有回归树集合，f_k 为回归树基学习器。

对于模型第 t 轮训练目标函数有：

$$\begin{aligned} Obj^{(t)} &= \sum_{i=1}^{n} l(y_i - \hat{y}_i^{(t)}) + \sum_{i=1}^{t} \Omega(_f{}_k) \\ &= \sum_{i=1}^{n} l(y_i - \hat{y}_i^{(t-1)} + f_t(x_i)) +, \ \Omega(f_t) + \text{constant} \end{aligned} \tag{5.3}$$

即目标找到 f_t 最小化目标函数 $Obj^{(t)}$，对上式做二阶泰勒展开可得：

$$\begin{aligned} Obj^{(t)} &= \sum_{i=1}^{n} \left[l(y_i - \hat{y}_i^{(t-1)}) + g_i f_t(x_i) + \frac{1}{2} h_i f_t^2(x_i) \right] \\ &\quad + \sum_{i=1}^{t} \Omega(f_k) + \text{constant} \end{aligned} \tag{5.4}$$

其中 $g_i = \partial_{\hat{y}^{(t-1)}} l(y_i, \hat{y}^{(t-1)})$，$h_i = \partial_{\hat{y}}^2{}_{(t-1)} l(y_i, \hat{y}^{(t-1)})$，

定义：

$$f_t(x) = w_{q(x_i)}, \quad w \in R^T, \quad q:R^d \rightarrow [1, 2, \cdots, T] \tag{5.5}$$

其中 w 为叶子节点权重，q 为树结构序列，定义正则项：

$$\Omega(f_t) = \gamma T + \frac{1}{2} \lambda \sum_{j=1}^{T} w_j^2, \quad I_j = \{i \mid q(x_i) = j\} \tag{5.6}$$

有：

$$\begin{aligned} Obj^{(t)} &\cong \sum_{i=1}^{n} \left[g_i f_t(x_i) + \frac{1}{2} h_i f_t^2(x_i) \right] + \Omega(f_t) \\ &= \sum_{i=1}^{n} \left[g_i w_{q(x_i)} + \frac{1}{2} h_i W_{q(x_i)}^2 \right] + \gamma T + \frac{1}{2} \lambda \sum_{j=1}^{T} w_j^2 \\ &= \sum_{j=1}^{T} \left[(\sum_{i \in I_j} g_i) w_j + \frac{1}{2} (\sum_{i \in I_j} h_i + \lambda) w_j^2 \right] + \gamma T \end{aligned} \tag{5.7}$$

定义：

$$G_j = \sum_{i \in I_j} g_i, \; H_j = \sum_{i \in I_j} h_i \tag{5.8}$$

有：

$$Obj^{(t)} = \sum_{j=1}^{T} \left[\left(\sum_{i \in I_j} g_i \right) w_j + \frac{1}{2} \left(\sum_{i \in I_j} h_i + \lambda \right) w_j^2 \right] + \gamma T$$

$$= \sum_{j=1}^{T} \left[G_j w_j + \frac{1}{2} (H_f + \lambda) w_j^2 \right] + \gamma T \tag{5.9}$$

故我们可以找到 w_j^* 最小化目标函数，此时我们有：

$$w_j^* = -\frac{G_j}{H_j + \lambda} \tag{5.10}$$

$$Obj = -\frac{1}{2} \sum_{j=1}^{T} \frac{G_j^2}{H_j + \lambda} + \gamma T \tag{5.11}$$

故对于树节点判断分裂点定义为：

$$Gain = \frac{1}{2} \left[\frac{G_L^2}{H_L + \lambda} + \frac{G_R^2}{H_R + \lambda} - \frac{(G_L + G_R)^2}{H_L + H_R + \lambda} \right] - \gamma \tag{5.12}$$

5.5.2 xgboost 训练过程

在对模型进行训练过程中，需要不断通过进行调参以及模型调优过程，xgboost 模型参数主要包括 booster 方法选择、并行数、特征选择维度、学习率、树最大深度、最小叶子节点权重和、样本随机采样比例、损失函数确定等，本研究将通过网格搜索法对 xgboost 模型参数进行调参，通过交叉验证法对模型进行进一步筛选。

进一步，我们对模型不同参数下的模型误差进行可视化，可以更加直观判断出模型最终参数选择。

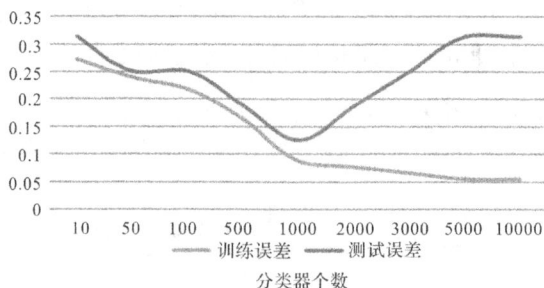

图 5-11　n_estimators 参数变化下模型误差变化图

如图 5-11 所示，模型在不同 n_estimators（弱分类器数量）值下，训练误差和测试误差都在发生不断变化，在 n_estimators 值在较低范围内时，训练误差和测试误差相近,但是训练误差相对较大,随着 n_estimators 不断增大时,训练误差不断减小,测试误差逐渐增大,出现过拟合情况,在 n_estimators 达到 100 时,模型拟合效果最好。

　　如图 5-12 所示,在 max_depth(分类树最大深度)值在较低范围内时,训练误差和测试误差相近,但是训练误差相对较大,模型拟合不足。当 max_depth 大于 7 时,测试误差与训练误差相差增较,模型过拟合,综合可得在 max_depth 为 5 时,模型拟合效果最好。

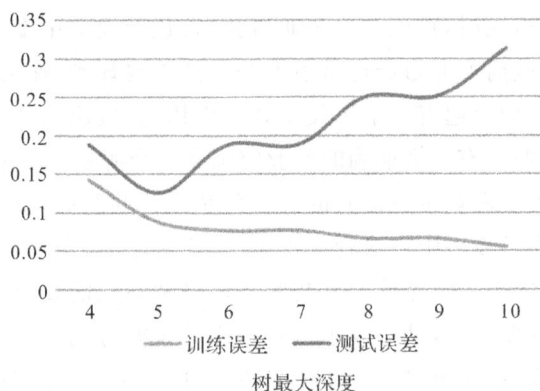

图 5-12　max_depth 参数变化下模型误差变化图

　　利用网格搜索方式以及可视化呈现等方式,我们最终可得最优模型参数,结合模型自身分类性质,最终模型构建参数为表 5-7 所示。

表 5-7　xgboost 模型参数表

模型参数	参数值
Booster(迭代器)	gbtree
Objective(损失函数)	Multi：softmax
eta(学习率)	0.01
colsample_bytree(树随机采样特征占比)	1
min_child_weight(最小叶节点权重)	2
n_estimators(分类器数目)	100
Subsample(子样本占比)	1.0
max_depth(树最大深度)	5
eval_metrix(误差类别)	merror
num_class(类别目)	4
Gamma(正则项)	2

5.5.3　浙江省特色小镇竞争力评级分类分析

我们通过训练 xgboost 模型,对浙江省特色小镇作相关分类,模型根据不同特色小镇特征差异对小镇级别分类进行评估。

根据图 5-13 所示,在拟合完成的 xgboost 模型的特征重要性排名中,特色产业产值重要性最高,达到 0.170495,该指标是模型分类的重要标准,反映了特色小镇中特色产业发展的重要性,体现了特色产业发展的好坏是衡量特色小镇竞争力的重要依据,同时,特色产业企业占比、特色产业集中度等指标也说明了该项特点。其次,政府产业布局也是模型分类的重要评判,作为政府,在小镇规划以及产业定位发展上起着一个至关重要的作用,直接影响到小镇特色产业发展方向及路径,说明没有一个准确的产业定位和一个清晰的产业发展思路,是无法实现小镇优质发展和竞争力提升的。特色小镇公共服务、政府行政效率都是体现政府在特色小镇发展中扮演者重要角色,尤其是在小镇初期发展,政府需要顾及小镇建设的各个方面,完善的公共服务体系和高效的政府行政效率是小镇发展中必不可少的要素,也是构成小镇竞争力的重要方面。企业孵化器及众创空间数量和每万元 R&D 经费金额指标直观表现了小镇产业在科技创新方面的投入,也从侧面反映了小镇在产业科技创新水平的高低,进一步证明了技术创新

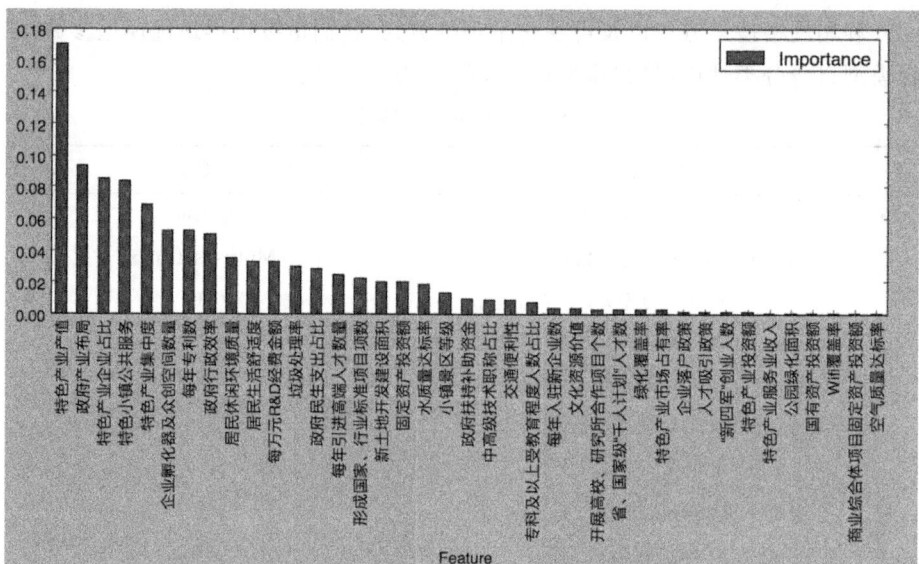

图 5-13　xgboost 特征重要性图

是提升特色小镇竞争力的核心条件。居民环境质量、居民生活舒适度等指标也在模型中起着重要的分类作用,完善小镇基础设施建设,构建环保宜居的工作生活环境,保证居民的生活质量,是小镇竞争力的体现。综上,xgboost 模型主要依靠外部竞争力的政府服务,内部竞争力的基础设施以及核心竞争力中的产业规模和技术创新四大二级指标来分类评判。

　　如图 5-14 所示,特色小镇分类真实值与模型预测实验值大部分趋于吻合,有小部分预测值与真实值有所差异,模型总体分类出错概率较小,模型分类拟合效果较好。在表 5-8 所示在测试集中,杭州湾新区滨海欢乐假期小镇和定海远洋渔业小镇在分类预测中出现错误,其他小镇分类预测正确,模型对于预测集效果也较为良好。模型最终的训练误差为 0.09589,测试误差在 0.13333,总体来说模型拟合偏差较小,且测试集与训练集误差差距不大,未出现明显过拟合状况,综合评价模型分类效果较好。

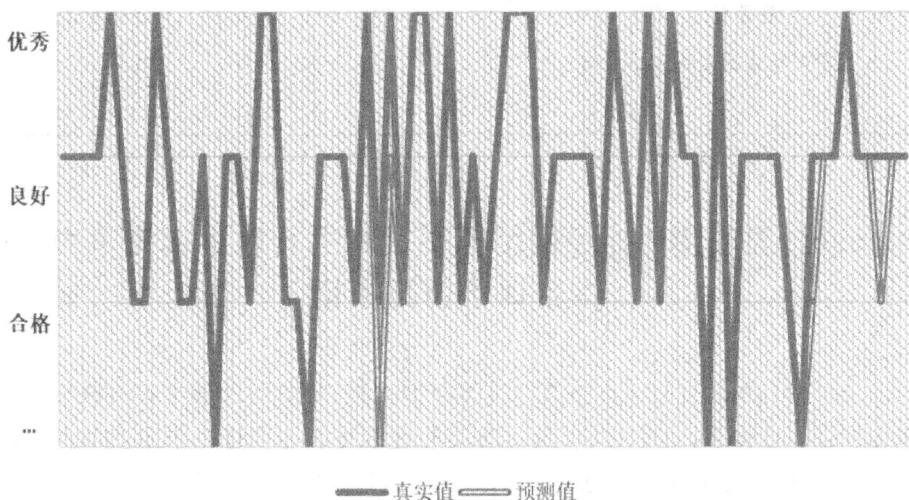

图 5-14　浙江省特色小镇分类模型预测效果图

表 5-8　浙江省特色小镇分类结果表

特色小镇	真实值	预测值
瓯海生命健康小镇	良好	良好
宁海智能汽车小镇	良好	良好
路桥沃尔沃小镇	良好	良好
龙泉青瓷小镇	良好	良好

续表

特色小镇	真实值	预测值
缙云机床小镇	合格	合格
南湖基金小镇	警告	警告
定海远洋渔业小镇	良好	合格
江干丁兰智慧小镇	良好	良好
江北动力小镇	良好	良好
诸暨袜艺小镇	优秀	优秀
常山赏石小镇	良好	良好
苍南台商小镇	良好	良好
杭州湾新区滨海欢乐假期小镇	良好	合格
建德航空小镇	良好	良好
嘉兴马家浜健康食品小镇	良好	良好
训练误差:0.09589		测试误差:0.13333

5.6　基于 BP 神经网络模型的我国特色小镇竞争力综合评价仿真模拟

上一节对浙江省特色小镇进行分类模型实证,本节针对浙江省特色小镇竞争力综合评价体系,通过 BP 神经网络模型对浙江省各个特色小镇竞争力评价作模型仿真,优化浙江省特色小镇竞争力综合评价体系。

5.6.1　BP 神经网络学习算法

BP 神经网络是目前应用最为广泛的神经网络模型之一,其模型的拓扑结构主要包括输入层(input layer)、隐藏层(hide layer)和输出层(output layer),BP神经网络主要包括样本信息正向传播过程和误差信号反向传播过程。其基本算法如下:

(前向传播)

(1)参数初始化。初始化各层各节点神经元权重和偏置。

(2)从输入层接收样本信号并对信号进行加权求和。

（3）将加权求和和后信号通过激活函数并将信号传导至下一层神经元。

（4）同理,将样本信号一直传导直至达到输出层,计算最终输出结果与期望输出结果误差,确定是否进行反向传播过程。

（反向传播）

（1）利用前向传播输出误差结果计算误差偏导。

（2）对偏导数进行之前神经层的加权求和。

（3）同理,将误差偏导信号不断反向传播至输入层。

（4）利用每一层神经层中每个节点求得的偏导数进行对权重、偏置进行更新。

通过神经网络向前传播以及向后传播两个过程之后,即可以得到 BP 神经网络各层神经网络结构及对应参数,得到 BP 神经网络学习后的初步模型。

5.6.2　指标数据标准化

对于神经网络的训练,需要关注非常多的点,首先我们需要对数据进行预处理,不同数据的分布结构等对于模型学习难易程度会有不同的影响,与此同时,不同的神经网络模型学习对于数据所呈状态也有不同的要求。常用的数据预处理方法有 0 均值法、归一化法、pca 和白化等。

归一化法的方法有很多种,常见的归一化法有线性函数归一化法（Linear Normalization）、Sigmod 归一化法（Sigmod Normalization）、Z-score 归一化法（Z-score Normalization）等。

线性函数归一化法函数表达式为 $f(x)=(x-\min)/(\max-\min)$,其中 $\max,\min$ 分别为样本数据的最大值和最小值,归一化后数据被均匀归一化到取值为 0～1。Sigmod 归一化法函数表达式为 $f(x)=1/(1+\exp(-ax+b))$,其中 a,b 为控制参数,a 控制函数曲线陡峭程度,b 控制函数曲线平移程度,归一化后数据取值为 0～1。Z-score 归一化法需要样本数据近似服从高斯分布,其函数表达式为 $f(x)=(x-u)/s$,其中 u 为样本数据均值,s 为样本数据标准差,归一化后数据呈均值为 0、标准差为 1 的标准正态分布,对于数量较多的样本数据集而言,68.28% 的数据将分布在 $[-1,1]$,95.44% 的数据将分布在 $[-2,2]$,99% 的数据将分布在 $[-3,3]$。

本研究将采用线性函数归一化方法对数据进行预处理,以达到神经网络模型优化以及快速学习的目的。

5.6.3　激活函数选择

经过对数据的预处理,在模型学习过程中,我们还需要确定神经网络模型的各个神经层的激活函数,不同类型的神经网络模型和不同的神经层之间的激活函数选择都将直接影响模型的学习效率以及是否能够实现学习,且根据不同数据结构需要不断调整激活函数。常见的激活函数有以下几种:

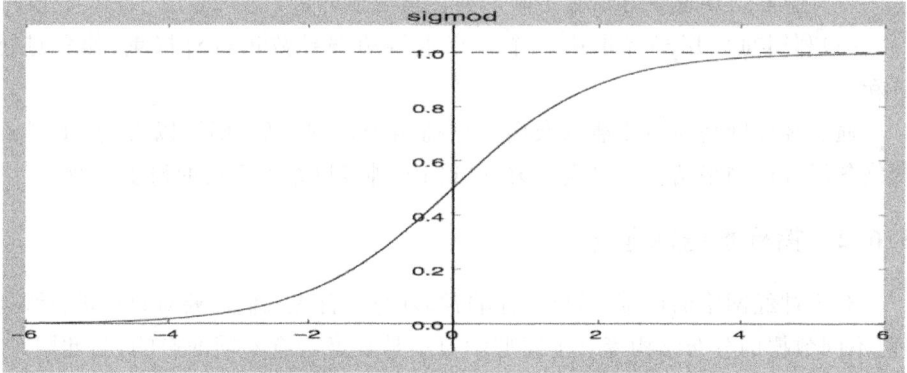

图 5-15　sigmod 函数图像

(1)sigmod 函数

sigmod 函数:$\sigma(x)=1/(1+e^{-x})$是神经网络里较为常用的激活函数,适用于神经网络向前传播过程,压缩数据的同时保证数据的幅度变化,且该函数便于求导。从图 5-15 上可知函数在取值靠近 0 和 1 时其导数接近于 0,同时在神经网络反向传播过程中容易出现过饱和现象,使得神经网络在训练过程中出现梯度消失问题,且 sigmod 输出不是 0 均值分布,会导致之后的神经层输入是非 0均值分布,会对之后梯度产生影响,进而影响神经网络收敛速度。在具体的模型实现中,sigmod 函数的幂运算会增加运算处理时间。

(2)tanh 函数

tanh 函数:$\tanh(x)=(e^x-e^{-x})/(e^x+e^{-x})$,tanh 函数的另一种表达方式为$\tanh(x)=2\mathrm{sigmod}(2x)-1$,tanh 函数将数据压缩到$[-1,1]$,在一定程度上tanh 函数继承了 sigmod 函数的优缺点,但是解决了 sigmod 函数输出非 0 均值问题,但同样存在梯度消失、训练耗时等问题。见图 5-16。

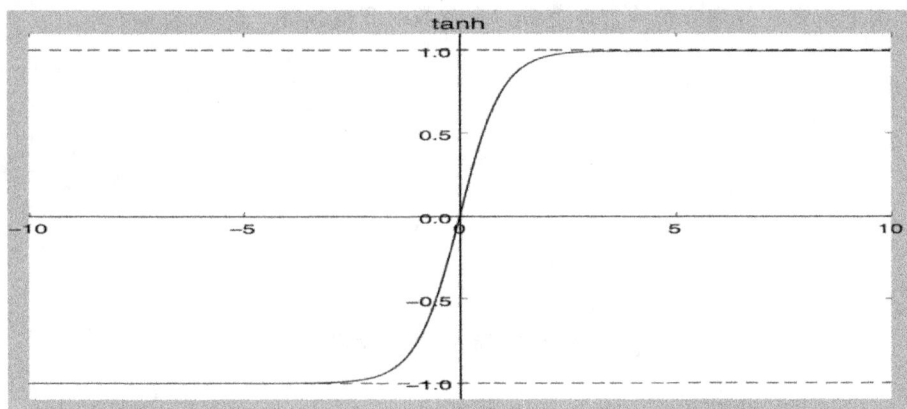

图 5-16　tanh 函数图像

（3）relu 函数

relu 函数：$f(x)=\max(0,x)$，relu 函数在近年逐渐流行，其在梯度下降过程中比 sigmod，tanh 函数收敛速度更快，对比指数幂的计算方式运算时间开销更小，与此同时 relu 函数相对脆弱，在训练过程中容易出现死亡现象，需要对输入数据梯度以及学习率进行控制才能更好地利用该激活函数。见图 5-17。

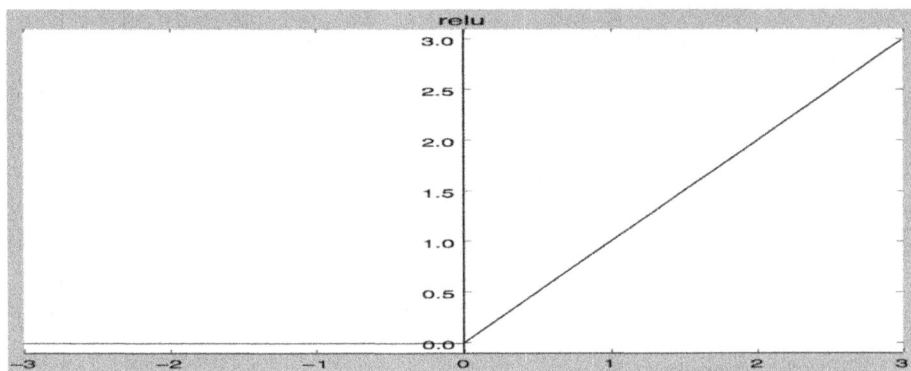

图 5-17　relu 函数图像

5.6.4　防止模型过拟合处理

（1）正则化处理

在机器学习中，正则化处理是防止模型过拟合处理较为普遍所才用的方法。不同类型的正则化处理都是对模型参数不同方面的限制，防止最终模型过拟合。

常用的正则化处理方法有：L0 范数、L1 范数、L2 范数等。

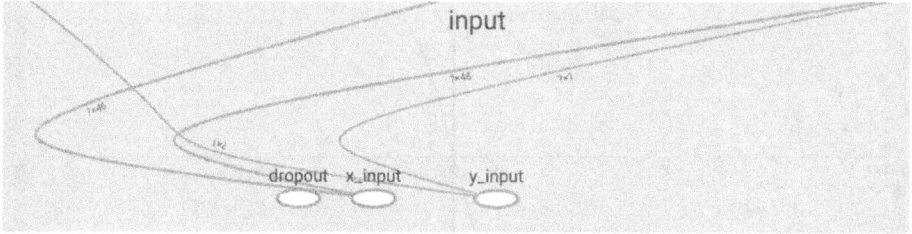

图 5-18　输入层拓扑结构

（2）dropout 处理

dropout 是在神经网络训练中防止过拟合中常用的处理办法，其原理是随机使得神经网络模型中神经节点失活，通过对每一层节点设置节点失活概率 1－keep_prob，用剩下的节点进行模型的训练。在每一次 dropout 过程中，模型的训练结构都不相同，每一次迭代都隶属于原始结构的子集，如此通过训练的模型不会对特定节点过于敏感，故对于神经网络模型的学习来说不易出现过拟合现象。

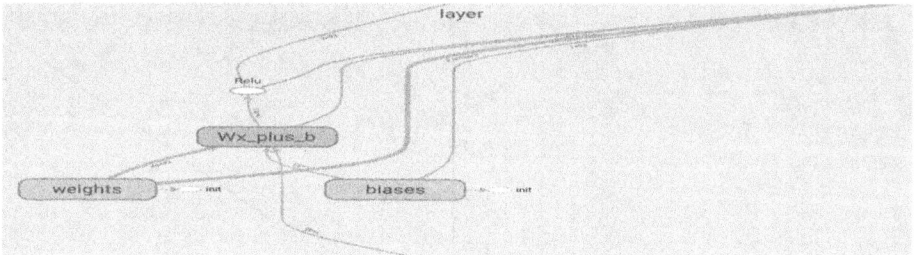

图 5-19　隐藏层拓扑结构

（3）early stopping 处理

在神经网络中，为了防止模型过拟合问题，early stopping 处理也是较为普遍的选择方法，早停法是神经网络还没有运行太多次迭代之前停止迭代，旨在寻找到测试集准确率最高时将模型保存下来，防止模型过拟合。但同时也存在停止优化代价函数而导致代价函数值不够小问题。

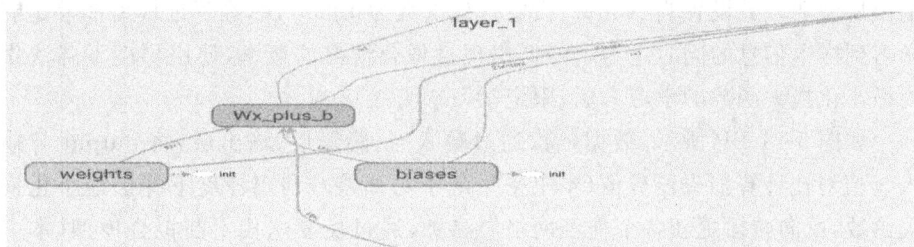

图 5-20　输出层拓扑结构

5.6.5　模型构造

本研究 BP 神经网络模型使用 python2.7 主要利用 tensorflow 架构进行模型搭建,原始数据通过线性归一化法处理,为防止模型出现梯度消失、过拟合等问题,加入了随机失活机制,设置神经网络层数为 3 层,分别为输入层、隐藏层和输出层(如图 5-21 所示),输入数据为 46 维特征数据,1 维评价得分数据,以及随机失活 dropout 比重。

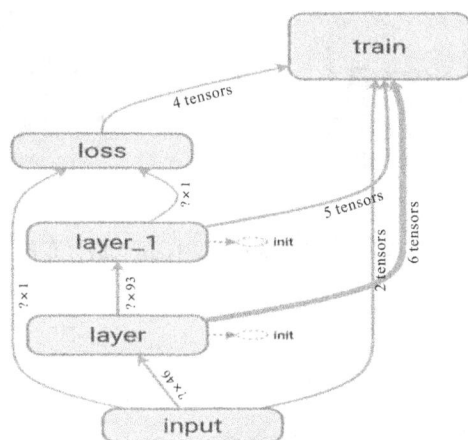

图 5-21　BP 神经网络拓扑结构

在学习神经模型过程中,需要对最终模型参数做一个具体说明。设置 keep _prob＝0.8,即随时失活概率为 0.2,在保证了数据高利用性的同时避免模型出现过拟合等问题。隐藏层节点数设置为 93〔经验法则:依据柯尔莫哥洛夫(kolmogorov)定理,隐藏层节点数 $s＝2n＋1$,n 为输入层节点数〕,保证足够多的节点对信息的完全利用,为防止出现梯度消失等问题,激活函数选用 relu 函数,输出层激活函数设置为 None。设定迭代次数为 10000 次，在保证模型能够足够学习到样本信息的同时也为了降低出现过拟合情况的概率，使用梯度下降法作为最小化损失函数的学习方法，限定学习率为 0.0001。

如图 5-21 BP 所示，数据依次通过输入层、隐藏层、输出层，将 output 与输入 y 值对比计算损失函数值（本书采用最小均方差），利用梯度下降法最小化损失函数，反向转播更新各个神经网络层参数，通过反复迭代不断拟合模型（本书设置迭代次数为 10000 次），最终训练得到模型。

5.6.6 模型仿真

通过建立 BP 神经网络模型，输入样本数据对模型进行训练，当模型迭代次数为 10000 次时，停止模型迭代，模型训练完成，利用 tensorflow 中 tensorboard 功能，可以将模型具体训练过程可视化，图 5-22、5-23 为模型具体迭代过程中的参数变化情况。

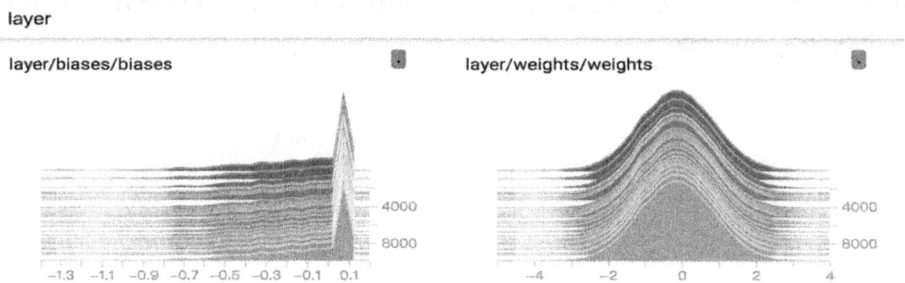

图 5-22　隐藏层偏置 b 和权值 w 的分布图

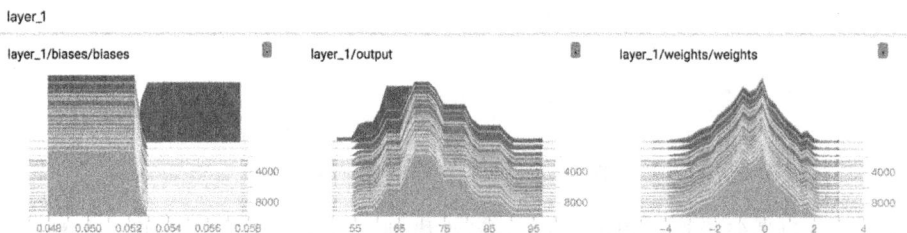

图 5-23　输出层偏置 b，输出和权值 w 的分布图

从图 5-22、5-23 迭代次数变化可以发现，在隐藏层中，偏置 b 和权值 w 在训练初期和后期变化程度不大，在神经网络训练初期已经形成大致取值范围，在之

后的训练中参数属于非常细小的调整,在输出层中,偏置 b 在前 200 次中有较大变化,在 1000 次之后的迭代值也趋于稳定,权值 w 在训练过程中总体波动幅度不大,且 output 输出值也在训练过程中逐渐趋于稳定,这与模型整体 loss 变化有一定的关联。从图 5-22、5-23 上的参数分布我们可以发现,训练完后模型隐藏层中偏置 b 绝大部分落在 $0.05\sim0.125$ 之间,呈单峰状,且峰度较高,权值 w 主要分布在 $-1\sim1$ 之间,呈正态分布状,在输出层中,偏置 b 分布较为均匀,主要分布在 $0.048\sim0.052$ 范围内,权值 w 主要分布在 $-1\sim1$ 之间,呈双峰状,输出值分布主要集中在 $65\sim80$ 之间。

5.6.7　模型评价及结果总结

模型训练完毕,需要通过对模型的性能进行评估,分类模型的评估方法往往有准确率、召回值、roc 曲线等,对于连续性数值预测模型则可以通过 RMSE(平方根误差)、MAE(平均绝对误差)、分位数误差等方法,本研究采用 MSE 均方误差对模型进行性能评估。模型训练中损失函数值的变化情况如图 5-24 所示。

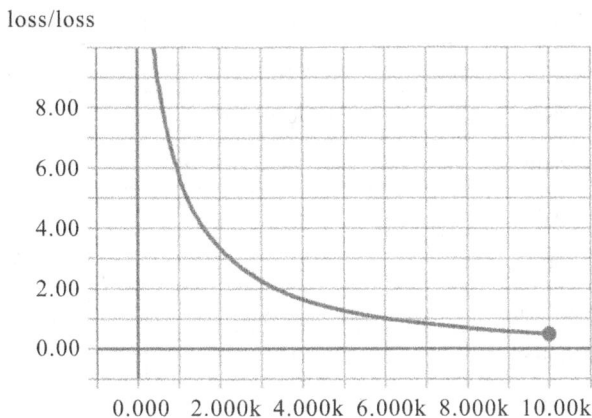

图 5-24　10000 次迭代下损失函数值变化曲线

从图 5-24 以及模型具体迭代过程中可以发现,loss 曲线的斜率在不断减小,斜率变化趋势从快到逐渐缓和,在模型训练后期趋于平滑。在前 1000 次迭代中,损失函数值从 60884.137 锐减到 5.650,在 1000 到 6000 次迭代中,loss 从 5.650 降到 1.015,在最后的 4000 次迭代中,数值从 1.015 削减到最终模型学习完成状态时的值 0.338。对于训练集来说,BP 神经网络模型拟合较为成功。

如表 5-9 所示,训练误差约为 0.338,对于测试集来说,模型的拟合程度较训练集来说有一定差距,但均方误差仍保持在 1.325 左右,在一定的接受范围内。具体来说,我们可以发现测试集中绝对值误差最小的为杭州湾花田小镇,误差范围在 0.01 以内,预测结果准确。除此之外绝对值误差在 0.5 以内的小镇有海宁皮革时尚小镇、景宁畲乡小镇、武义温泉小镇、宁海智能汽车小镇、下城跨贸小镇、西湖云栖小镇、朱家尖禅意小镇,预测结果相对优良。绝对值误差超过 2 的为永康赫灵方岩小镇,预测结果较差。结合训练集输出分布和测试集输出分布我们可以发现,对于评价得分在 65～80 之间区域分布较多的数据集预测良好,故模型总体评分性能较为优良,对于相对分布较为分散区域的预测能力仍有提高空间,具体可以通过增加对特色小镇竞争力特征和相关数据量等方式对模型进行提升。

表 5-9　浙江省特色小镇测试集仿真情况

特色小镇名称	实际值	预测值
海宁皮革时尚小镇	75.2721	75.6124
景宁畲乡小镇	63.3260	63.4435
武义温泉小镇	63.2793	63.5190
富阳硅谷小镇	69.0559	68.5279
黄岩智能模具小镇	70.6660	72.2688
永康赫灵方岩小镇	61.1400	64.2862
宁海智能汽车小镇	75.5009	75.2206
下城跨贸小镇	74.9855	75.3734
普陀沈家门渔港小镇	72.5154	73.8860
嘉善巧克力甜蜜小镇	74.5174	75.5370
杭州湾花田小镇	63.4580	63.4614
桐庐智慧安防小镇	70.8413	69.2625
江北动力小镇	70.9304	69.8723
西湖云栖小镇	85.6689	85.9105
朱家尖禅意小镇	63.3368	62.9820
(均方误差 mse)	训练误差为 0.337913951	测试误差为 1.3251365

综合以上,我们可以通过利用上述 BP 神经网络模型对浙江省特色小镇竞争力评价进行预测,得到较为准确真实的特色小镇竞争力评分。

6 基于生态位理论的我国特色小镇 竞争力综合评价研究

特色小镇核心竞争力是在特色小镇持续发展中,能为小镇的整体优势带来根本性、实质性和价值性功效的特有专长。作为一个内涵丰富的概念范畴,核心竞争力的形成受到诸多因素的影响。随着核心竞争力研究的不断深入,越来越多的研究者发现,核心竞争力在本质上是小镇在长期的发展过程中逐渐积累的资源,这种资源具有特有性和自组织性特征,广泛镶嵌于构成企业生态位的生态空间、发展位置、功能机制和作用表现等维度。因此,从社会发展、经济发展、行业发展和企业生态位发展的实际要求出发,准确把握核心竞争力的提升目标,实现核心竞争力提升目标的层次化与生态化,这是具有重要的理论价值与实际指导意义。

6.1 特色小镇生态位的理论基础及形成机理

"生态位(Niche)"这一理论概念起源于生物学领域,由格林内尔(Grinnell)最早提出,将其定义为"恰好被一个物种或一个亚种所占据的最后分布单位"。从生态位内部成分分析,单元生物的空间状况、资源总和及功能层次等都是其组成部分。从生态位外部关联分析,三个组成部分之间互相作用的历史演化与共识联系的有机结合是其构成的根本。由于物种与环境连接方式、物种自身的生理状态、自然环境以及物种之间的交互影响过程的存在,体现了单元生物体受环境影响以及对环境累计作用的生态位概念。单元生物体在生态系统中,与其他各单元生物体存在依存与对立的关系,从而发展成为一种互相共生的空间争夺关系,这种争夺过程正向作用于物种的演化和生态系统的稳固。

6.1.1　特色小镇生态位的内涵

如同生态系统中两种或两种以上物种在取食同一资源产生交互的竞争作用一样,特色小镇竞争是伴随小镇经济活动半径形成的空间交互作用。特色小镇生态位是特色小镇竞争关系在概念及方法层次的研究,如特色小镇生态位宽度、特色小镇生态位重叠度等。如果全国特色小镇是生态系统中存在的"种群",那么这个种群中的"物种"就是单个特色小镇。首先,物种与外界环境进行能量、物质的交流和转换的能力,是衡量物种优势的标准之一。将此研究理论引入到特色小镇领域,特色小镇的经济实力、资源利用、社会服务功能等是评价特色小镇竞争力依据一部分。其次,物种进行内部运作协调能力,是衡量物种优势的另一标准。相对于特色小镇而言,基础设施配套齐全、生活环境舒适宜居是特色小镇竞争能力强的表现。

基于此,特色小镇生态位是小镇在一定的空间地域内,与其他相似经济主体进行比较、沟通过程中所形成的相对地位。特色小镇生态位体现的是,其在"生态系统"中能力的位置,并反映特色小镇相关影响因素在其争夺生态位时所扮演的功能及角色。

6.1.2　特色小镇生态位形成机理分析

特色小镇生态位是一个复杂而信息量庞大的体系,其所构成因素间具有不可分离性、隐含性和互动性的特点,使得我们不能对特色小镇生态位的整体综合性的状况进行准确的实质性分析。发展态势优良的特色小镇在发展演变的过程中,将有利的资源要素内化为自己的核心竞争力,塑造了小镇的独特性。本研究依据哈钦森(Hutchinson)的多维超体积生态位理论,借鉴前人对特色小镇的相关研究,从经济生态位、资源生态位和社会生态位三个维度,进行特色小镇生态位形成机理的研究。

(1)经济生态位

经济生态位维度包含特色小镇自身基础经济和产业经济。基础经济是指特色小镇所在区域的经济情况,例如当地的经济密度、年度 GDP 以及住宅用地、商业用地、工业用地出让基准地价等。基础经济是特色小镇赖以长久发展的经济基础,基础经济越雄厚,小镇发展的越稳定;产业经济生态位维度阐释的是小镇发展仰仗的特色产业规模、实力的大小。特色小镇经济实力发展映射在小镇特色产业发展情况上,不断地挖掘产业固有的内在优势因素,小镇的发展才能长青不衰。

（2）资源生态位

小镇资源生态位主要受区位、创新、旅游等因素影响。区位资源生态位主要反映的是特色小镇区位资源与周边地理要素的空间关系，其中包括小镇的绝对地理位置和经济地理位置。特色小镇的区位资源优势是一个综合性的概念，其影响因素主要包括交通和经济方面，例如小镇距市中心、车站、高速路口及飞机场的距离；对高等技术性人才吸引的能力是特色小镇资源生态位主要影响因素之一。特色小镇创新资源需要人力、企业物力、财力等方面的要素投入，是需要小镇加以保护的重要资源；特色小镇的旅游资源是小镇旅游业发展的前提。小镇的旅游资源主要包括自然风光旅游资源及名声古迹旅游资源。例如：小镇的景区等级，遗迹遗址、公园景观、展厅展馆个数等。

（3）社会生态位

社会生态位是特色小镇休闲娱乐和耦合协调共同作用的维度。休闲娱乐功能及耦合协调功能是指特色小镇具有的为人民提供生活所需服务的能力。特色小镇发展要为当地及周边地区的村民某下一定的福祉，做到经济共同发展、独特的文化标识、完备的设施服务、优美的居住环境，进一步促进特色小镇各功能的融合。

6.2　特色小镇生态位评价模型及指标体系

6.2.1　评价模型

（1）生态位宽度模型

生态位宽度又被称为生态位广度、生态位大小。各个生态学者对其定义各有不同。概括来说，生态位宽度是衡量物种对所处环境资源利用程度的总和。科恩（Kohn）认为一个物种生态位宽度越大，则其生态专化性越低，即生存适应性越强。特色小镇生态位宽度是对特色小镇利用各类资源的综合，也是对其利用资源多样化程度的总和。特色小镇生态位宽度值越高，其生存发展竞争能力越强。本研究采用改进的香农—维纳多样性（Shannon-Wiener）指数公式测算特色小镇生态位宽度值。计算公式为：

$$B_i = -\sum_{j=1}^{s} P_{ij} \log P_{ij} \tag{6.1}$$

式中 B_i 为特色小镇 i 的竞争力生态位宽度，P_{ij} 为小镇 i 对 j 资源的利用率及综合权重的乘积，S 为指标个数。

（2）生态位重叠度模型

生态位重叠是指两个不同物种在生态因子联系上的相似性。即两个物种对相同资源位的利用程度。特色小镇生态位之间的重叠度值越大，表明小镇之间对越多资源存在竞争关系。有限的资源会激化小镇之间的竞争冲突。

本研究采用皮尔夫（Pianka）模型对特色小镇生态位重叠度进行测算：

$$D_{\alpha\beta} = \sum_{j=1}^{s} P_{\beta j} \cdot P_{\alpha j} / \sqrt{\sum_{j=1}^{s} P_{\alpha j}^2 \sum_{j=1}^{s} P_{\beta j}^2} \tag{6.2}$$

式中，$D_{\alpha\beta}$ 表示 α 和 β 特色小镇间的竞争力生态位重叠度，$P_{\beta j}$ 和 $P_{\alpha j}$ 分别表示 α 和 β 特色小镇的 P_j 值。

（3）权重确定

本研究为消除数据量纲的影响，对数据进行离差标准化处理。公式如下：

正向指标：$X_i^* = \dfrac{(X_i - X_{\min})}{(X_{\max} - X_{\min})}$

负向指标：$X_i^* = \dfrac{(X_{\min} - X_i)}{(X_{\max} - X_{\min})}$

式中，X_i^* 为进行标准化以后的指标数据，取值在 $[0,1]$。

为减少评估凭借个人经验，对最终结果带来主观因素的影响。

本书采用变异系数赋权法确定指标权重，具体公式如下：

$$V_i = \frac{\sigma_i}{\bar{x}_i} \tag{6.3}$$

式中，V_i 是第 i 项指标的变异系数，σ_i 为 i 项指标的标准差，$\bar{x}_i$ 为 i 项指标的平均值。

各指标权重为：$W_i = \dfrac{V_i}{\sum\limits_{i=1}^{n} V_i^*}$。

6.2.2　指标体系

虽然影响特色小镇生态位的指标有很多，但对生态位衡量起到关键性作用的只是某些少数指标。最终通过对特色小镇生态位关键要素的分析，构建特色小镇生态位监测指标体系由经济生态位、资源生态位、社会生态位三大维度组成。详见表 6-1。

表 6-1 特色小镇生态位监测指标体系

一级指标	二级指标	指标明细	指标权重
经济生态位	产业经济	税收(亿元)	0.0903
		投资规模(亿元)	0.0400
		规划面积(km²)	0.0183
		总建筑面积(万 m²)	0.0616
	基础经济	住宅用地出让基准地价(元/m²)	0.0376
		商业用地出让基准地价(元/m²)	0.0387
		城区 GDP(万元)	0.0291
		城区的总面积(km²)	0.0381
		每平方千米的经济密度(万元/km²)	0.0753
		工业用地出让基准地价(元/m²)	0.0511
资源生态位	交通资源	距离市区距离(km)	0.0424
		距火车站的距离(km)	0.0417
		距高铁站的距离(km)	0.0382
		距机场距离(km)	0.0232
		据高速口距离(km)	0.0292
	旅游资源	旅游景区等级(A)	0.0184
		遗迹、遗址个数、风景名胜区(个)	0.0428
		公园、展馆个数(个)	0.0201
	创新资源	入驻企业数(家)	0.0426
		创新创业、高技术人才数(人)	0.0324
社会生态位	休闲娱乐	绿化覆盖率(%)	0.0299
		服务设施个数(个)	0.0282
		旅游接待总人数(万)	0.0495
	耦合协调	城区第三产业增加值(万元)	0.0372
		城区的人均 GDP(元)	0.0444

注:指标数据主要来源于《杭州市 2017 年统计年鉴》和特色小镇官网,部分数据通过调研获取。

本研究构建的特色小镇生态位监测指标体系中,负向指标为:住宅用地出让基准地价、商用地出让基准地价、工业用地出让基准地价及交通资源二级指标下的所有明细指标。

6.3 特色小镇生态位评估结果分析

浙江省最近几年都在如火如荼的开展特色小镇的建设工作,杭州市更是将特色小镇的培育与建设作为重点的工作内容进行实施。截至2107年底,浙江省已批复特色小镇创建名单总计114个。按地区划分,杭州市特色小镇占比最大,总计23个,本书选取其中13个省级创建对象进行生态位宽度、生态位重叠度研究分析,通过观察各个特色小镇生态位存在的问题,为提高特色小镇高质量发展寻找优良路径。

6.3.1 特色小镇生态位宽度

对特色小镇2017年度数据运行式(6.1),得到经济、资源和社会三大维度的生态位宽度。并取其三者之和获得特色小镇综合生态位宽度。数据详见表6-2:

表 6-2　杭州特色小镇各维度及综合生态位宽度排序

特色小镇	经济	排名	资源	排名	社会	排名	综合	排名
余杭艺尚	0.0636	7	0.0280	13	0.0337	9	0.1253	11
余杭梦想	0.1325	2	0.0621	7	0.0282	10	0.2228	2
余杭梦栖	0.0526	9	0.0642	6	0.0358	6	0.1526	8
萧山信息港	0.0464	11	0.0598	8	0.0342	8	0.1405	9
西湖云栖	0.0560	8	0.0572	9	0.0246	11	0.1378	10
西湖艺创	0.0712	6	0.0646	5	0.0382	5	0.1740	6
西湖龙坞茶	0.0919	4	0.0465	10	0.0426	4	0.1810	5
桐庐健康	0.0330	12	0.1023	1	0.0354	7	0.1707	7
玉皇山南基金	0.1657	1	0.0909	2	0.0548	1	0.3115	1
丁兰智慧	0.0495	10	0.0459	11	0.0132	12	0.1086	12
建德航空	0.0300	13	0.0666	4	0.0071	13	0.1037	13
运河财富	0.0849	5	0.0675	3	0.0450	3	0.1974	4
滨江物联网	0.1167	3	0.0408	12	0.0458	2	0.2034	3

杭州 13 个特色小镇中,综合生态位宽度的取值范围在 $[0.1037, 0.3115]$ 之间。其中玉皇山南基金小镇的综合生态位宽度最宽,竞争能力最强。其综合生态位宽度也遥遥领先综合生态位排名第二位的余杭梦想小镇约 41%。建德航空小镇综合生态位宽度为 0.1037,综合竞争能力最弱,但其资源生态位良好。

分析主要原因:①玉皇山南基金小镇地处玉皇山脚下,面朝钱塘江,兼具湖光与山色,环境优美。小镇区域内四大公园、七处国家级文物遗址环绕。小镇不仅拥有得天独厚的环境资源及旅游资源,所在的上城区 GDP 水平在杭州市也是名列前茅。高标准的配套服务为小镇打造了多方位的营商环境。除此以外,玉皇山南基金小镇招贤纳士一年胜似一年,使其核心推动力节节攀升。②建德航空小镇位于建德经济建设开发区,虽然小镇特色产业创新元素新颖,但在规模发展及规划路径上还有一定的上升空间。缺少高端人才聚集及配套设施构建是目前小镇亟需解决的问题。小镇应依据自我良好的资源生态位,做好基础设施配套建设,积极树立旅游产业的业界口碑。

为研究杭州特色小镇的生态位宽度的总体情况,本研究通过运用 R 语言对杭州 13 个特色小镇经济、资源、社会生态位宽度结果进行 K 均值(K-means)聚类分析,划分为 4 个类别。如图 6-1 所示。

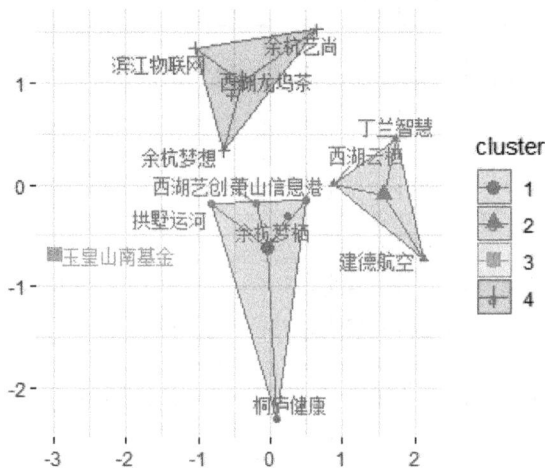

图 6-1 杭州特色小镇竞争力生态位宽度聚类分析

第一类特色小镇包括:运河财富小镇、艺创小镇、健康小镇、梦栖小镇、信息港小镇,其综合生态位的宽度排名分别为 4、6、7、8、9。此类小镇生态位特征:经济生态位狭窄,资源生态位及社会生态位宽度略显不足。第二类特色小镇包括:

云栖小镇、丁兰智慧小镇、航空小镇。其综合生态位宽度排名分别为 10、12、13。此类小镇生态位特征:社会生态位狭窄,经济生态位与资源生态位良莠不齐。第三类特色小镇包括:玉皇山南基金小镇,其综合生态位宽度排名第一。经济生态位、资源生态位及社会生态位宽广。第四类特色小镇包括:梦想小镇、物联网小镇、龙坞茶镇、艺尚小镇,其小镇综合生态位宽度排名分别为 2、3、5、11。此类特色小镇特征:经济生态位宽广,社会生态位宽度略显不足,资源生态位狭窄。

6.3.2　特色小镇生态位重叠度

杭州 13 个特色小镇生态位重叠度变化范围在 0.10～0.80。其中生态位重叠度大于 0.6 的有 19 对,占比 24.36%。小于 0.3 的有 16 对,占比 20.51%。综合对比来看,杭州个别特色小镇间的生态位重叠程度偏大。其中丁兰智慧小镇与云栖小镇生态位重叠度最高为 0.80,其次是西湖云栖小镇分别与西湖艺创小镇、萧山信息港小镇。航空小镇与物联网小镇生态位重叠度最低为 0.10。

表 6-3　杭州市特色小镇间生态位重叠度矩阵

特色小镇	玉皇山南基金	西湖云栖	余杭梦想	余杭艺尚	桐庐健康	丁兰智慧	滨江物联网	西湖艺创	西湖龙坞	余杭梦栖	建德航空	萧山信息港	运河财富
玉皇山南基金	1.00	0.65	0.18	0.31	0.17	0.62	0.73	0.55	0.25	0.31	0.17	0.40	0.55
西湖云栖		1.00	0.37	0.62	0.61	0.80	0.73	0.79	0.35	0.66	0.42	0.78	0.55
余杭梦想			1.00	0.22	0.12	0.22	0.52	0.18	0.17	0.46	0.15	0.31	0.19
余杭艺尚				1.00	0.35	0.60	0.51	0.66	0.59	0.75	0.32	0.65	0.41
桐庐健康					1.00	0.47	0.18	0.50	0.28	0.53	0.68	0.42	0.33
丁兰智慧						1.00	0.65	0.72	0.53	0.58	0.41	0.69	0.60
滨江物联							1.00	0.50	0.44	0.51	0.10	0.56	0.43
西湖艺创								1.00	0.47	0.53	0.41	0.55	0.72

特色小镇	玉皇山南基金	西湖云栖	余杭梦想	余杭艺尚	桐庐健康	丁兰智慧	滨江物联网	西湖艺创	西湖龙坞	余杭梦栖	建德航空	萧山信息	运河财富
西湖龙坞									1.00	0.46	0.22	0.21	0.44
余杭梦栖										1.00	0.66	0.70	0.44
建德航空											1.00	0.39	0.35
萧山信息												1.00	0.44
运河财富													1.00

　　分析主要原因:①丁兰智慧小镇与西湖云栖小镇,同属数字经济小镇。在经济、资源、社会三个维度的生态位宽度大小相似。小镇间的基础经济、产业规模、旅游资源及休闲娱乐功能相仿导致重叠度高,竞争性强。②物联网小镇地理位置优越,交通发达,是杭州市区位条件最优的产业小镇之一。建德航空小镇位于建德经济开发区,小镇是一个将飞机组装制造、维修、培训、航空旅游及航空体育赛事集合在一起的产业集群。建德航空小镇为旅游产业小镇类型,与其不同的是,滨江物联网小镇以物联网产业为主,属于数字经济产业集群小镇。③本书选取的 13 个杭州市省级创建小镇,包含 7 个不同的产业类型小镇,产业类别多样化,进而各特色小镇生态位重叠值适中。西湖云栖小镇与西湖艺创小镇虽然属于不同类型的产业类别小镇,但由于地理位置相近,其基础经济与耦合协调生态位重叠度极高。西湖云栖小镇与萧山信息港小镇同为数字经济产业小镇,其产业经济及社会、资源生态位重叠度高。

6.4　我国特色小镇生态位存在的问题及对策

6.4.1　我国特色小镇生态位存在的问题

　　在充分认识目前杭州特色小镇的生存适应性,小镇间对相同资源共同分享及竞争现象的基础上,进一步探讨我国特色小镇生态位存在的问题。

(1)经济生态位不凸出

第一,特色小镇普遍具有主导产业特色不鲜明的现象。例如海宁皮革城虽然在初始发展阶段已经具备了特色小镇的雏形,但由于在宣传、提炼、总结等方面没有及时把握住时机对特色小镇的产业进行定位,继续把小镇看成是新农村发展的一种模式。没有系统地从功能、产业、形态和制度等维度强化特色小镇的产业理念,以致于特色小镇存在缺乏特色和知名度低等问题,最终特色小镇众多失败案例之一。

第二,特色小镇主导产业发展规模不足,一、二、三产融合发展处于初级的照抄照搬和盲目模仿阶段,三大产业融合不够。在横跨三产业间的特点、机理、模式的融合共性点归纳提炼等方面都缺乏一定的研究投入。不能从本质上寻找到产业内部融合的规律所在。

第三,特色小镇主导产业科创能力弱。鲜有特色小镇将生态产业链与"大数据"、"互联网＋"、共享经济等新时代发展模式相融合。其生态产业链中的生产、加工、销售、物流等方面的自我融合存在短板。

(2)资源生态位狭窄

第一,融资渠道有限。集中表现在以下四个方面:其一,大规模的资金运作是特色小镇得以顺利发展的源动力,同时也增大了融资的难度。其二,在特色小镇的基础设施和生态环境相关建设方面,由于投资回报时间长、收益率低,加大了社会资本进入的难度。其三,基于新时代的背景下,融资类型的种类多样,致使融资手段复杂、难掌控。其四,在特色小镇资本构成方面,民间投资占比低,致使亿元以上项目较少,投资动力不足。例如宜昌市龙泉铺古镇便是由于资金运作出现问题而导致失败,小镇由于主导产业公司运行管理不善,招商策略吸引力小,入驻商铺数极少,影响了小镇的发展。

第二,特色小镇自然资源、风俗文化利用不到位。部分特色小镇最初的发展建设并不是以挖掘自身资源、特色为重点,而是盲目随意将产业与生态文化休闲旅游业相结合。例如咸阳东黄小镇没有挖掘到本身自然资源、风俗文化的精髓,疲于创新,在风格、特色的选择上投机取巧,鱼目混珠,最终遭致大众的厌烦,被驱逐出特色小镇的名单。

(3)社会生态位层次少

第一,基础设施高端服务化建设有待完善,特色小镇的"三生"融合特性不突出。部分特色小镇建设中过多关注产业和经济的发展,而忽略了人居环境的建设和小镇的绿色可持续发展，小镇的功能层次处于低级开发阶段。在生产、生活、生态三方面共赢的开发仍然停留在满足大众旅游要求、注重休闲娱乐的初级阶段，在创新创业、高级养生、人才培养、科研教育等方面建设尚未成熟，是制约下一步发展的关键所在。

第二，居民参与度低，文化习俗体验较难维持。常州杨桥古镇就是这样的特色小镇，小镇最初选择将原住民迁出，发展地道的古镇旅游项目。但由于战略定位的错误，商贸人流的缺失，老街文化产业集群空白，最终以失败收场。一个没有灵魂的产业设计，从出发点就没有遵循产城融合的理念。

第三，特色小镇大拆大建，房地产化倾向突出。我国特色小镇在建设初期，盲目跟风迎合现象严重，造成我国特色小镇的房屋占地面积过高现象出现，而与产业相关的基础建筑却明显不足，以致营利能力出现问题。

6.4.2　提升我国特色小镇生态位的设想

(1)降低经济生态位重叠度

第一，基于小镇生态文化内涵，立足品牌市场发展。依据特色小镇本身的空间格局、原始产业形态、建筑风貌等元素，提炼精华、进行拓展，精准掌握创新产业定位。打造更为科学化、人性化、品牌化的高端服务系列，营造生态环保、创新创业、可持续发展的良好氛围。如诸暨市大唐袜艺小镇，小镇以"立足时尚＋革新传统袜业、重新构建大唐袜业"为产业定位，在原始产业上延伸产业链。最后成功打造了一个时尚前卫的袜业生态系统，打响了自己的品牌口号。

第二，培养生态产业链横向跨度配套产业。依托三产发展基础的不同点，推动相关配套产业的发展，并深入挖掘自身内涵、潜力，做好符合自身发展条件、阶段的规划工作。扎实发展一产、振发兴举二产、创新引领三产，稳定发展乡村旅游、休闲体验农业、农副产品加工等相关产业。拓展产业的社会功能层次，凝练企业的产业文化理念，融合三产共同发展。

第三，引入高端技术元素，发展行业龙头企业。将"互联网＋""大数据""云计算"等高端元素引入到设计、研发、生产、物流等环节中，做到技术武装产业生态系统。在基础条件、税收费用、商品物流、政策制度等方面对龙头企业给予支持，在生态产业链上面将微型企业、工商个体户、农民个体户与龙头企业建立公平的分配机制。

(2)拓展资源生态位宽度

第一，打通技术壁垒，获得融资突破。积极利用民间资本，如促进公私合作模式,推动特色小镇高质量发展。革新商业模式,依据各方面的需求,运用社会和金融机构的专业做法获取资金。加快利用城市特色发展有明确收益的项目,动员公司的资金。研究发展企业融资上市、抵押发展债券和商业发行票据等低成本、直接的融资形式,改善小镇资金流断裂问题。

第二,改进招商方式,引进专业化人才参与融资。加快应用多样化手段运作资本融资,打造别具匠心的招商方式,吸引更多优质资金。积极集聚产业、技术等高端要素,集合新媒体运营的方式,建立微信招商公众号等平台,面向全球进行招商和资金引入。如美国的格林尼治基金小镇,凭借着本身的地域优势、生态优势、医疗教育等服务优势,向全球招商,吸引了全球大批风投资本和大量基金人才,成功发展为世界级的基金之都。

第三,积极与多元主体建立联系,政府制度助力开发融资机会。分析推广各大企业、高等院校等社会主体、金融主体构建的小镇形式。重点吸引央企、地方国企和大中型民营企业等类型的市场主体加入资本支持的队伍中来,减轻政府方面的财政负担。政府通过制定鼓励政策,推动小镇主导产业运作带动特色小镇发展,流向小镇的资金也会降低缓冲力。

第四,不破坏生态环境发展特色小镇。坚决抵制小镇引入高能耗高污染产业,禁止破坏当地自然资源风貌,积极修建环境治理设施。特色小镇在建设过程中,应构建净化污水、美化环境的绿色生态系统。在构建绿色生态系统的同时,对于当地原有的人文生态系统,也要加以保护传承。

(3)丰富社会生态位层次

第一,实施集约用地规划。坚持特色小镇形态精美的建设理念,基于小空间集聚高端要素,科学规划建设用地。加强对提升城镇综合发展能力项目的引进,提高每亩产出效益。坚决抵制另起炉灶、大肆拆建,不能变相进行房地产领域开发,减少低效益产业用地,防止借机圈地画地。

第二,实现"三生"融合设施配套。以产业功能、旅游功能、社区功能、创业功能、教育功能、生态文化功能和养生休闲功能相融合为发展导向,完善基础设施建设的配套改建。探求特色小镇产业发展中的各类需求,总结分析推广"市郊镇""市中镇""园中镇""镇中镇"四种创新形态,进行特色小镇发展空间区位差异化基础设施开发。

第三,居民民主化,强调参与的重要性。在特色小镇的发展建设过程中,保留原有居民,推进所有元素的融合发展。

7 我国特色小镇竞争力提升路径与推进机制研究

毫无疑问,从本质上说,特色小镇是产业的载体,也是产业的一种空间组织形式(盛世豪等,2016),特色小镇发展的实质就是所属区域经济转型升级的问题。从产业角度分析,特色小镇都是聚焦于产业链条的完整性构建,将产品生产、销售和服务各个环节进行产业空间重组的一体化发展形式。同时,聚集高端人才、技术、资金等要素,特色小镇得以不断提升自身的整体创新能力,进而支撑、孵化并拓展特色产业,形成独具文化特色、旅游内涵、社区功能等产、城、人、文协同创建的新型发展空间。通过产业链、创新链、要素链、服务链之间的融合互动、块状经济的发展以及产业集群的演化,一种新兴产业空间组织形式的特色小镇产业发展生态圈应运而生。这也使以投资为主要驱动的区域经济逐步迈向产业创新驱动。

因此,在经济新常态背景下,从产业链、创新链、要素链、服务链的"四链"融合角度,探索特色小镇竞争力提升优化路径,具有重要的实践指导意义。

7.1 相关概念界定

7.1.1 产业链

随着经济产业关系中供应链和价值链的深入研究,到 20 世纪 90 年代,与其密切相关的产业链也逐步进入了学者们的视野(程李梅等,2013)。关于产业链的内涵与概念界定,目前大部分学者主要聚焦于供应链和价值链的研究视角,其中,最具有代表性的主要有:郁义鸿(2005)认为从自然资源到消费者手中的最终产品过程中所包含的各个环节,构成了整个产业链。而产业链的形成过程是供需链、企业链、空间链和价值链这四个维度有机组合、相互对接的均衡过程。牛少凤(2016)、盛世豪等(2016)聚焦于特色小镇产业链条的完整性构建,认为小镇建设应充分发挥的特色优势产业和区位优势,牢牢把握核心产业。通过构建新链条、拉长产业链条,把产业链逐步延伸至休闲、旅游、文化等高附加值行业,形成完备的产业发展链条。许益波(2016)等以推进上虞 e 游小镇建设为例,认为信息经济产业的发展有赖于产业链发展思维的形成。

从上述研究视角和观点可总结出特色小镇产业链的相应特征:①特色小镇的产业链不是静态的供应结构关系,而是涉及原材料供应、产品生产、技术创新、最终销售等各个环节动态发展的经济产业过程;②特色小镇产业链以提升小镇产品价值为核心,协调价值在各主体间的层层传递,强调在不同空间主体之间进行分工与协作、技术创新等。

7.1.2 创新链

从市场需求的角度出发,邢超等(2012)认为创新链是实现知识经济化与创新系统优化目标的功能链节结构。从企业内部系统结构出发,张正良(2005)基于创新链的构成要素,提出实现企业技术创新能力、人才、文化、环境结构平衡的构想。通过对比分析国外小城镇的发展模式和运行机制,葛欣萍和李光全(2016)认为要坚持推进特色小镇发展路径的创新,以创新推动特色小镇发展。赵佩佩和丁元(2016)认为特色小镇规划的核心特点是创新,李强(2015)等进一步提出以改革创新精神推进特色小镇建设的思路。依靠创新驱动,传统产业链得以提升并延伸出新经济和新业态,形成创新生态系统。

从上述研究可总结出特色小镇创新链的如下特征:①创新链包括特色小镇企业内部各个职能部门、上下游企业以及客户等众多参与主体,强调各个小镇建设中创新参与主体之间的分工与协作;②创新手段多元化,创新参与者通过运用政策创新、科技创新、组织创新和管理创新等,达到各环节价值增值的目的;③特色小镇创新链的目标是实现小镇产业价值增值与经济绩效提高。

7.1.3 服务链

目前,学者们关于服务链内涵的界定和研究不尽相同,主要观点集中于服务研究和供应研究两个方面。爱德华(Edward,1999)等将服务链界定为各种相关的服务提供企业、机构和社会服务部门组成起来的一个网络。学者胡正华和宁宣熙(2003)以服务供应绩效为出发点,认为服务链在各种现代科学技术的支撑基础上,通过把不同层次、类型的服务提供者按照一定的方式链接成完整的服务网络,从而多维度地保障消费者的多样化需求。卓勇良(2016)认为政府是最重要的公共产品的供给者,特色小镇建设项目的提出与政府产业政策的创新有着直接的关系。一系列基础设施和政府服务为特色小镇建设提供了良好的环境,有利于各个小镇积极主动推进产业建设工作(张蔚文,2016等)。

从上述研究可将特色小镇服务链的特征归纳如下:①主动性,以企业需求和相关产业发展需求为导向,生产符合企业既定目标的产品或者提供合适的服务;②前瞻性,不仅在特色小镇产品设计时准确地感知企业需求,还要能够考虑到与企业产品相关的后期服务和衍生产品,丰富服务内容;③完整性,为最大限度地满足小镇企业的多样化需求,完整的服务链需要提供内容丰富的服务产品和节奏连续的服务过程。

7.1.4　要素链

人才、资金、技术被认为是生产过程及经济关系中的基本要素,针对上述基本要素的研究集中于人才链支撑产业链、资金链风险及管理研究和技术链与产业链融合。综合上述基本要素研究,关于生产要素的现有研究聚焦于对一种或几种要素的单独探讨,而缺乏对所有要素内在关联的综合考量。鉴于此,本研究从生产要素的整体内涵界定出发,认为人才、资金、技术等要素与外部环境之间共同组成了一个紧密联系、相互联动的有机整体,即要素链。人才、资金、技术等要素资源的积累为特色小镇发展提供了坚实的基础(曾江、慈锋,2016)。吴玮(2016)等研究表明,特色小镇坚实的产业基础有利于专业化人才和企业的集聚,人才和企业的集聚反过来又会支撑小镇产业提升。因而,在特色小镇建设中,要坚持高端引领,充分集结专业人才、先进技术、资金保障,使得各个要素协调发展。

从上述研究和论述可总结出特色小镇要素链的关键特征:①依存性,构成特色小镇要素链的人才、资金、技术等要素都是相互依存,共同发挥作用的功能主体;②增值性,要素链的整体效能推动特色小镇相关产业经济的发展,同时,各要素的自身价值也会得到有效提升;③动态性,特色小镇要素链中的各要素在小镇产业发展的各环节之间不断流动,以保持要素链整体的动态平衡。

7.2 我国特色小镇竞争力提升路径中的"四链融合"研究

本章首先分析"四链"中产业链、创新链、服务链与要素链之间的两两互动关系；接着，构建"四链"融合模型，即以产业链为核心，融合创新链、服务链与要素链，共同支撑特色小镇相关产业发展的融合互动模型，详见图7.1所示。并以余杭梦想小镇、西湖云栖小镇与玉皇山南基金小镇为例分析"四链"融合互动过程。

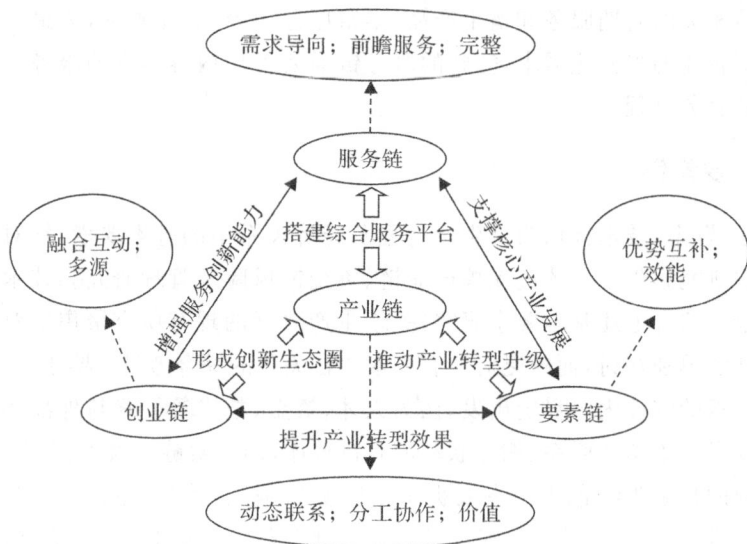

图 7-1　基于"四链"融合模型的我国特色小镇竞争力提升路径作用机理

7.2.1 我国特色小镇建设中的"四链融合"机理

(1)产业链与要素链融合——推动产业转型升级

特色小镇建设的目的是推动传统产业的转型升级，其关键在于加强以人才引入、资金支持、技术创新等要素为基础的产业链功能环节的融合创新机制，通过建立产业链和要素链之间的搭接模式与搭接途径，形成有效的科技成果产业化转移转化通道。一方面，特色小镇产业链的发展和优化有利于集聚高端人才和企业、汇集新技术、吸引投资，使特色小镇成为破解浙江高端要素聚合度不够的重要抓手。通过锁定要素链的各个高端核心环节，让人才流、资金流、技术流等相互协调发挥作用，为小镇发展提供必要的要素支撑，使产业链转型升级战略

和技术创新流程实现优化,进而获得产业链上的竞争优势。另一方面,特色小镇
所在产业链上各个环节都包含一系列相关的高端要素,如人才、资金、技术等链
接与支撑,这些要素反过来又支撑了特色小镇产业链的健康发展。伴随要素链
融合的高端领导人才、广阔投资渠道以及专业化小镇规划,不仅引领了科学技术
的优化升级更为产业项目的实施和发展提供充足的资金保障,成为推进特色小
镇产业发展的创新驱动,提升各个特色产业的"硬实力"。

(2)产业链与服务链融合——搭建综合服务发展平台

特色小镇不是简单意义上的行政区划单元或者产业园区集合,而是具有明
确产业定位、文化内涵、丰富服务等的综合性发展平台。特色小镇的独特发展平
台是以相关优势产业为核心,同时兼顾其产业链上各个环节所对应的一系列消
费需求、政府服务以及衍生产品等服务链节。一方面,融合与小镇核心产业相关
的政府、企业、社会等服务链节,串联起与发展相关的所有支撑与促进力量。随
着特色小镇项目的开展,政府需要出台针对性的土地使用奖励政策与财政支持
等,优化项目审批与审核环节,简化重点项目建设审批流程。在各个特色小镇核
心产业定位上的基础上,政府应从全省经济发展的角度谋篇布局,合理引导,以
政策的导向性作用推动小镇建设中企业和当地社会力量之间的有机整合与分工
协作。另一方面,以服务消费者需求为基本导向,突出小镇建设"紧贴产业、聚而
合"的功能特色。建设特色小镇公共资源共享平台,打造面向消费者的多样化集
聚产业和完整的特色小镇产品展示与服务体验,在原有产业链上通过服务链节
的有机整合,实现产业链与服务链功能的高效叠加。力图通过产业链创新和服
务链融合,打造一批核心产业聚集、政府配套合理、服务特色突出的特色小镇产
业化融合模式。

(3)产业链与创新链融合——形成创新产业生态圈

推进特色小镇首先需要结合各个小镇的产业优势和区位优势,明确具有发
展潜力与成长能力的特色产业,即创建新链条。根据各个小镇不同的经济状况、
地理环境、人文环境、产业资源等特色,实施各具特色的创新驱动模式,促进高附
加值新兴产业的发展,推动现有传统产业的转型升级。其次,要强化"链条"发展
意识,参考产业链与创新链的各功能主体,产业链与创新链的融合可分为横向融
合与纵向融合。以各个小镇的核心产业为基础,通过纵向融合拉长产业链条,建
立上游企业、中游企业、下游企业产业链之间的良好衔接与互动。在对应的产品
供应、生产、销售等环节整合相应的创新链条,通过创新链上各个参与主体的相
互交叉融合与分工协作,形成集群性技术创新能力,使得产业链各环节不断融合

吸收创新成果,打造特色小镇的核心产业技术与品牌特色。在各个上、中、下游企业之中,通过横向融合链条,分别开发相匹配的延伸产品、技术与服务,将特色小镇相关产业创新性地延伸到服务、餐饮、娱乐、休闲等产业,形成完整的创新产业生态圈。

(4)服务链与要素链融合——支撑核心产业发展

完整而系统的服务有赖于服务链本身对各服务链节之间的功能整合与分工协调,也得益于人才、资金、技术等关键要素之间的有机联系与优势互补,形成以服务链为引导主体而以要素链为支撑客体的互动融合模式。一方面,在特色小镇发展过程中政府担当服务"引导"的角色,即构成要素链的人才、资金、技术等功能主体的来源渠道、合理配置以及作用的发挥都依靠适时、适度的服务政策引导。另一方面,要素链为特色小镇各服务功能的有效发挥提供了必要支撑,即多样化的服务产品和系统化的服务过程是以人才、资金、技术等支撑要素为基础才得以顺利实施。小镇的管理、经营人才直接参与一系列的战略规划、政策制定、日常管理等,形成系统而高效的服务体系;公共产品服务、特色产品展示、推广平台等服务生产及传递系统的建立是以创新型人才和高新技术保障为基础的,人才和技术的增值作用也将进一步提升小镇服务的产业附加值;政府为特色小镇建设而提供的各项经济举措、优惠方案、奖励政策等服务措施的施行均需要充足的资金作为基本保障。因而,创新服务和关键要素的有机联系与融合将对特色小镇的核心产业发展起到关键的支撑作用。

(5)要素链与创新链融合——提升产业转型效果

特色小镇发展的活力与动力在于主动创新,即制度、技术、组织、知识和管理等多层面、多维度的创新,通过积极实施产业升级,优化创新各个功能主体。创新链的高度优化对人才、资金、技术等要素资源提出了更高的要求,要素链与创新链之间的内在关联性,又决定了它们之间联动与融合的必然性。一方面,创新链的优化需要以要素链作为基础,人才、资金、技术等要素是产业创新和科技成果转化的关键动力,各个要素之间的有机组合与联系,将推动创新系统的效能增值。另一方面,人才、资金、技术等要素的集聚又会激发创新活力,营造各参与主体之间的协同创新环境,促进要素链各功能主体之间的协同创新。简而言之,要素链为创新链提供发展资源与支撑,创新链则推动要素链的资源整合与产业融合,进一步强化升级要素链。创新链与要素链的融合互动,必将提升特色小镇的产业转型效果,为小镇的动态平衡发展提供坚实的基础。

（6）创新链与服务链融合——增强服务创新能力

特色小镇的产业创新过程不仅涉及各政府职能部门、上下游企业、客户等众多直接参与创新的主体链节,支持小镇产业创新发展的各个服务链节也同样依赖于各创新主体的相关政策创新以及制度创新。一方面,创新人才引进与招商引资服务政策。以小镇产业需求为指引方向,以提升人才发展、升值空间为手段,创新性地开展高端、稀缺和创新性人才的引进服务。以小镇核心产业基础政策为立足点,以吸引行业龙头企业和优质投资对象为主要抓手,创建以商业主体需求服务为指引的小镇招商引资服务平台,使政府的服务政策为小镇的创新发展提供坚实的基础服务支撑。另一方面,创新特色小镇审批与考核服务制度。通过简化申报服务环节与审批服务流程,建立特色小镇绿色审批通道"专事专办、特事特办",针对具有巨大发展前景和重大区域带动效应的小镇建设项目与政策申请,力求实现申报审批流程的"零延迟",最大限度地加快特色小镇的创新辐射速度。根据各个小镇产业特色创新相关公共产品,设计个性化的产品展示与服务体验平台,提高特色小镇的创新推广效应。

特色小镇项目的提出正是政府一项重大的公共政策创新,是以多样化消费服务需求为导向的立体创新服务,旨在建立创新驱动型的特设小镇消费服务模式,增强小镇的服务创新能动性。为进一步完善服务创业创新的工作体系,杭州市逐步建立健全了市领导联系重点创业小镇和创业园区制度,切实帮助企业解决问题。通过设立管委会,建立组织联系网络、组织支持创业创新业务培训、开通创业创新项目绿色通道、开设投资政策咨询服务平台等多种手段,有力推进创业创新整体工作的快速、高效。

7.2.2 我国特色小镇建设中的"四链融合"运行机制

我国特色小镇"四链"的融合运行要求以满足产业链各环节的发展为核心,并通过强化各功能主体之间的管理关系、沟通渠道及协作联系,将创新驱动应用到相应产业链节,依靠人才、资金、技术等要素的基础支撑功能,进行产业服务整合,实现资源的优化配置与价值的增值增效。同时,将产业主体、创新主体、服务主体、要素主体等构建成一个相互关联、相互作用、相互提高的协同共生系统,旨在通过各功能链节不同程度、维度的融合,实现各链节和系统彼此之间的交叉互动以至联合运作(图7-2)。

建立、健全上述"四链"融合运行机制的关键在于打通各链条之间的联接壁垒,解决各链节之间的信息互动问题,从而将创新链、要素链与服务链融合产生

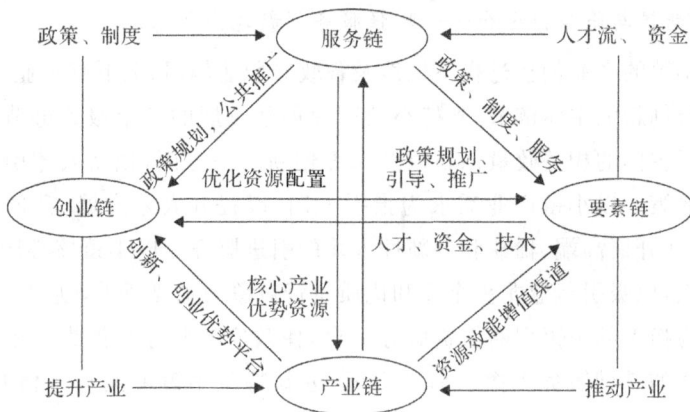

图 7-2 基于"四链"融合的我国特色小镇竞争力提升实现机制

的科研成果转化为产业链的产品和服务,实现产品的市场化,实现特色小镇的产业化、特色化。具体而言需要推动如下协作机制的建立:①实现依靠人才、资金、技术等要素的产业转型升级机制,推动产业和技术转型升级的流程优化;②搭建产业综合服务机制,以系统化的公共产品、政策等服务于产业链的发展;③构建创新产业集聚的现代产业运行机制,提升各个小镇的产业竞争力,突出小镇产业"特而强"的理念;④建立要素与服务共同支撑的核心产业发展机制,优化资源要素与政策服务的结构配置,实现核心产业绩效增值;⑤建成基于人才、资金、技术等要素的转型创新优化机制,提升产业转型升级效果;⑥形成创新服务能力提升机制,解决服务能力滞后、服务创新不足的问题。

简而言之:以创新提升产业核心竞争力,以服务促进产业系统化,依靠人才、资金、技术等要素联接并支撑产业链、创新链、服务链的发展,形成各小镇特有的品牌特色标签,逐步实现小镇战略发展目标,提高小镇特色产业辐射带动效应。

7.3 我国特色小镇竞争力提升"四链融合"中存在的问题

7.3.1 服务链与要素链融合不足

在特色小镇建设中,服务链与要素链的融合,不仅需要政府这一主要服务主体吸引要素集聚,同时也需要考虑合理均衡要素来源。政府作为特色小镇发展服务链的主体,必须能够及时有效地感知小镇土地需求、帮助其合理规划用地,否则将直接引起服务链与要素链的脱节,在一定程度上制约小镇现有发展步伐。例如,杭州市富阳硅谷小镇由于地理条件、交通便利程度等基础设施相对落后,导致各区块之间在招商引资方面存在矛盾。而其中野生动物园等前期投入较大的工程正需要充足的资金作保障,富阳市硅谷小镇服务链的不足直接引起要素链的脱节。新增建设用地需求保障难度较大,土地保障问题制约了部分特色小镇发展。

只有通过政府等服务主体创新要素资源集聚优惠政策,创新融资方式,吸引不同优质投资和高端企业,才能促进服务链与要素链多元融合。目前,杭州市部分特色小镇建设资金主要来源于政府或国有投资公司资金投入,民间投资占比较低。从民间投资占全部固定资产投资完成额的比重看,部分小镇的指标值甚至远低于全省同期的均值线,富阳药谷小镇、滨江创意小镇等部分小镇均为 0。现有特色小镇发展服务链上,政府服务这一链节未能与要素链实现有机衔接,便不能合理地引导要素资源的空间集聚。这也导致了部分小镇在资金来源上欠缺民间资金,从而受到政府固定资金限制,资金市场化运作缺乏灵活性。

7.3.2　创新链与服务链融合不足

例如杭州特色小镇 2016 年度综合考核的基础性指标主要包括规划空间、功能内涵、投资建设和扶持政策四项,基本能够对特色小镇建设进行综合评价。但是,这种高度统一的考核指标内容却忽视了各个小镇不同的特色产业发展特点,在一定程度上弱化了对"凸显特色"这一小镇建设关键问题的关注。例如杭州云栖小镇的发展模式不是依靠新增工业用地的投入,而是主要通过对原有工业园区实施腾笼换鸟,集聚上千家涉云企业,形成完整的云计算产业链条,构建"创新牧场—产业黑土—科技蓝天"的创新生态圈。现有特色小镇考核方式没有结合各个小镇不同的特色产业基础与发展目标、也没有兼顾小镇发展行业创新性、生态理念等个性化指标。这就迫切需要政府等各个创新主体以小镇产业需求为指引方向,加强创新链与服务链融合,完善小镇考核体系,以使服务政策为小镇的创新发展提供坚实的基础服务支撑。

同时,活跃的经济社会活动挑战传统的土地政策。随着特色小镇的进一步推广,其多元而活跃的创业形式,以及频繁涌现的创新方法,产生了特色小镇土地利用发展的新业态。课题组成员在调研中感受到,特色小镇年轻人聚集,新理念、新事物源源不绝,经济社会活动活跃,土地利用方式变动频繁。小镇的产业流程涉及各政府职能部门、上下游企业、客户等创新主体,并高度依赖于各创新主体的相关政策创新以及制度创新。现有城市规划管控和土地利用政策在处理特色小镇新业态的过程中,必将面临着一定的制度性约束。相关土地利用服务政策急需创新,并根据小镇特色创新相关公共服务,设计各具特色的服务平台,加快产业创新与服务融合的步伐,以充分适应多元的土地保障需求。

7.3.3　产业链与要素链融合不足

各个特色小镇在要素资源集聚与分布上存在明显不均的问题。部分小镇入驻企业数量偏少,且规模不大又多为产业链的低端,既缺乏知名度高、带动性好和核心竞争力强的龙头骨干企业,也缺乏科技研发类高端型企业。缺乏高端企业、专业人才的入驻和深度合作,难以拓宽融资渠道以构建多元化的投融资机制和吸引龙头企业、集聚科技型中小企业。要素资源的制约导致部分小镇难以形成开放多元的特色产业链集群,无法构筑以产业创新为导向的小镇创业创新生态。上述产业链与要素链融合不足可总结为以下两个方面的问题。

一方面,经营性用地规模不足,部分小镇资金平衡存在风险。课题组成员在调查过程中发现,不少特色小镇没有进行系统的资金平衡测算,运营管理等也缺少规范,个别小镇用于资金平衡的经营性用地规模明显不足;另一方面,个别小镇产业项目质量不高,利税产出甚至无法支付前期开发建设的贷款利息。特色小镇的产业链包含一系列相关的资金要素支撑,小镇金融要素之间的需要相互协调,才能为小镇发展提供必要的支撑。特别是平衡而持续的资金是促进产业链融合创新机制形成的关键,并在一定程度上有利于搭建稳定的产业转型与上升通道。在特色小镇的建设过程中对产业项目的实施和发展提供充足的资金保障,并实现平衡的资金流通机制,才能有效规避潜在的资金风险。

7.3.4　产业链与服务链融合不足

特色小镇是兼顾产业链和产业链上一系列需求、服务以及衍生产品等的优势产业核心,产业链和服务链的融合不足会使相关政府、企业、社会等服务链节难以有效串联起与发展相关的促进力量。而从杭州全市整个特色小镇规划层面来看,各个小镇规划建设尚未体现出全局性和系统性的格局,在一定程度上还缺乏统筹谋划的理念。

同时,产业链和服务链的融合不足,直接导致了产业定位不清、产业特色不够鲜明的问题,小镇特色化和品牌化的发展效应难以有效形成。杭州市部分特色小镇缺乏对产业功能的有效谋划与对产业结构安排的科学布局。部分小镇虽然快速发展形成一定的产业规模,但是由于各个地区财政力量、交通设施等硬件不足,因此在公园、医院、休闲中心等公共设施的配套上相对落后。

7.3.5 产业链与创新链融合不足

推进小镇现有特色产业转型升级的关键在于,通过打造集群性产业技术创新能力,连接产业链与创新链的各功能主体,从而建立创新链各参与主体的相互交叉融合关系网,使得产业链各个环节不断融合吸收创新成果。然而,杭州部分特色小镇存在特色产业能级不高、产业创新不足的发展问题。该部分小镇未能形成"链条"发展意识,发展时仅仅局限在主体产业,而并未融合创新链,产业链的横向以及纵向的延伸发展受到制约,不能形成具有持续竞争力的产业生态。例如,杭州富阳市硅谷小镇 6 个开发区面临区块特色不明显、功能分散的问题,并且各个新区之间的产业相似性较高,产业的集聚效应相对弱化。而"硅谷小镇"与云栖小镇、基金小镇、梦想小镇等特色小镇相比,还没有形成独特的产业优势和鲜明的品牌效应,竞争优势不明显。

同时,部分以传统产业改造为建设基础的小镇,还未全面融入技术创新,不能将创新应用于原有产业链的发展提升。该部分小镇无法有效实现对现有产业转型升级中的产品研发、设计、推广等各个环节的进一步优化,其对智能制造发展新模式的探索以及向服务型制造的转型等均有待深化。

7.4 提升我国特色小镇竞争力实现路径对策

7.4.1 提升规划理念,明晰产业定位

完整且具有发展前景的产业链不仅能吸引各类政府产业投资,促进特色产业发展,也能充分带动各类民间投资、龙头企业入驻小镇。在特色小镇建设过程中,要优化特色小镇建设理念。特色小镇的建设不仅仅是发展主导产业,而且是要致力于构建具有独特文化内涵、旅游功能、社区生活等产、城、人、文一体的新型空间发展平台。准确把握特色小镇内涵,注重结合小镇历史经典文化,需强化"产、城、人、文"一体化发展的理念。例如杭州市丁兰智慧小镇坚持打造以"龙头产业为主,推动智慧景区、智慧社区发展,同时着力协调生活服务业和文化旅游产业发展,其经验值得借鉴。而桐庐县健康小镇需则需要进一步凸显"健康"内涵,通过规划以健康养生(养老)服务为主导,以医疗服务和健康管理为支撑,构建集中医药医疗保健服务、健康旅游和文化、健康食品和养老院于一体的健康小镇。富阳市硅谷小镇需在解决开发区区块特色不明显、功能分布较分散的基础

上,重点做好招商引资与项目落地,加快产业集聚区的基础设施建设,不断集聚智慧经济业态、拉长智慧产业链,与杭州实现无缝对接。

各个小镇还要准确把握和利用自身区域资源,各项工作应以产业发展为主线,突出产业设置上的主导地位,尤其在项目选择上要增强与主导产业的关联性,科学定位核心产业:①根据区域要素禀赋和优势,做好本地最有基础、最具发展潜力的特色产业;②打造具有发展前景、有持续竞争力的品牌化产业生态;③努力体现小镇产业发展差异性、功能多样性、理念创新性,不断彰显小镇独特魅力;④通过科学布局与合理规划,落实各个小镇产业项目发展的具体工作安排。如杭州市富阳硅谷小镇需在解决开发区区块特色不明显、功能分布较分散的基础上,重点做好招商引资与项目落地,加快产业集聚区的基础设施建设,不断集聚智慧经济业态、拉长智慧产业链,与杭州实现无缝对接。

在精准产业定位的基础上,以小镇巩固重点产业为导向,发展小镇的后续产业链,通过不断延伸优势链条、补足劣势链条形成具有特色的完整产业链:①有效融合要素链与创新链条,以高端人才和创新发展理念促进高附加值新兴产业的发展,推动现有传统产业的转型升级,同时将特色小镇相关产业创新性地延伸到服务、餐饮、娱乐、休闲等产业,形成完整的创新产业生态圈;②建立以地方政府服务为主的服务链条,地方政府应从全国、全省经济发展的角度谋篇布局,合理引导,以政策的导向性作用推动小镇建设企业和当地社会力量之间的有机整合与分工协作,为相关核心产业链的发展提供服务支撑。

7.4.2 完善要素保障,增强内在动力

特色小镇的建设既离不开创新企业与研发机构的入驻,也离不开高端人才与技术的引进,产业链、创新链、服务链的各个关键环节都需要优化配置必要的资源要素,要通过针对各个特色小镇积极制定具体而前瞻性的服务政策为发展吸引并留住与之匹配的发展要素,确保各项政策发挥最大效益:

在人才引进方面,小镇应通过加强与高等院校的合作交流,构建特色小镇长期的专业人才输送出台,并出台一系列高端人才引进优惠政策吸引其流入,进一步强化高端人才引进。设置各类产业引导基金以及科技风险投资基金等。对符合人才条件的海内外高层次人员,设置资助、住房、贷款贴息、再创业等多方面的优惠政策。

在技术引进方面,基于核心产业创新升级与功能增效的考量,以相关产业技术交流平台促进企业之间的信息沟通,吸引高端企业入驻与联合,从而集聚一批科技型企业以拉动技术提升,建设以产业创新为导向的特色小镇产业生态。

在资金投入方面,加强政府财政资金投入的同时,各个小镇要加强与各类金融机构、风险投资以及股权投资基金等长期战略合作,探索建立多渠道、多元化的小镇投资模式。设立专项资金保障小镇的规划、宣传、招商等各项日常性工作开支,并合理平衡政府资金与民营企业等投资资金比例,坚持市场运行模式,把小镇推向市场。要在投资、招商、资源配置等多领域发挥市场主导作用,重点建立多元化的投融资机制,以各个特色小镇的产业发展理念与前景吸引民营企业、金融机构等与特色小镇开展企业投资、风险投资等项目合作,提高特色小镇资金使用的灵活性与充足性。

7.4.3　创新考核机制,健全特色小镇考核体系

考核体系的健全也在一定程度上激励各个特色小镇在不同层面不断寻求提升路径,以期进行高质量发展,打造完整的产业链。然而目前高度统一的特色小镇考核体系未能结合各个小镇自身特点,忽视了各个小镇不同的特色产业发展特点,在"凸显特色"这一小镇建设关键问题上具有一定的局限性。鉴于此,传统考核机制亟待创新。一方面,结合各个小镇产业特色,以原有统一考核为基础,分别制定信息经济类、文化创意类、金融类、健康类等八大产业类别考核指标,并根据统一考核与分产业类别考核各自权重计算小镇年度考核最终结果。另一方面,增加多种考核指标,例如小镇产业创新度、吸引高端企业和优质投资数量、可持续建设能力、创新创业团队入驻数量、人才培训力度、生态环境保护力度等,尽可能多层次、全方位地对特色小镇进行综合性评价。完善的考核体系也能有效地推动特色小镇的高质量发展,形成完整的产业链。

7.4.4　坚持梯度创建,打造示范标杆

鉴于国家、各省对特色小镇创建的高标准和严要求,建议将特色小镇按国家级创建、省级小镇创建与省级小镇培育三个梯度层次,对特色小镇统筹规划,分别制定政策和分类指导。依据特色小镇产业发展、投资进度和营业收入等指标,重点确立几个最有基础、最具有优势的产业集聚区建设成为示范小镇,以标杆小镇引领我国特色小镇的全面建设。例如,杭州市根据第一批市级特色小镇进行考核结果而确立为示范小镇的梦想小镇和云栖小镇等,借鉴其成功实践,例如政府可适当降低准入门槛,在对新业态的小镇适当简化审批环节,提供一系列服务政策,以最大限度地支持创新性产业发展。其次,作为同为信息经济类的富阳硅谷小镇、临安云制造小镇和江干丁兰智慧小镇等,可以以云栖小镇和梦想小镇为标杆,学习云栖小镇建立创业创新引导区和"超级孵化器"、梦想小镇"双镇融合"

发展理念,使其更加明确产业定位,不断延伸产业链,实现规划布局、产业转型和生态建设等多方面的全局发展,以产业中标杆小镇的成功经验带动相关产业类的其他特色小镇发展。通过以示范类小镇的一系列相应发展指标为发展目标,坚持梯队培育,逐步实现各个产业的蓬勃发展。

7.4.5　强化政府服务职能,优化公共配套设施

从目前看,有些小镇过于依靠行政力量推动,这非长久之计,后续发展潜力可能有影响。小镇建设不能由政府大包大揽,应让企业自主决策、自发投资、自主运营,引导和支持有眼光、有思路、有实力、有潜力的企业参与开发建设,调动企业和社会力量参与小镇建设的积极性。政府管住管好有形之手,不干预小镇具体建设和经营,重点做好编制规划、简政放权、生态保护、设施配套、公共服务。

政府作为特色小镇发展服务链的最关键主体,应及时感知各个小镇发展的个性化需求。

(1)政府应进一步做好辅助整体推进各个特色小镇建设的顶层设计和总体规划工作,完善小镇规划咨询机构建设。安排各类专业人才对小镇产业定位、功能布局、建筑设计等各方面提供指导服务,对特色小镇旅游、社区、生态以及文化等功能进行深入系统的规划建设,使其更易朝着既定目标发展。

(2)特色小镇建设须重视优化规划方案。特色小镇作为集聚高端要素、创新创业理念于一身的众创空间,其规划要体现多层次交叉融合,而不是简单功能叠加,发展规划决定特色小镇的发展方向和目标以及推进路径。例如杭州市特色小镇建设应扎实地定位于九大产业,围绕产业带布局,并结合区域实际产业发展基础和配套条件,将具有相似产业布局的小镇(比如合理布局杭州市玉皇山南基金小镇、桐庐县健康金融小镇等信息经济类小镇)统筹谋划,实现各个要素链之间的有机联系,形成融会贯通的杭州市特色小镇"新版图"。

(3)做好小镇基础设施配套和服务配套,建立相关产品展示平台。定期与相关企业合作举办产品展示等信息交流活动,以特色产业信息推广效应吸引广大企业以及各类投资机构,辅助各个小镇发展。并根据小镇实际需求,创新土地使用政策,最大限度的满足小镇发展对土地利用的动态需求。以杭州市丁兰智慧小镇为例,充分考虑小镇的产业发展需求,政府对于重点企业特定出台相应的服务政策,实现重点企业或知名平台运营商享受一企一策;针对不同类型企业主导的特色小镇,出台分类指导政策,做到一镇一策。

7.4.6　促进创业,建设创新创业引导区和孵化器

小镇未来的活力如何,主要取决于小镇能不能吸引有活力的要素,创新功能够不够强大。小镇应以"众创空间"为导向,培育创新"孵化器",打造"众创"功能,构建"创新牧场—产业黑土—科技蓝天"创新生态圈。应根据产业特色、自然禀赋、发展定位,建设"创客中心",按照产业链布局精准引进稀缺要素资源,培育新业态、新模式、新企业,为小镇发展注入活力。推动小镇与知名创业机构、创业城市、创业平台开通"直通车",促进要素流动、信息共享、平台分享,集聚高端人才、高端资源、高端技,促进产业链、创新链、人才链、资金缝深度融合。

(1)通过比赛选拔的方式,聚集优秀的"泛大学生"(即在校生及毕业后10年内的大学生),支持缺乏资金与市场的青年大学生创业,通过政府给予一系列优惠政策,例如租金优惠、创业基金、贷款贴息等,创造良好的创业环境。此外,可以通过成立相关创新创业导师团队以及建立创业咨询机构,聘请专业培训老师、知名企业家等,给予不同形式、不同深度的科学指导,提高年轻人创业实践能力,辅助小镇培育未来企业家。

(2)建设超级孵化器,为处于各个不同发展阶段的创业团队提供适用的专业化孵化服务。苗圃阶段,给予选拔出的优质创业团队短期的零成本孵化期,同时结合创业导师力量,为创业项目提供及时的发展建议;孵化器阶段,可以通过为入孵企业制定一系列优惠政策;加速器阶段,制定跟踪式的定制服务,直至并购上市。以创业创新引导区和孵化器为载体,加快集聚产业链中最具有活力和发展潜力的创新型企业以及海内外龙头企业,不断培育和发展小镇特色产业,降低创业成本,加快科技成果转化,促进产业生态的形成。

7.4.7　政府配套,企业自主,活用政策资源

特色小镇要坚持政府规划引导和配套,企业自主运作。采用"政府+新型运作主体"的发展机制,实现服务链与产业链的有效融合。

(1)活用现有政策资源,根据各个小镇实际情况制定较为科学的政策扶持机制。针对部分小镇政府财力有限,在税收等政策上不具备明显优势,政府可以通过成立相关领导小组,对现有的优惠政策进行仔细研究,并加以创新,即通过将服务链与创新链融合,实现对现有政策资源的灵活应用,并能在充分考虑各个小镇实际发展状况的基础上,制定较为科学的政策扶持机制,实现多层次扶持政策的叠加,使得小镇充分享受企业所得税、落户奖励和购房补贴等多项优惠政策。

(2)构建完备的产业链和产业生态圈,引领小镇园区发展。政府负责联系和

委托各个行业代表性机构组织运作主体,配套引进各类中介服务机构、辅助性产业和配套支持部门等,打造多层次生态圈,通过以产业链各个环节以及产业生态圈发展需求为出发点,聚集行业协会和高端企业,使得小镇特色产业与上下游企业之间形成"无缝"衔接,构建完备的产业链和产业生态圈,引领小镇园区发展,从而有效地带动小镇产业链的快速发展。

(3)完善小镇产业辅助配套功能。立足于特色小镇产业发展的研究院建设,以相关产业交流论坛、技术创新领域研究、定期专业人才交流活动以及发布国内相关行业研究报告的形式,充分调动起政府的引导与辅助配套功能,致力于形成完整的人才生活配套服务体系。

下 篇

浙江省特色小镇发展综合评价及
实现路径研究

8　浙江省特色小镇建设经验及对策研究[*]

8.1　浙江特色小镇缘起

浙江省于 2015 年 9 月启动了特色小镇建设工作。这是贯彻落实习近平总书记对浙江"干在实处永无止境、走在前列要谋新篇"指示精神的具体实践,是经济新常态下加快区域创新发展的战略选择,也是推进供给侧结构性改革和新型城市化的有效路径。这项工作有利于加快高端要素集聚、产业转型升级和历史文化传承,推动经济平稳健康发展和城乡统筹发展。

(1)全国良好反响

国家主流媒体高度关注浙江特色小镇建设发展工作。2016 年 2 月 17 日,中央包括新华社、人民日报等 20 多家主流媒体齐集浙江省人民大会堂,参加省委宣传部主持的特色小镇新闻发布会,随后进行系统全面采访。2016 年 3 月 1 日,人民日报一版发表《浙江特色小镇能量大》一文。

国家有关部委积极在全国范围内推广特色小镇建设发展工作。2016 年 7 月 20 日,住建部、国家发改委、财政部发出关于在全国开展 1000 家特色小镇培育工作的通知。从浙政发〔2013〕8 号文件《关于加快特色小镇规划建设的指导意见》颁布,到惊艳全国仅 302 天,进一步全国推开这项工作仅 443 天。此后,全国不少地方都积极展开特色小镇建设工作。

(2)特色小镇建设发展溯源

特色小镇建设能在浙江较快展开,这是浙江区域发展各项工作的长期累积

---

* 辛金国、卓勇良著。

的必然结果。改革开放以来,浙江在区域经济发展,在产业空间集聚和城市化发展方面,逐渐形成一以贯之的四条主线。

一是从发展小城镇、中心镇,到小城市培育试点改革。省政府长期重视小城镇建设发展,1981年4月末,时任省长李丰平在省政府调研室"鄞县农村集镇的调查"报告上作出肯定性批示,此文随即发表于浙江日报一版头条,是省内最早的同类报告。2011年又率先开展小城市培育试点,2017年有望进入第三轮,或可激发更多创新举措。

二是从促进区域产业集聚、区域特色经济到块状经济,其中1992年开始发展开发区园区。块状经济已成为浙江发展美谈,其中的产业集聚、产业环境、产业链条,以及营销网络等,成为学界研究焦点,但也存在着产业层次和附加价值较低,粗放外延发展等问题。

三是从政府主导到市场主导的产业政策演变。从改革开放初期政府主导的轻纺优先,到市场主导的劳动密集型产业迅猛发展,再到"四换三名"①经济转型政策,以及当前的六大措施扶持九大新兴产业等。政府不直接扶持产业发展已成社会共识,但在市场机制主导的产业转型升级中,政府打造创新平台或是较好选择。

四是浙江1998年率先提出城市化战略,四大都市区发展取得重大成效,一批中等城市脱颖而出。当前新常态格局下,城外的人要进来,城里的企业要出去,新的城市空间需要形成;且在浙江高密度均质化空间格局下,必须促进城里城外的产业及社会融合,促进城乡一体;同时需要积极建构新的创新空间,进一步增强对于国内外社会资本和高素质专业人士的集聚。

2015年推出的特色小镇规划建设,正是上述四条主线的历史性交集,是上述四个方面发展战略和政策,落脚于空间和产业上的统筹集成与汇聚。是上述四条主线推进的历史必然。浙江经济走到今天这样的状况,需要创新政策工具和打造新的政策平台,提供新的政府公共政策供给,继续在产业集聚和城市化发展水平上推进上述四条主线。特色小镇规划建设,是浙江政府重大公共政策供给的逻辑深化和创新。特色小镇规划建设以服从上述四方面需求为导向,以已有产业或生态优势为基础,以城市化为依托,以汇聚、集成和统筹方式,打造融多种功能于一体的创新平台,从而进一步推进空间集聚、要素集约,设施集成,产业转型、创业创新,以及进一步增强市场决定性作用。

---

① "四换":腾笼换鸟、机器换人、空间换地、电商换市。"三名":培育名企、名品、名家。

（3）短期内取得较好成效

目前，浙江已分两批共公布了79个特色小镇省级创建对象和51个省级培育对象，第三批也即将公布。特色小镇建设已经成为浙江省适应和引领经济新常态、加快产业转型升级，培育经济新增长点的重大战略，获得了习近平总书记、李克强总理、张高丽副总理等多方肯定并显示出勃勃生机和巨大潜力。

两年多的特色小镇建设，已取得阶段性重要成果。首批37个特色小镇吸引了3300多家企业，完成投资480亿元，有5个小镇投资已经超过20亿元。在政策的鼓励和市场的推动下，浙江省涌现出一批极具影响力的特色小镇，在特色小镇建设中发挥着龙头作用。如"云栖小镇"建设仅仅一年，2015年就实现了涉云产值近30亿元，完成财政总收入2.1亿元，产业覆盖大数据、APP开发、游戏、互联网金融、移动互联网等各个领域，逐步形成较为完善的云计算产业链条。"梦想小镇"启动建设以来，已经吸引了来自全国乃至全世界的7000多名年轻人在此创新创业，正在将各种奇思妙想付诸实践，把创意变成产品，把智慧变成财富。基金小镇的资金管理规模也从2014年底的300多亿元，一路猛增至2015年底近1800亿元，2016年更突破了3500亿元。

8.2 浙江省特色小镇建设新模式新探索

特色小镇建设发展是在各地已具有一定发展水平下展开。省里和各地根据长期经验，采取切实措施，进一步采取一系列行之有效的较好做法。

（1）提升"一镇一业"新水平

特色小镇建设基本出发点是集中战略资源用于特定的战略性产业。起步伊始即咬定青山不放松，把最宝贵的资源定向用于特色战略性产业，最大程度体现一个"特"字。

一是定位"一镇一业"。浙政发〔2015〕8号文件明确要求，所有特色小镇的创建、培育和发展必须聚焦信息经济、环保、健康、时尚、金融、高端制造等七大万亿省级产业和茶叶、丝绸、黄酒等历史经典产业来建设，不搞同质竞争。二是培育"单打冠军"。每个特色小镇瞄准上述产业中的最有基础、最有优势、最有发展潜力的产业来建设，每个历史经典产业原则上只规划建设一个特色小镇，突出培育在全国乃至全球的产业"单打冠军"。三是实现集群发展。每个小镇都要围绕主攻产业，紧扣产业发展趋势，瞄准高端产业发展方向，不断向两端延长产业链条,形成集群发展和规模效益,降低企业生产成本。如诸暨大唐袜艺小镇,通过完善产业配套和上下游产业链条,企业生产成本可以降低 20% 以上。

（2）明确"非镇非区"新特征

特色小镇的"镇",主要是理解为产业集聚区,主要不是行政区划"镇"的含义。如果说汉字中的"镇",最早是为作军事据点使用,那么在浙江省创建特色小镇中,这个汉字则是作为经济据点使用,相当部分特色小镇或将具有较高品质的人居功能。主要内涵是含"集"的六字,即集聚集约集成,包括投资密集、产业密集、生态密集。空间上,特色小镇有着明确产业定位、文化内涵、旅游功能、社区特征融合叠加的发展载体,是同业企业协同创新、合作共赢的企业社区。理念上,特色小镇不同于一般的行政单元、生活区和工业园区,不是简单地以业兴城,也非以城兴业,而是在充分借鉴国外特色小镇经验的基础上,按照创新、协调、绿色、开放、共享发展理念,在生产、生活、生态之间找到最佳平衡点独立区域。

（3）促进"产镇融合"新格局

一是突出四大功能紧密融合。所有小镇都聚集产业、文化、旅游和社区四大功能,是特色小镇与工业园区、景区、生活区相区别的典型特征。更为重要的是,四大功能都要紧扣产业定位融合发展,尤其是文化、旅游和社区功能,要从主攻产业中衍生,从产业内涵中发掘。如大唐袜艺小镇侧重挖掘从袜子诞生、发展乃至转型升级全过程 4000 多年的历史文化渊源,甚至小镇规划和建筑设计上也突出袜艺主题,实现传统与现实、历史与时尚、自然与人文的完美结合,全力打造以提升袜子艺术性和品位为主的旅游景点,并完善配套社区功能。二是突出新兴产业孕育孵化。特色小镇同时也是培育新产业为一体的新空间。如面积不超过3.2 平方公里的玉皇山南基金小镇,目前已汇聚来自全球的 600 多家企业,其中金融投资类企业 400 多家。三是突出经典产业改造提升。对于历史经典产业,特色小镇注重其文化底蕴挖掘提升和影响力的放大,提高产业话语权和产品附加值。如绍兴黄酒小镇,正在规划建设黄酒历史文化博物馆、观光型黄酒手工作坊、特色风情民宿区以及黄酒风情体验小街等项目,全方位提高行业影响力和话语权。

（4）打造"精致美丽"新形态

一是骨架小,特色小镇的建设形态力求小而精、小而美,不搞"摊大饼式"粗放式发展,"小"是"特"的内在要求。如果不是小,那就缺少其本来的特定内涵,又将回复到早几年的开发区,无异于穿新鞋走老路。小镇的物理空间要集中连片,有清晰地界定范围和建设用地范围,规划面积 3 平方公里左右,建设面积控制在 1 平方公里左右,建设面积原则上不能超出规划面积的 50%。如以中药材历史经典产业为主导的"磐安江南药镇"建设用地面积 393 公顷,其中主要建设区用地面积 132 公顷。但是,某些特色产业应该具有后续发展空间,所以不妨把少量特色小镇的面积上限放至 10 平方公里。二是颜值高。所有特色小镇建设都坚持生态优先,坚守生态良好底线,要"一镇一风格",多维展示地貌特色、建筑特色和生态特色。所有特色小镇建设都要嵌入旅游功能,每个特色小镇都要利用自身旅游资源,打造 3A 级景区,其中旅游产业特色小镇站位更高,要打造 5A 级景区。如龙泉青瓷小镇,不仅是 4A 级旅游景区,而且早已成为中外游客的旅游目的地,但是根据产业规划,其主导产业并非旅游,而是划归到了历史经典产业中。三是气质特。特色小镇彻底摒弃"百镇一面",每个小镇根据地形地貌,结合主攻产业发展特点,做好整体规划和形象设计,保护好自然生态环境,确定小镇风格,原则上不新建高楼大厦,努力展现出集自然风光、错落有致的空间结构、多元功能融合、多彩历史人文之美为一体的独特小镇风情。

8.3　浙江省特色小镇建设新举措新路径

(1)注重多种功能叠加,建构"两创"新载体

"特色小镇"作为浙江打造经济发展新兴支撑力量的新载体,具备与行政区划单元的"镇"、传统工业园区与企业社区截然不同的理念,也超越了一般意义上的产学研结合。每个小镇都是产业、文化、旅游和一定社区功能的叠加与有机统一的"融合",是宜居、宜业、宜游的创新创业空间载体。

特色小镇注重靠近城镇,靠近交通干线,靠近景区,靠近产业区块,利用多种综合功能,降低创业创新成本。大力吸引与特色产业相关的创新企业、研发机构、服务中介等入驻小镇;支持特色小镇内部企业积极开展自主创新,构建产学研协同创新战略联盟,把特色小镇打造为特色产业的创新创业生态系统,推动产业链与创新链的融合,在高端要素集聚的基础上促进新兴产业在空间上实现集群化发展,进而成为区域发展的创新极和全球创新体系的重要节点,全面提升区域产业转型升级的内生动力。

(2)注重试点制度创建,激励地方打造新动能

浙江省特色小镇的创建不采用审批制,而是使用"创建制"的方式推进特色小镇规划建设。所谓创建制,是指由县(市、区)政府向省特色小镇规划建设工作

联席会议办公室自愿报送创建特色小镇书面材料,省级相关职能部门以及省特色小镇规划建设工作联席会议办公室分批审核,凡符合特色小镇内涵和质量要求的,均纳入省重点培育特色小镇创建名单;纳入创建名单只是规划建设的开始,入围后特色小镇创建对象也不能直接享受到省里有关支持政策;只有在年度考核合格或验收命名后,特色小镇才能获得土地和财政方面支持。概括来说,创建制就是一个明确目标、竞争入队、优胜劣汰、达标授牌的过程。具体实施步骤如下:

一是要明确目标、鼓励众创。鼓励各地按照特色小镇的目标要求,积极谋划各具特色的特色小镇。分批公布省级特色小镇创建名单和培育名单,原则上一年公布两次。

二是要严格把关对象选择。在选择省级特色小镇的创建对象时,以是否符合内涵要求、编好建设规划、落实建设用地、确定建设主体、排定投资计划、明确具体项目为选择标准,不搞区域平衡、产业平衡、数量限制。鼓励各市积极谋划推进,形成后备力量,全省形成"培育一批、创建一批、验收命名一批",省市联创的梯次众创格局。

三是要实绩为王、动态管理。特色小镇的建设期为 3 至 5 年,为确保在建设期内真正建成一批特色小镇,将实施优胜劣汰的动态管理。一是坚持把年度实绩作为实施进退机制的唯一标准,对完不成年度目标的省级特色小镇创建对象,予以退出;对年度投资完成 10 亿元的省级特色小镇培育对象,次年直接进入创建对象,形成落后退出、优胜者上的竞争创建机制。二是建立特色小镇统计监测指标体系,开展季度和年度监测,作为兑现政策和动态调整的基础,促使特色小镇紧盯目标,主动创建,快跑快干出成效。

四是要严格验收、达标命名。凡是认为达到特色小镇规划建设目标的,可由省级特色小镇创建对象所在县(市、区)经过自检后,向省特色小镇规划建设工作联席会议办公室申请,要求开展现场验收。省特色小镇规划建设工作联席会议办公室将组成专家组,赴特色小镇进行现场踏看、逐项对照、提出意见。对于达标的特色小镇,经省政府同意后,给予正式命名。

(3)注重特色优势增强培育,促进发展新格局

打造特色产业小镇,注重特色优势产业培育是重点。以特色产业为引领,以城镇为载体,以人为根本,实现产、城、人的高度互动,充分提高土地利用效率,打造经济发展平台,促进区域发展新格局。在发展特色产业的同时,把生态环境建设与优化生产力布局、产业升级结合起来,与发展循环经济、开展资源节约结合

起来,保护好"绿水青山"来赢得"金山银山",把山区生态优势转变为发展优势,历史经典产业新生;发达地区积极发展高新科技产业,形成新的优势。此外,坚持"文化传承、彰显特色的原则",各区域根据不同的自然、历史、文化禀赋,发展有历史记忆、文化脉络、地域风貌的特色产业,发掘构造新的区域优势,增强提升原有区域优势,优化造就区域发展新格局。

(4)注重政策导向转变,实现改革开放新进展

特色小镇的建设,不沿用老思路、老办法。改革突出"试验",凡是国家的改革试点,特色小镇优先上报;凡是国家和省里先行先试的改革试点,特色小镇优先实施;凡是符合法律要求的改革,允许特色小镇先行突破。政策突出"个性",实施"期权激励制",转变政策扶持方式,从"事先给予"改为"事后结算",在其创建期间及验收命名后,其规划空间范围内的新增财政收入上交省财政部分,前3年全额返还、后2年返还一半给当地财政。实施"追惩制",对未在规定时间内达到规划目标任务的,实行土地指标倒扣,防止盲目"戴帽子",确保小镇建设质量。

土地政策方面,各地结合土地利用总体规划调整完善工作,将特色小镇建设用地纳入城镇建设用地扩展边界内。特色小镇建设按照节约集约用地的要求,充分利用低丘缓坡、滩涂资源和存量建设用地。确需新增建设用地的,由各地先行办理农用地转用及供地手续,对如期完成年度规划目标任务的,省里按实际使用指标的50%给予配套奖励,其中信息经济、环保、高端装备制造等产业类特色小镇按60%给予配套奖励;对3年内未达到规划目标任务的,加倍倒扣省奖励的用地指标。

8.4 进一步加快特色小镇发展的对策建议

特色小镇是浙江积极探索的成果,兴于改革创新,成于改革创新,因此未来浙江一定要摒弃行政化主导的思维定势、路径依赖,以改革创新精神推进规划、建设和运营,大胆探索,大胆试验,打造特色小镇发展2.0版,巩固先发优势,继续走在前列。

(1)特色小镇必须因地制宜增强特色

"无特色不成特色小镇",特色小镇的核心生命力源自本身的历史人文积淀和产业基础。产业特色更是重中之重,比如小镇某个特色产业或某个特色产品占较大比重,如制笔之于桐庐分水镇,早在2005年,这个镇就已实现了可给全球

60亿人，人均提供一支笔的目标；或者小镇某个企业具有主导地位，如横店集团之于东阳市的横店镇，意尔康集团之于青田县的温溪镇，这两个企业都占当地经济起码60％以上。又如日本静冈县磐田镇的雅马哈。因此，在原有发展基础上，通过扶持当地具有特色的主导企业，培植特色产业，是特色小镇建设有效途径。

而当前有些地方特色小镇建设，往往被简单理解为特色产业小镇，成为招商引资的平台，人为地制造特色。不少小镇有"特色"之名，实为"商业园区"，"为项目而项目"，这样的小镇建设便成为了成为无本之木、无水之源，无法形成真正有效的特色产业，这样的"特色小镇"缺少生命力，往往可能经不起时间的检验。

因此，浙江特色小镇建设都要紧扣七大产业和历史经典产业，主攻最有基础、最有优势的特色产业，不能"百镇一面"、同质竞争。即便主攻同一产业，也要差异定位、细分领域、错位发展，不能丧失独特性。而特色的形成，不是靠政府的"指点江山"，也不是靠官员的"慧眼独具"，靠的却是市场竞争的大浪淘沙、水落石出。要瞄准高端产业和产业高端，引进创新力强的领军型团队、成长型企业，鼓励高校毕业生等90后、大企业高管、科技人员、留学归国人员创业者为主的"新四军"创业创新。

此外，还要适当降低某些山区县特色小镇要求，但这并不等于降低特色小镇的"特"字，以及基本的建设标准特别是亩均投资强度等要求。一些山区县特色小镇规划期投资总额，或可根据当地发展水平及当前经济形势适当放低，建议可提前告知这些状况，这也有利于当地更好地开展招商引资工作。

(2)特色小镇贵在张扬优势和坚持不懈

大凡特色小镇发展快的，往往本身具有长期积累的特色产业，或者拥有特定资源禀赋，以及优异的生态环境（大生态，包括自然、人文、法治、商业等）。有适合"特色"发展的"水土"，聚得了人；有适合"特色"发展的价值和行为准则，拢得住气。所谓的"特色"和"小镇"就起来了。现在，省里常常引以为例证的"云栖（云计算）小镇""山南（基金）小镇"，都是这样脱颖而出的。

但是，直接具备以上所以条件的特色小镇较少，所以特色小镇建设需要从多方面不断完善小镇的产业和生态环境，所以特色速成可能不一定切全实际，其是坚持不懈长期积累的成果。包括周边的教育、医疗、交通等配套设施水平的整体完善，这是综合系统工程，短期内的人工打造往往经不起市场和时间的考验。建设特色小镇应该更多地引导那些自然形成的小镇或区域，成熟一个引导建设一个，宜瓜熟蒂落。

坚持长期发展,贵在不具有或者只有较少空间扩张的情况下,实现原有基础上较好的品质提升、特色增强以及规模增加。与传统的摊大饼式的速成式城镇建设模式不同,特色小镇建设并非简单的土地面积和产业规模的扩展。对于资源稀缺和需求特定的特色小镇而言,关键是做强特色和提升品质,坚持走"集约化"和"高密度"的路子,实现特色小镇的可持续发展。

把握特色小镇建设进度。既要从实际出发,也要严格标准,宁缺毋滥。警惕项目过度包装,以求迅速见效。有一些项目听起来很美好,但实际未必。尤其是某些创意、金融、总部经济,以及一些旅游类等项目,一定要实事求是评估项目建成后未来的运行及现金流状况。

(3)特色小镇必须增强供给侧改革,引导发掘需求的作用

进入新常态的浙江制造,并没有从"微笑曲线"底端走出来,产业转型升级滞后于消费升级和市场升级,导致有效供给不足和消费需求外溢。产业智慧化、智慧产业化、技术集约化、知识化和服务化,是产业结构演进的基本规律,特别是在经济发展到一定水平后,主导产业逐渐从传统工业向以信息产业为主的高新技术产业转换。为此,特色小镇必须定位最有特色、最具潜力的主导产业,也就是聚焦支撑浙江长远发展的信息经济、高端装备、环保、时尚、金融等七大产业,以及茶叶、丝绸、黄酒、中药、青瓷和宝剑等历史经典产业,通过产业结构的高端化推动浙江制造供给能力的提升,通过发展载体的升级推动历史经典产业焕发青春、再创优势。

同时,要通过特色小镇创造需求。特色小镇一般生态环境优美,其旅游规划要注重挖掘、整合小镇的特色自然与人文资源,对接区域需求,尤其是大城市周围,要考虑外溢的功能需求。

(4)特色小镇应努力建设成为知识生产力高地

知识生产力是发达经济体经济发展的主要推动力。而在相当长的一段时间内,浙江经济增长源自传统资源投入促进物质产出的模式,并不依赖于知识生产的增长。就知识生产言,浙江经济乃至中国经济均为弱项,存在着巨大发展空间,而这正是特色小镇发展的巨大机遇。

特色小镇良好的生态不仅使内在的发展动力得以充分释放,对外在的高端要素资源也形成强大的吸附力,推进知识传播与创新,实现"小空间大集聚、小载体大创新、小产业大市场",从而形成全新的知识生产力新平台,发掘以知识生产为支撑的条件已经具备。

知识生产力的主体是人才,人是真正的第一生产力,世上无人即无生产力之

说。而集聚人才的关键是环境,特色小镇具有先天优势。因此,在浙江经济处于转型期的关键时刻,充分发挥特色小镇知识生产力高地作用,以知识替代相当部分物质,以知识生产替代相当部分物质生产,是浙江发展必定要走的一条道路,也是特色小镇建设的重要方向之一。

(5)努力发挥特色小镇规划的前瞻性和协调性作用

特色小镇规划不是单一的城镇规划或园区规划,而是各种元素高度关联的综合性规划。因此,必须坚持规划先行、多规融合,突出规划的前瞻性和协调性,统筹考虑特色小镇人口分布、生产力布局、国土空间利用和生态环境保护。

要摒弃"贪大求洋""大拆大建"的做法,坚持节约集约利用土地,合理界定人口承载力、资源承载力、环境承载力与产业支撑力,在开发中保护,在保护中开发。

结合资源禀赋条件,联动编制产业、文化、旅游"三位一体",生产、生活、生态"三生融合",工业化、信息化、城镇化"三化驱动",项目、资金、人才"三方落实"的建设规划,加快浙江省特色小镇健康快速发展。

(6)优化提升政府促进特色小镇建设发展的引导作用

特色小镇建设要坚持政府引导、企业主体、市场化运作,鼓励以社会资本为主要建设力量。政府要有所为、有所不为,做好编制规划、保护生态、优化服务,不干预企业运营。要摒弃"先拿牌子、政府投资、招商引资"的传统做法,引入有实力的投资建设主体,让专业的人干专业的事。要给予小镇独立运作的空间,发挥当地居民、村(社区)的主动性和积极性,引导各方社会力量参与小镇的规划建设,使市场主体和当地居民成为特色小镇开发建设的真正主体。要创新融资方式,探索产业基金、股权众筹、PPP等融资路径,加大引入社会资本的力度,以市场化机制推动小镇建设。要引入第三方机构,为入驻企业提供专业的融资、市场推广、技术孵化、供应链整合等服务,使特色小镇成为新型众创平台。

在市场主体登记制度上,放宽商事主体核定条件,实行集群化住所登记,把准入门槛降到最低;在审批流程再造上,削减审批环节,提供全程代办,创新验收制度,把审批流程改到最便捷,让小镇企业少走弯路好办事。同时,实行企业"零地"投资项目政府不再审批、企业独立选址项目高效审批、企业非独立选址项目要素市场化供给机制和政府不再审批。同时,不宜以评比考核为主要的引导手段,建议引入第三方评估评价机制,改变政府的补助政策,改为奖励为主,实现扶持资金"以奖代补",凭公认的业绩说话,避免企业以项目拿补贴的钓鱼现象。

9 关于"数字经济"推动特色小镇迭代升级对策与建议[*]

　　数字经济与浙江特色小镇深度融合是我省经济转型升级的重要突破口。统计数据显示,2018 年,浙江数字经济总量达 2.33 万亿元,占 GDP 的比重达41.54%;2019 年 1—11 月,全省数字经济核心产业增加值增长 13.8%,增速远高于同期规上工业增加值增幅(6.2%)。数字经济已成为我省培育新兴产业、抢占未来发展制高点的主攻方向,实现全省经济高质量发展的新动能和重要引擎。

　　同时,我省是特色小镇概念的诞生地,也是全国特色小镇发展最成熟的区域,特色小镇已成为全省产业聚集、创新创业的主战场。2018 年,数字经济小镇产出占全省数字经济产业 21.2%,高端装备制造小镇产出占全省高端装备制造总产出 9.0%,实现高端产业聚集;省级特色小镇聚集高新技术企业 884 家,"国省千"人才 767 人,众创空间 229 个,成为创新聚才的重要阵地;省级特色小镇亩均税收高于全省规上工业 80%,亩均产出高于全省规上工业 50%,领跑全省。

　　当前,我省正处在转变发展方式、优化经济结构、转换增长动力的攻关期,这为数字经济与特色小镇融合发展带来了重大机遇。应把握数字经济的先发优势和特色小镇的集聚效应,推动数字经济与浙江特色小镇建设深度融合,实现特色小镇迭代升级,打造特色小镇 2.0 版,使数据强镇成为数据强省的又一典范,打造数字经济和特色小镇深度融合的鲜活样板。

9.1 启动实施"数字经济与浙江特色小镇建设深度融合专项行动"

浙江特色小镇建设正在加快推进互联网＋、大数据＋、人工智能＋，但总体上仍是重在打造创新创业平台和生态系统的特色小镇 1.0 版。数字经济与特色小镇建设结合不够平衡、不够充分，产业结构承受着传统产业和高端产业"双向转移"的压力。建议抓住我省推进国家数字经济示范区建设历史性机遇，制订实施"数字经济与浙江特色小镇建设深度融合专项行动"，实现数字经济与特色小镇高质量发展。

一是启动"数字经济推动浙江特色小镇再造行动"。研究出台《深化"互联网＋特色小镇"打造特色小镇 2.0 版的实施意见》，积极推动"1＋N"工业互联网平台、5G×AI、共享实验室等应用场景和示范应用在小镇先行先试，促进数字技术、时尚设计与制造业融合，推动产业集聚，着力延伸上下游产业链条，催生一批新技术、新模式、新业态，整体提升特色小镇的产业基础能力和产业链竞争力。

二是启动"浙江特色小镇对标国际先进水平追赶行动"。遴选一批"对标追赶"的特色小镇细分产业，加快研发智能云、工业云、量子通信、量子计算等关键技术，以数字化、网络化、智能化为抓手，抢占产业链制高点，瞄准高端产业，实现重大创新型产业项目集聚，加快培育引领未来发展的大产业，实现弯道超车甚至换道超车。梳理一批创新成果转移项目库和需求清单，建立常态化联动对接机制。完善产业转移机制，探索打造一批产业化基地和小微产业园。

9.2 加快组建"数字经济与浙江特色小镇深度融合大联盟"，合力攻关创新前沿领域

数字经济与特色小镇发展，不能仅靠个别企业、产业、小镇"单打独斗"，要借助数字技术进一步促成领军企业力量、高端智力资源以及产业平台等通力合作，实现数字经济与特色小镇深度融合，形成突破性进展。建议组建"数字经济与浙江特色小镇深度融合大联盟"，攻关融合创新前沿领域，形成浙江经济高质量发展的"新引擎"。

一是建设 1～2 个具有国际一流水准的数字经济与特色小镇深度融合"开放

式创新联盟"。依托浙江大学、之江实验室、西湖大学、阿里达摩院等科研平台，借助阿里巴巴、海康威视、中控工业物联网、华为浙江研究院等创新力量，联合云栖小镇、梦想小镇、南湖创新小镇等数字经济小镇，引进吸纳国际国内领先创新创业资源，建立以数字技术为支撑的开放式创新联盟，打通协同研发、测试验证、数据集成、成果转化等创新链，聚焦基础性、前瞻性、引领性的重大创新，加快数字经济和特色小镇深度融合前沿领域攻关，推动更多研发项目、制造项目、平台项目落户浙江，引领数字经济和特色小镇融合发展。

二是建设 5～6 个特色领域数字经济与特色小镇深度融合中心。我省作为全国数字经济的先发省份，已初步形成了云计算、数字安防、移动支付等特色产业，云栖小镇、梦想小镇等数字经济小镇迅速崛起。为进一步扩大领先优势，抢占数字经济发展先机，建议选取 3～5 个优势领域，由相关龙头企业或特色小镇牵头，整合企业、科研机构、政府资源，培育兼具前瞻性和差异化的特色领域数字经济与特色小镇深度融合中心，谋划建设一批国家实验室、大科学装置等重大科技基础设施，做强产业内核，推动内生发展。

9.3 着力创建"数字经济＋特色小镇"产业平台，打造"层次分明"的高能级产业格局

我省特色小镇已遍地开花、初具规模，成为产业聚集的重要载体，但仍存在重复建设、产业趋同、特色不突出、能级不高、三化深度融合不足等问题，未能形成具有持续发展力和核心竞争力的产业集群。建议对标国际一流，围绕数字经济发展，打造"数字经济＋特色小镇"孵化平台，使特色小镇成为数字经济"突破地""实践地"，实现高端产业引领、优势产业聚集、传统产业升级的高能级产业发展格局。

一是打造全球领先的"数字经济＋特色小镇"科创平台，以创新引领数字经济高端产业"突破性"发展。加快推进之江实验室、西湖大学、科创大走廊等科创大平台建设，鼓励特色小镇与科创大平台联合，提高创新辐射能力和联动效应，加快智能芯片、数字测控、模糊控制、传感器、人机交互、嵌入式软件、环境感应等新技术新产品创新研发速度，实现数字经济高端产业突破性发展，增强小镇发展韧性和后劲。探索"科创平台＋若干特色小镇组团"的"1＋N"特色小镇发展模式，建立以科创大平台为核心，多个小镇协同发展的新型发展模式，避免重复建设，提高科创平台辐射能力，发挥小镇组团联动效应。

二是打造5个具有影响力的特色小镇"云孵化平台",突破地域界限,以龙头引领培育优势产业发展。特色小镇分布于全省各地,在地理上形成块状明显的"集群马赛克",产业区块特征明显,应加快打造优势产业"云孵化平台",进一步扩大优势产业辐射范围。建议瞄准国际水准,面向"艺尚小镇""大唐袜业小镇"等产值在5亿元以上的产业集群,培育5家具有行业特色的云孵化平台,促进产业链垂直领域数据集成和集群数字化网络化升级,充分发挥龙头企业、特色小镇的示范作用,引领行业产业发展。构筑"孵化—加速—产业化"接力式孵化链条,建立龙头企业+众扶平台、产业资本+孵化器等多种创新体系,孵化一批新技术、新模式、新业态。

三是遴选10个"数字+传统制造业"示范性特色小镇,差异化推进传统产业智能化升级。特色是特色小镇"发展之魂",建议结合地区产业特色与制造业基础优势,在全省制造基础扎实、智能水平较高的滨江区、余杭区、北仑区、余姚市、慈溪市、乐清市、海宁市、柯桥区、诸暨市、上虞区等县市区,培育10个示范性特色小镇,着眼于产业链向应用场景延伸,推动更多新技术、新产品、新业态、新模式在特色小镇先行先试,探索数字技术与传统优势产业深度融合,将特色小镇打造成为传统优势产业转型的重要"实践地",促进传统产业"互联网+""标准化+""机器人+"改造升级。

9.4　深度推进特色小镇"治理智慧化""资源互通化",推动特色小镇治理升级

特色小镇是数字经济高端产业聚集的重要载体,对信息化、智能化治理的高要求,使其成为智慧城市、智慧治理的"实验地",但仍与数字经济高端产业聚集的功能定位存在较大差距,更无法有效实现跨部门、跨地区数据共享与协同发展。建议抓住大数据和云计算发展红利,由互联网、大数据、人工智能等技术加持,深度推进特色小镇"治理智慧化""资源互通化",打造特色小镇2.0版。

一是创建"云上小镇"治理平台,推动小镇治理智能化。建议依托云计算、城市大脑等智慧平台,打造时空一体、即插即用的"云上小镇"治理平台,实现特色小镇企业"全面上云""深度用云"。开展"智慧治理实验",创新特色小镇治理模式,进一步疏通特色小镇数据汇聚与流动渠道,加强信息服务、产业指导、社区治理等功能融合,实现特色小镇全域治理系统化、精细化,产业发展生态化、高端化,应用服务普惠化、便捷化,促进生产、生活、生态"三生融合",切实提升特色小

镇治理水平。

二是创建"特色小镇生态资源池",构建互通共享、自由开放创新创业生态。与全球先进的创新中心和产业集群相比,我省特色小镇发展存在多、散、乱的问题,尚未形成开放、共享、自由的创新创业生态。建议大力实施信息互通工程,切实打破"信息孤岛"和"信息烟囱",贯彻"互联网+特色小镇"发展思路,对接数字化改造"百千万"工程,实现小镇企业数字化改造全覆盖,组织实施一批示范性强、产出高、带动力大的数字化改造示范项目。加快建立"浙江省特色小镇互联网生态资源池",实现创新要素在生态资源池内的集聚、流动、碰撞,形成开放、自由的创新创业氛围,构建特色小镇间互联互通、共享发展的生态圈。

9.5 积极打造浙江数字经济·特色小镇高端品牌,提升"浙江经验"辐射带动作用

数字经济小镇发展贵在精不在多,我省作为特色小镇的先驱者和数字经济的领军者,已形成一些具有代表性、影响力的发展模式。建议强化联动发展机制,培育浙江数字经济特色小镇高端品牌,进一步提升"浙江经验"辐射带动作用,打造数字经济与特色小镇发展高地。

一是制定特色小镇标准,引领特色小镇高质量发展。各地特色小镇发展仍处于初级探索阶段,尚未形成统一的管理、服务、运行、评价标准,不利于特色小镇高质量发展。建议积极开展特色小镇标准体系制定,在《浙江省特色小镇创建导则》《浙江省特色小镇创建规划指南(试行)》《浙江省特色小镇规划建设统计监测制度》《省级特色小镇考核办法》等基础上,制定包含管理标准、服务标准、运行标准、评价标准、技术标准、数字标准的6S全国性特色小镇标准体系,以标准化建设为抓手,引领特色小镇高质量发展。

二是强化联动发展模式,推动特色小镇"品牌输出"。推广"数字+制造""孵化+转化""金融+实体""创意+传统"联动发展模式,实现领域间、产业间跨界深度合作;以长三角经济带一体化建设为契机,选择云栖小镇、梦想小镇等数字经济高端产业集聚、产业生态完善的特色小镇,塑造"数字强镇"鲜活样本,推动特色小镇"品牌输出""集团式"发展,提升特色小镇"浙江经验"辐射带动作用。

三是开展特色品牌活动,打造特色小镇"高端品牌"。依托"乌镇互联网大会""云栖大会"等具有影响力的世界性数字经济盛会,开展特色小镇品牌活动,打造"数字浙江"高端品牌;定期开展"特色小镇"发展论坛、发布"特色小镇"发展

报告,形成一系列特色小镇品牌项目,打造特色小镇"高端品牌",提升"浙江经验"的影响力和话语权。

10 浙江省特色小镇高质量发展评价研究[*]

特色小镇发源于浙江省,2014 年 10 月,在参观云栖小镇时,时任浙江省长李强提出:"让杭州多一个美丽的特色小镇,天上多飘几朵创新'彩云'。"这是特色小镇概念首次被提及。近年来,浙江省特色小镇如雨后春笋般出现,如杭州的余杭梦想小镇、江干丁兰智慧小镇、西湖龙坞茶镇;温州的苍南台商小镇;湖州的湖州丝绸小镇、南浔善琏湖笔小镇;台州的仙居神仙氧吧小镇、黄岩智能模具小镇等。特色小镇是在新的历史时期、新的发展阶段的创新经济模式,是供给侧改革的浙江实践,已经成为浙江省城镇快速发展的增长点。2016 年我国住建部、发改委和财政部三部委发文,计划到 2020 年我国培育千个特色小镇,一时间全国各地特色小镇建设规划蜂拥而至。同时,一批批涌现的特色小镇如何坚持突出特色,保证高质量发展成为了亟待解决的问题。因此如何评价特色小镇的发展质量,通过何种机制保障统计监测进行,这些问题已成为保障浙江省特色小镇健康可持续高质量发展的重要课题。

10.1 浙江省特色小镇发展现状

特色小镇的概念从 2014 年被提出后,浙江省涌现了一批特色小镇。2015 年 6 月 4 日,37 个小镇被列入第一批浙江省省级小镇的创建名单。截至 2017 年底,浙江省公布已创建(除去降格淘汰以外)特色小镇 108 家。从产业分布来

[*] 辛金国,刘奇,沙培锋.浙江省特色小镇高质量发展评价研究[J].统计科学与实践,2018(10):9—12+37.

看,浙江省特色小镇主要以二、三产业为主导,制造业专注产业结构转型升级,且呈"去工业化"趋势。浙江省利用自身的信息经济、块状经济、山水资源、历史人文等独特优势,以服务品质化、高端化为追求,打造别具一格的"一站式"服务体系。其中金融产业 7 家、信息经济 18 家、历史经典产业 13 家、时尚产业 10 家、健康产业 8 家、高端装备制造 24 家、旅游产业 23 家、环保产业 5 家。从地区分布来看,在拥有特色小镇的 11 个省市中,杭州以 24 个的数量居于首位,其次是嘉兴、丽水,均拥有 12 个特色小镇。特色小镇布局呈现北密南疏的特点,且小镇多聚集于城市中心区域及周边,充分体现了城市中心区域经济带动性。总体来说,浙江省特色小镇总体发展状况良好,一定程度上缓解了区域经济发展不平衡的问题,带动了创新创业,提升了城镇化水平,承担了一部分城市就业压力。

尽管浙江省特色小镇总体情况良好,但是由于新兴产业缺乏规范与合理完善的监控体系,鱼龙混杂,随之而来的质量问题也令人堪忧。统计结果显示,2015—2018 三年来,我省累计警告 33 个创建小镇和培育小镇,降格 13 个创建小镇,淘汰 7 个培育小镇。

在前不久公布的浙江省级特色小镇创建对象 2017 年度考核成绩单中,就有 21 家小镇因为考核成绩不理想,发展质量低被警告或降格。这些小镇的负责人也因此被约谈。这是浙江省第三年约谈年度考核不理想的省级特色小镇负责人。这些被警告的小镇普遍存在以下问题:

(1)缺少必要设施

根据浙江省特色小镇创建的目标要求,小镇客厅是特色小镇标配。目前省级创建小镇中,已建成小镇客厅的有 68 个,占总数的 63%。尚有部分小镇没有建设小镇客厅,或者存在面积偏小、功能单一等问题。例如苍南台商小镇、秀洲智慧物流小镇还没有建成小镇客厅。

(2)产业定位模糊

特色产业是特色小镇的基础。产业不"特",小镇不立。一些小镇产业集聚水平低,部分金融、信息类小镇,未曾考虑到全省现有产业布局;一些旅游小镇,发展模式不够清晰,缺少旅游产业链的整合提升,缺乏市场竞争力。例如永康赫灵方岩小镇"只有香客没有游客"。

(3)科技创新能力低

部分小镇产业高端要素偏少,科技创新能力低。在 2018 年被降格、警告的 21 家小镇中,有 12 个小镇的高中级技术职称人数、科技型中小企业、有效发明专利数量和科技投入等指标远低于同类小镇平均水平,有些指标甚至为零。特别是被降格的 7 个小镇中,有 5 个小镇反映产业高端要素和创新能力方面的指标都非常低。如临海国际医药小镇没有高中级技术职称人员。

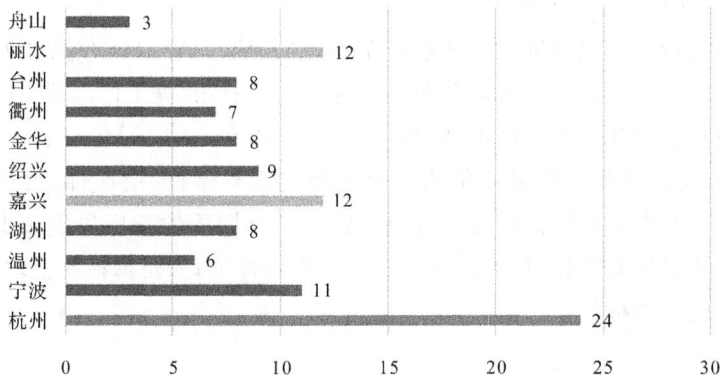

图 10-1　浙江省各省市特色小镇分布数量

10.2　浙江省特色小镇高质量发展评价指标体系构建原则

问题就是导向,针对这些小镇中存在的种种问题,应当合理评价这些蜂拥而出的特色小镇的发展质量,促进特色小镇高质量可持续的发展。完善的指标体系应根据习近平总书记关于高质量发展的重要论述,借鉴国家和兄弟省份的研究成果,聚焦聚力高质量、竞争力、现代化,紧扣浙江省发展特色,考量与评估特色小镇的发展质量。依据特色小镇高质量发展的关键要素进行指标设计,各个指标具有一定的联系性与独立性。指标体系构建突出层次感,所选指标从特色小镇发展本质出发,力求客观真实的评价浙江省特色小镇的发展质量。

(1)充分体现高质量发展基本内涵

习近平总书记在 2017 年 12 月 18 日中央经济工作会议上指出,高质量发展就是能够很好地满足人民日益增长的美好生活要求的发展。这一发展是体现新发展理念的发展、也是创新成为第一动力、协调成为内生特点、绿色成为普遍形态、开放成为必由之路、共享成为根本目的的发展,即满足五大发展理念的基本要求。为此,特色小镇高质量发展:一是体现质量效益为核心的思想,推动创新发展、转型发展,设置产业结构优化、动能转换、质效提升和风险防范这四个维度指标;二是体现以人民为中心的思想,推动共享发展,设置小镇创业者、居民的获得感、幸福感、安全感选择指标;三是关注问题与短板,推动区域、城乡协调发展,绿色发展,必须考虑小镇的发展不以污染环境为代价。

(2)充分体现浙江省特色

浙江省特色小镇评价指标体系要在体现"五位一体"总体布局、"四个全面"战略布局的同时,与"八八战略""四个强省""六个浙江"等工作部署紧密衔接,制定出一条具有浙江特色的小镇高质量发展评价体系。

另外,特色小镇高质量评价招标要充分体现科学性、层次性、可得性原则。指标选择一是以结果性指标为主,注重结果;二是同质性指标尽量减少使用,根据重要性选择核心指标,尽可能简洁、直观、操作性强;三是选择易获取、易计算、数据质量较高的指标。

10.3   浙江省特色小镇高质量发展评价指标体系分析

10.3.1   特色小镇高质量发展关键要素分析

本小节主要从可持续性、核心因素和风险防范三个角度,绿色发展、协调共享、质效提升、结构优化、动能转换、风险防范六个维度对特色小镇高质量发展进行评价研究。

(1)可持续性

可持续性是判断特色小镇能否长久发展的指标,是特色小镇发展的基础,更是特色小镇竞争力的重要体现。其基本要素是绿色发展和协调共享,即产业发展绿色化、居民生活和谐化,具体体现在无污染、低能耗的产业发展模式,绿色、环保的生态环境,高质量、有保障的生活品质等。

①绿色发展。绿色发展指标体现特色小镇的发展是否以牺牲环境为代价。绿色是"十三五"时期的五大发展理念之一。坚持绿色发展,必须要坚持节约资源和保护环境的基本国策。特色小镇的发展要走生产发展、生活富裕、生态良好的文明发展道路,不能以牺牲环境作为代价。环境资源指标主要涵盖的是特色小镇生活、工作环境质量以及一些先天的人文旅游资源。舒适的工作环境、宜人的生活环境是小镇居民和外来工作者安居乐业的保证。

②协调共享。协调共享指标蕴含的是特色小镇发展均衡与发展共享两层含义;发展均衡代表特色小镇的发展应塑造要素有序自由流动、主体功能约束有效、基本公共服务均等、资源环境可承载的区域协调发展新格局;发展共享则代

表特色小镇的发展要为了周边群众、依靠周边群众、发展结果由周边群众共享等原则,使创办特色小镇的人民在共建共享的发展中有更多的获得感。

(2)核心因素

特色小镇发展是需要内外兼修的,"外"为力,"内"为源,只有自身拥有一定的具有发展能力的基础,才能持续高质量的发展。质量效益包括结构优化、动能转换和质效提升等。如浙江省特色小镇分类中旅游类小镇需要有先天的旅游资源,健康类小镇需要干净的空气、纯净的水资源、无污染的生活环境等等。

①产业结构优化。产业结构优化从产业升级、需求结构、政府服务等方面考量特色小镇的发展情况。政府机构是特色小镇产业发展总体方向的规划者、公共服务的建设者、宏观经济的调控者、维护市场的管理者。可以说政府的一个决策与发展方向制定都将直接影响到小镇发展。政府机构需要发现小镇产业的特色、依托小镇的优势,优化产业结构,创新产业发展,促进经济转型升级,制定相关优惠政策,吸引产业的龙头企业入驻小镇,配套完善相关基础建设,更好地助力特色小镇的优化发展。

②新旧动能转换。新旧动能转换从有效投资、消费升级、科技创新、基础设施建设等方面考量特色小镇的发展质量。大量资本、人力资源的投入,要做到有效的使用,将资源转换为效益,而不是仅仅投入的多少。小镇的产业发展不应该是仅仅是模仿其他小镇的建设,而应该在借鉴其他小镇的建设优劣的情况下,或因地制宜,或趁势而上,独具匠心地走出自己的特色。在新思想、新技术盛行的时代,要保证小镇高质量的发展需要不断创新与改革,只有在技术、思维上有所突破,才能在产业发展中做出自己的特色。基础设施普及不仅仅是医院、交通、超市等的建设,更是需要涉及休闲、娱乐、养生、健康等多方考量。是否建设符合现代化要求的基础设施从而提高居民生活工作的舒适度,是评价特色小镇质量发展高低的维度之一。

③注重质量效率。特色小镇的高质量发展不仅表现为数量的增加,而且表现为质量的提高。质效提升,"质"字强调小镇发展的质量,"效"字则注重小镇发展的效率,从经济实力、居民收入、人力资源、质量效率等方面来考评特色小镇的发展情况。特色小镇的发展要保证质量与效率兼顾,首先要有一定的经济实力,资本资源的投入必不可少,资本资源不仅反映了特色小镇的发展动力,同时也反映了外界对特色小镇的看好状态。无论是小镇基础设施建设、生活环境改造以及产业生态链打造等等,都离不开资本。当小镇拥有丰富的资本资源,才能完成小镇初期的布局与长远的产业规划。随着产业发展技术不断革新更替,更需要大量资金来保障这一进程,所以说资本资源是小镇发展的重要动力。特色小镇

的快速发展仅仅有"钱"还不够,还需要"智"。高端人才的引入,给浙江省特色小镇带来一个好的产业规划以及好的发展前途时,也会吸引更多银行家、资本家来投资,将有更多资本流入小镇。资本与人力两大资源将保证小镇质量与效率的提升。

(3)风险防范

风险是生产目的与劳动成果之间的不确定性,特色小镇的高速发展也要强调风险与不确定性。一个高质量的特色小镇,必须是能够抵抗不确定性的因素,能够有效地化解风险的。因此风险防范能力也是特色小镇高质量发展的核心评价要素之一。

10.3.2 浙江省特色小镇高质量发展评价指标体系构建

本研究以特色小镇高质量发展评价指标体系建立原则和对浙江省特色小镇发展关键要素的初步分析,进一步建立以下特色小镇高质量发展评价指标体系。

表 10-1 浙江省特色小镇高质量发展评价指标体系

一级指标	二级指标	三级指标	数据获取途径
可持续性	绿色发展	能源消费总量增速和单位 GDP 能耗降低率	统计数据
		水质量达标率	统计数据
		污水处理率	统计数据
		空气质量达标率	统计数据
		绿化覆盖率	统计数据
		噪声达标率	统计数据
		小镇景区等级	统计数据
可持续性	协调共享	小镇居民失业率	统计数据
		低收入农户人均可支配收入与农村居民人均可支配收入之比	统计数据
		劳动年龄人口平均受教育年限	统计数据
		人均收入额度	企业报表

续表

一级指标	二级指标	三级指标	数据获取途径
核心因素	产业结构优化	数字经济增加值占 GDP 比重	统计数据
		"三新"经济增加值占比	统计数据
		八大万亿产业增加值平均增长率	统计数据
		高(新)技术制造业增加值占规模以上工业比重	统计数据
		农业土地产出率	统计数据
		高技术产业实际利用外资占比	企业报表
		现代服务业增加值占服务业比重	统计数据
		政府扶持补助资金	统计数据
		政府民生支出占比	统计数据
		企业落户政策	专家/企业打分
		人才吸引政策	专家/企业打分
	新旧动能转换	每百元固定资产投资产出的 GDP	统计数据
		高新技术产业投资增长率	统计数据
		每年专利数	统计数据
		每万元 R&D 经费金额	企业报表
		创业企业数量	统计数据
		企业孵化器及众创空间数量	统计数据
		开展高校、研究所合作项目个数	统计数据
		形成国家、行业标准项目项数	统计数据
		公共设施配套建设质量	专家/群众打分
		交通便利性	专家/群众打分

续表

一级指标	二级指标	三级指标	数据获取途径
核心因素	注重质量效率	人均 GDP	统计数据
		全员劳动省生产率	统计数据
		企业主管业务收入利润率	企业报表
		员工平均薪资	统计数据
		中高级技术职称占比	企业报表
		每年引进高端人才数量	统计数据
		"新四军"创业人数	统计数据
		省、国家级"千人计划"人才数	统计数据
		固定资产投资额	统计数据
		新土地开发建设面积	统计数据
		特色产业投资额	统计数据
		民间资本投资额	统计数据
		商业综合体项目固定资产投资额	统计数据
		国有资产投资额	统计数据
风险评判	风险防范	特色小镇负债率	企业报表
		公共信用评价良好以上企业占比	统计数据

对于各评价指标权重值的设定采用主观与客观相结合的方法赋权。获取数据的方式有两种,一种是统计数据和企业报表属于客观赋权法,可采用最小二乘法和最大熵计数法,此外这些指标的权重和目标值还可参照国内发达地区、世界发达国家的水平确定;另一种则依靠专家和群众打分属于主观赋权评估法,由专家根据经验进行主观判断而得到权数,然后再对指标进行综合评估,如层次分析法、专家调查法、二项系数法等。

在多指标综合评价体系中,由于各评价指标的性质不同,通常有不同的量纲和数量级。当各指标间水平相差很大时,如果直接用原始指标值进行分析,就会突出数值较高的指标在综合分析中的作用,相对削弱数值水平较低的指标的作用。因此,为保证结果的可靠性,需要对原始指标数据进行标准化处理。数据标准化方法一般有三折现法、Z-score 法、小数定标法等,这里特色小镇高质量发展评价指标体系将采用 Z-score 标准化法,对原始数据进行线性代换处理,步骤如下：

① 求出各变量指标的算术平均值 $\bar{x}$ 和标准差 $S\left(\bar{x}=\dfrac{\sum\limits_{i=1}^{n}x_i}{n},s=\sqrt{\dfrac{\sum\limits_{i=1}^{n}(x_i-\bar{x})^2}{n-1}}\right)$

② 进行标准化处理：$z=\dfrac{x-\bar{x}}{s}$

标准化后的变量值将围绕 0 上下波动，大于 0 说明高于平均水平，小于 0 说明低于平均水平。该方法大大简化了最终指标评价的计算，提升了评价模型的精度。将计算出的各指标与权重乘积之和相加即可获得特色小镇的质量发展总值。

10.4　如何开展浙江省特色小镇高质量发展评价工作

推进特色小镇高质量发展评价工作的实施，不仅需要统计指标的改革创新，更需要解决在实际统计监测工作展开时出现的问题。特色小镇统计范围虽仅局限于规划 3 平方公里的小镇上，但对于日常统计任务繁重的统计部门来说，特色小镇纷繁的统计类项，也是一个不小的工作量。此外，部分特色小镇存在统计队伍跟不上统计要求、统计基础薄弱等问题，在实际工作展开中，一些企业、单位对于统计数据出现瞒报、误报等现象。评价工作应确保统计数据指标，确保对特色小镇客观综合评价。

（1）明确各领导部门职责

构建推动高质量发展的指标体系是一项系统的工程。因此评价工作的开展要明确各个统计部门的职责，各部门之间应定期开展统计调研工作，以特色小镇统计监测课题报告、交流汇报、实地考察等方式相互交流在特色小镇统计工作中出现的问题及经验教训。特色小镇统计监测工作涉及部门包括统计局、旅游局、环保局、科技局等多个监测部门，发改委作为业务指导单位应起主要领导作用，规划完善好各项工作流程、明确各部门职责。在统计工作实施过程中，各单位应通力合作，确保统计工作的顺利进行。

（2）积极有效收集数据

统计部门协同企业，坚持依法科学统计，严格按照特色小镇评价体系指标分类、指标标准进行统计。健全统计报账缺失、财务信息不全的公司单位，联合多个部门协作，对获取困难的数据进行科学性采集计算。各部门对本部门提供的指标数据负责任,完善指标数据统计调查方法,可利用摸底调查、抽样调查、大数据技术等方式,确保指标内涵一致、口径范围相同、数据来源可靠、计算方法准确、结果客观公正。对已采集到的数据进行数据质量评估,对数据误报、造假、瞒报、迟报等依法采取相应的惩罚措施。

(3)测算评价与成果运用

由各个小镇的各个部门提供的指标数据,测算各个特色小镇的高质量发展综合得分。每年定期开展评比优先活动,组织各个小镇主要领导负责人交流学习小镇高质量发展经验,组织观摩学习活动,促进我省特色小镇朝着更高质量的方向发展。

11 浙江省"唐诗之路"调查及建议[*]

11.1 浙江省"唐诗之路"路线的古今变迁

在新昌、天台境内,将浙东唐诗之路物化成旅游路线,有"水路""旱路"两条并行路线,"水路"主要是剡溪及其源头支流,"旱路"主要是古驿道。

(1)在唐代,唐诗之路的路线主要是"水路",当时的浙东沿海海平面远高于现在,在新昌天姥山上是"半壁见海日",在天台国清寺是"夜浪动禅床"。

今天的新昌盆地,在唐代叫"剡中",当时是湖泊沼泽地,海拔高度与海平面相差无几,李白游天姥山曾赋诗"半壁见海日,空中闻天鸡"。天台山在唐代称为"海山仙山",国清寺门口就是海水,有诗曰"夜浪动禅床",鉴真和尚就是从国清寺门口登船东渡日本的。

唐代浙东唐诗之路的线路,主要干线是乘船从钱塘江萧山西兴渡口进入浙东运河,经镜湖入曹娥江,再入嵊州剡溪,在新昌的沃洲湖一路行舟,水尽则在天台的石桥村、慈圣村一带上岸,直奔天台山。"石桥"是登攀天台山必经之路,孟浩然当下名诗"问我今何适,天台访石桥"。

(2)在现代,由于海平面下降,剡溪等河流的水源不足,古代水路已消失,如今的唐诗之路的路线主要是古驿道"旱路"。

与唐代相比,现在的海平面已退到宁波,绍兴镜湖也水面大幅缩小,剡溪上游,古时从新昌沃洲至天台石桥村可通扁舟或"竹筏",如今水源不足,河运功能消失,古唐诗之路的"水路"已消失,只剩下古驿道"旱路"。这条"旱路",从会稽山逶迤而来,从嵊州黄泥桥入新昌,再从新昌旧城东门直至天台县界。此路是东

---

[*] 辛金国、范炜著

晋末年大诗人谢灵运"尝自始宁南山伐木开径,直至临海",沿途的老百姓至今都能够识别该道。

古驿道穿越新昌境内长约 90 里,分西段、东南段两段。东南段自旧东门开始,终端天台山关岭,计 70 里,保存相对较好,能看得见,还有部分驿站残存。西段驿道,已悄然隐没于荒草野地,无影迹可寻。

11.2 唐诗之路沿途重要节点的旅游开发情况

11.2.1 新昌的开发情况

新昌是最早开发唐诗之路的县市。大佛寺、天姥山、沃洲湖等重要景点均被文人墨客写入唐诗之路。研究表明,仅在新昌,可挖掘开发的唐诗之路节点就有16 处,其中沿着古驿道就有 9 处。

(1)已经开发的景点:大佛寺、沃洲湖、真君殿、司马悔桥、斑竹村驿站。大佛寺,国家级 4A 旅游景区,古代诗人们造访天台的必经之处,唐代诗人刘长卿多年隐居之地。斑竹村古驿道,2017 年斑竹村投入 3000 多万元进行 3A 级景区村改造,已形成旅游景点。

(2)未开发、需抢修的景点:天姥山、沃洲山、小石佛、会墅岭、黑风岭、关岭铺等驿站。天姥山,因李白的《梦游天姥吟留别》名声大振,但目前依然是一块未被开发的旅游处女地,其主峰还被改名为"北斗尖"。小石佛,是古驿道上一个集寺庙、茶舍与路廊合一的驿站,泥墙青瓦路廊,内设一佛龛,十分破旧。会墅岭驿站,是观赏天姥山之观赏点之一,有一部分铺设电缆时被挖、被埋,亟需保护。

(3)已没落、需恢复的景点:古沃洲、天姥寺、古驿道及众多驿站。古沃洲,1979 年在沃洲山下建造长诏水库,形成沃洲湖,但古沃洲及支遁精舍等文物被沉入湖底。附近有唐代高僧支遁的养马坡和放鹤峰遗迹。天姥寺,在"文革"破四旧时被拆,现无遗迹。古驿道,古时是 2 公里一个驿站,如今绝大部分已经埋没于荒坡野草之中。

11.2.2 天台的开发情况

天台是唐诗之路的目的地,李白曾赋诗"龙楼凤阁不肯住,飞腾直欲天台去"。

(1)已经开发的景点:国清寺、琼台仙谷、石梁飞瀑、花顶峰、寒山寺。2017

年景区接待人次,石梁飞瀑 10 万人次,琼台仙谷 15 万人次,国清寺 70 万人次,华顶峰 5 万人次。

(2)未开发、需抢修的景点:寒岩洞、太白读书处、孟湖岭等。天台龙溪乡寒岩洞天,因唐代诗僧寒山子在此隐居 70 多年而得名。太白读书处,位于华顶峰,李白游天台时曾读书于此。孟湖岭,因孟浩然而得名的,相传孟浩然在此岭留下了七律《访寒山隐寺过霞山湖上》。

(3)已没落、需恢复的景点:始丰溪古道等。里石门水库 1978 年蓄水后,原始丰溪沿岸的古道被淹没。

11.3　几个基本判断

(1)唐诗之路已提出 27 年,但在现实中的唐诗之路到底在哪里? 游客不知道,旅行社也说不清楚——在我省用"唐诗铺就"的旅游线路还没有落地

沿着新昌沃洲湖、真君殿,到小石佛驿站,再到天姥山古驿道上的迎仙桥、司马悔桥,再到新开发的斑竹古驿道,在沿途景点看到了唐诗走廊,但没有见到一块唐诗之路指路牌及标牌。在天台的情况也是如此,旅游线路沿途也看不到唐诗之路指示牌。由于没有唐诗之路标识,游客即使走在唐诗之路上,也不知道哪里才是真正的唐诗之路? 天台山每年有超过 100 万人次的游客走在唐诗之路上,但访谈游客,很少有人知道自己是走在唐诗之路上。

(2)在旅游产品设计上,唐诗之路依然没有引起现代大众游客的审美共鸣与碰撞——在我省唐诗之路仍然属于"阳春白雪"高雅旅游品

1991 年,原新昌县旅行社经理、风景管理办公室主任竺岳兵首次提出唐诗之路,当年,绍兴、宁波、台州、舟山四市政府就提出要对唐诗之路进行实质性的研究开发,联合打响这一品牌。1999 年 1 月,省旅游局还特地组织了一支由专家和旅行社组成的考察队伍,研究设计旅游产品和旅游路线,共推唐诗之路的旅游开发。但 27 年过去了,唐诗之路依然没有转化为旅游产品、没有形成规模化旅游。究其原因,一是今日的旅游,大多停留在走马观花看风景,而唐诗有着深厚的文化底蕴及意境,一般游客品味不了。二是旅游产品缺乏游客可参与的载体,没有让静态的唐诗"动"起来,刻在石头上的唐诗,很难与现代游客的审美观产生碰撞。三是标识标牌、新媒体传播等相关旅游设施未跟上,旅行社很难向游客推介。

(3)为宣传唐诗之路,中央电视台和浙江省电视台拍摄了专题纪录片,但旅

游市场对此反响不大——唐诗之路与大众游客的心理距离依然较远

为展现和宣传唐诗之路,以记录和视觉的方式,2001 年浙江电视台"风雅钱塘"系列拍摄了纪录片《唐诗之路》,共分三篇,即《唐诗之路·新昌篇》《唐诗之路·嵊州篇》《唐诗之路·天台篇》。2011 年,浙江电视台又拍摄了中华人文地理纪录片《梦游天姥——唐诗之路》;同年,中央电视台"探索·发现"栏目专门拍摄并播放了《唐诗之路》。虽然历经二十多年宣传,但效果不甚明显,特别是天姥山,至今依然是原生态纯天然的"处女地",依然还是一个需要梦游的地方,旅游开发还停留在规划图纸上。天姥山于 2009 年申报成功国家风景名胜区,2016年《天姥山国家级风景名胜区总体规划(2012—2030)》才通过国家审定,审批和开发速度较慢。

(4)围绕唐诗之路商标权、品牌权,市场不正当竞争已经在"暗流涌动"——唐诗之路知识产权保护任重道远

2016 年唐诗之路商标权的侵权行为就已拉开序幕。为保护自身知识产权,2005 年 6 月,唐诗之路创始人竺岳兵就向国家商标局申请了唐诗之路(39 类)旅游类商标。2016 年 12 月,山东省的鲍慧珍以无正当理由连续三年不使用为由,向国家商标局申请撤销竺岳兵第 3067186 号第 39 类唐诗之路商标在"旅行社"等全部核定使用服务上的注册。幸运的是,经调查审定,2017 年 8 月,国家商标局驳回了鲍慧珍的撤销申请,维护了竺岳兵的商标权益。据律师分析,这起案件名义上是以个人名义要求撤销唐诗之路商标,实际上,其背后折射出的是唐诗之路沿线县市对商标权的争夺。

11.4 几点建议

(1)统一领导,建议在省旅游局设立浙江省唐诗之路开发领导小组,着力解决各地"各自为政、零打碎敲"问题

自 20 世纪 90 年代开始,省旅游局就已经组织各地开发唐诗之路旅游资源,建议由省政府牵头,设立唐诗之路领导协调小组,省旅游局具体负责,省文化厅协同配合,上下联动共推相关县市挖掘开发唐诗之路。下一步,要尽快开展以下几方面工作:一是尽快召开唐诗之路开发市县联席会议,协同推进。二是尽快设计全省统一的唐诗之路旅游路线。三是尽快研发相关旅游产品,将吃、住、行、购、娱等方面与"唐"字联系起来,将唐诗转化为旅游产品,既体现现代人的审美,又体现唐代风情。四是尽快培训唐诗之路诗路文化导游。

(2)统一行动,建议在全省开展一次唐诗之路摸底调查,制定唐诗之路名胜古迹的"保护清单"和"开发清单"

唐诗之路的学术研究已经很深,下一步要依托研究成果,做好"保护"和"开发"的两篇文章。建议由省旅游局和省文化厅共同组织,采取上下联动,在全省开展一次唐诗之路摸底调查,摸清唐诗之路名胜古迹底数,列出"保护清单"和"开发清单",保护为先,开发并行,旅游部门和文物保护单位各司其责。

(3)统一规划,建议与全省大花园规划对接,统筹制定唐诗之路建设规划方案。

唐诗之路由于路线长,景点分散,又跨越几个市县,需要统一规划,协同开发。另外,唐诗之路是大花园建设的重要组成部分,也需要统筹规划。建议由省旅游局在综合各地摸底调查的基础上,将各地景点由"点"串成"线",规划打造一条全省统一的、老百姓"看得见、摸得着"的唐诗之路旅游路线。在旅游产品设计上,要更加注重体验式唐诗旅游,增加志愿者讲解和现场朗诵,开展佛道与唐诗之路等专题讲座,以传说故事、吟诗体验、诗词考据等形式,让游客在参与中体验感悟到诗路文化。

(4)统一标识,建议强化唐诗之路知识产权保护,遵循市场原则,全省统一使用"唐诗之路"商标及品牌

唐诗之路系竺岳兵独创,唐诗之路的知识产权属于创始人竺岳兵,国家商标局也授予了他商标权。目前,他已将该商标授权于新昌县唐诗之路文化有限公司、新昌浙东唐诗之路研究社及新昌县假日旅行社有限公司法人使用。建议在征得商标持有人同意的基础上,统一全省的"唐诗之路"旅游标识标牌。竺岳兵提出,只要尊重知识产权,按照市场原则,他愿意扩大唐诗之路商标权和品牌权的授权使用范围,实现共建共享。

12 加快衢丽花园城市群发展的 对策研究*

衢州丽水是浙江的欠发达地区,但又是浙江的生态支撑地和重要的人力资源输出地,其四省通衢的区位特征和浓郁的历史文化奠定了其必然选择与传统城市化方式迥异的城市化道路。作为生态功能型城市群在习近平总书记"两山"理念的指导下,迎来了新的发展机遇。作为四大建设之一的大花园建设是浙江省委深入践行"两山"理念、加快打造"诗画浙江"鲜活样板的战略决策,是实现高质量发展和高品质生活有机结合的重大举措。大花园核心区建设作为全省层面的战略定位,是衢丽发挥生态环境优势,加快绿色崛起,实现"活力新衢丽、美丽大花园"战略目标的重大机遇。

12.1 衢丽花园城市群建设现状

衢丽城市群是我省大花园建设核心区、重要的生态屏障和养生福地,拥有"衢州有礼""丽水山耕"等知名区域文化品牌。两地山水相连、规模相近、产业相似、文化相通、资源禀赋相似,共同连接长三角和海西经济发展区,是金义都市圈和温州都市圈叠加覆盖区。面临长三角区域一体化发展和我省的"四大"建设,衢丽花园城市群迎来了大发展的重要机遇期。

衢州市总面积 0.88 万平方公里,全市户籍人口 258 万,是浙、闽、赣、皖四省边际枢纽,素有"四省通衢、五路总头之称";丽水市总面积 1.72 万平方公里,是浙江省辖陆地面积最大的地级市,全市户籍人口 269.27 万人,被誉为"浙江绿

* 卓勇良、辛金国、刘昱著。

谷"。衢丽地区具有承东启西的经济传导功能,是长三角和东南沿海向中西部地区经济辐射的重要通道。

(1)衢丽花园城市群目前的发展态势

两市的经济实力各项指标在浙江省11个地市中排名靠后,但在其区域周边四省九市的总体排名位于前列。主要体现在以下方面:

一是产业基础较好。衢丽经济发展较快,围绕化工、装备制造、造纸、水泥、绿色食品、门业等传统重点产业,推进技术改造,引导企业向下游产品、中高端产品方向发展。2018年,衢州市十大重点传统制造业增加值同比增长10.3%,增速位列全省第一;丽水市黑色金属冶炼和压延加工业,通用设备制造业,电气机械和器材制造业,分别增长44.2%、21.4%和13.7%,是规上工业全年高增速的主要支撑,合计拉动规上工业增加值增速7.5个百分点。

二是集群优势明显。衢丽工业经济已进入主导产业集群发展的新阶段。当前两市规上工业产值规模已占"半壁江山"。衢州市绿色产业集聚效应进一步显现,随着西安隆基、中来光伏、金瑞宏等项目的落地,已形成了较为完善的绿色产业链,开化的大健康产业,龙游、衢江的特种纸产业及江山的时尚轻工等产业也正在加快集群发展。

三是交通日趋便捷。经过近几年的发展,衢丽交通条件得以改善,已形成了四通八达的陆、水、空立体交通网。杭衢高铁2018年全线开工建设,实现衢州与杭州1小时通勤圈。金温铁路横贯丽水市南北,丽水机场选址已开工建设,使"东融杭州、杭衢丽一体"成为可能。

四是创新创业氛围良好。衢丽具有创新创业的优良土壤。衢州相继出台了一系列创新创业的支持政策,鼓励创新创业平台为创业者提供政策咨询、创业培训、创业指导、融资等服务,并建设了花园258创新创业园科创金融小镇、创新飞地等创新创业平台。丽水市形成了"1+1+1+10+X"创新创业模式。

(2)衢丽花园城市群空间布局现状

当前,衢丽城市群正努力打造以双核为主体、三带为轴线、多点为支撑的"双核三带一群"网络化花园城市群,加快建设生产空间集约高效、生活空间舒适宜居、生态空间山清水秀的美丽大花园。

一是"双核"。以衢州、丽水两个中心城市为极核,优化浙西南空间布局。强化与杭州、金义、温州都市区联动,强化浙闽赣皖四省边际合作互动,促进中心城市与周边县域协调发展。

二是"三带"。即衢龙丽温高速高铁沿线产业带、钱塘江中上游诗路文化带、瓯江中上游山水诗之路黄金旅游带,串联整个花园城市群。一是衢州—龙丽温高速高铁沿线产业带,统筹整合沿线新区、园区开发区、高新园区、集聚区等各类平台,支持建设一体化发展和产业转型升级示范区,推动产业链、创新链融合发展。二是钱塘江中上游诗路文化带、瓯江中上游山水诗之路黄金旅游带,加强生态廊道建设联系,推动基础设施互联互通,大力发展美丽经济,建设浙西南生态旅游大通道。

三是"一群"。即4+8县、市,包括衢州的龙游、江山、常山、开化,丽水的青田、缙云、遂昌、松阳、云和、庆元、景宁、龙泉组成的浙西南花园城市群。充分发挥各自比较优势,打破地域分割和行政壁垒,建设统一开放、竞争有序、要素自由流动的市场体系,构建特色鲜明、优势互补的发展格局。

由此可见,衢丽具有良好的花园城市群建设基础。但是,也面临诸多问题与挑战。

12.2　衢丽花园城市群建设存在的问题

(1)衢丽两市建设存在的主要问题

衢丽两市是浙江省仅有的没有列入长三角一体化中心城市的两个城市,地处浙江省西南边陲,容易受大都市区虹吸效应影响,人口人才持续净流出,两地经济规模总量相对,中心城市集聚辐射能力较弱,基础设施建设相对滞后,城市间交通一体化水平不高,区域经济发展不平衡不充分。主要体现在以下几个方面:

一是产业层次较低。衢丽地区占比较大的仍旧是化工、机械、钢铁等传统产业,且产品多处在产业链中上游。数字经济、新能源、高端装备制造等新兴产业带动支撑能力还不够强。到目前为止,还未出现产值超500亿元的产业集群。工业企业仍存在亩均产出低、能耗高、过度依赖于资源要素等现实问题。

二是区域自主创新能力较弱。两市的专利授权量在全省排名较低。企业自主创新意识不强,创新人才缺乏,技术创新的内在动力不足,部分企业存在急功近利的思想,追求短期效益,满足于短平快,对于技术储备和内部挖潜、技术进步与创新的内涵突破比较轻视。

三是公共服务水平滞后。目前衢丽两市缺乏市本级的美术馆、非遗展示馆等公共服务基础设。图书馆处于长期租用馆舍状态,公共图书馆、文化馆面积偏小,公共设施整体发展水平、辐射范围、服务能力等明显滞后。医疗卫生服务水平相对薄弱,医疗卫生机构的软件建设相对弱势,高水平医疗卫生人才明显不足,人才队伍建设滞后、留不住人才的问题仍然存在。

(2)衢丽花园城市群建设存在的问题

一是与花园城市群相匹配的城市化率有待全面提高。衢丽两市的城市化水平相对滞后。根据中商产业研究院大数据库《2018 年浙江各市常住人口城镇化率排行榜》显示,衢丽两市 2018 年度城镇化率分别为 58% 和 61.5%,位于浙江省 11 个地市的倒数第一、第二。尽管近年来衢丽农村人口城镇化进程相对较快,但由于基础薄弱以及地理环境等诸多因素制约,衢丽城市化水平相对周边地区仍然较低,城镇化结构不平衡、地区差异性等问题依然存在,城市的集聚效益和规模效益得不到很好的发挥。

二是与花园城市群有关的绿色优质有效供给仍显不足。部分地区存在过度开发、盲目开发现象,造成土地利用效率不高、生态环境破坏等问题;城中村、老街区环境卫生条件较差,部分田园、乡村环境不够整洁;安全放心的绿色农产品供给难以满足普通大众消费需求,适应消费变化的休闲康养产品供给有待提升,满足高端消费群体的高品位绿色产品品种和数量有限,高值化绿色产品设计和谋划缺乏相应的科技支撑。

三是与花园城市群相关的体制机制需要加快理顺。作为我省践行"两山"理论、推进"美丽中国"和"美丽浙江"建设的具体实践,衢丽花园城市群还需要加快在组织协调、政策支持、区域合作、督查考核等方面建立相应的体制机制,特别是要加快推进生态屏障的绿色资源向财产性收入转变的体制机制创新,为花园城市群建设的顺利推进提供强有力的制度保障。

四是与花园城市群相配套的软硬件支撑体系需要全面构筑。衢丽花园城市群交通无缝对接能力不强,景区间互联互通能力明显不足,山区路网密度和农村公里等级相对偏低,通行条件不良,交通联系方式单一,网络化换乘体系建设滞后;城镇功能有待进　步提升,城乡环境差异明显,城镇公共服务体系建设尚未跟上城镇建设的步伐。有核心吸引力的景区缺乏,景区间的互动衔接体系尚未形成,核心节点的国际化程度不够;重点生态功能区的公共服务、旅游接待等软硬件支撑体系明显滞后。环境质量与人们对天蓝地绿、山青水秀美好家园的期盼还存在一定差距。

五是与花园城市群相要求的开放程度需要迫切加强。经过多年发展,尽管衢丽对外开放取得了显著进步,对外贸易及国际旅游等得到了较大提升,但由于社会经济基础和区位条件的限制,衢丽地区开放程度与浙江东部沿海地区仍有较大差距。衢丽作为内陆地区,对外开放总体水平不高,对外开放对经济的带动和促进作用不明显,扩大开放的任务还相当艰巨。

12.3　加快衢丽花园城市群发展的对策建议

(1)指导思想

以习近平新时代中国特色社会主义思想为指导,以"八八战略"再深化、改革开放再出发为主题,贯彻落实长三角一体化发展国家战略,坚持绿色生态高质量发展,坚持绿水青山就是金山银山发展理念,加快规划共绘、产业共兴、设施共联、生态共保、民生共享,着力构建"双核三带一群"花园城市群空间一体化格局,大力发展数字经济、美丽经济,推动统一开放市场建设、基础设施一体高效、公共服务共建共享、产业专业化分工协作、城乡融合协调发展,加快打造长三角生态绿色发展样板区、全国"两山"实践先导区和世界级城市群金南翼的大花园。

(2)建设目标

①长三角生态绿色发展样板区。衢丽花园城市群建设要充分发挥生态文明生态环境资源优势,突出经济生态化发展,实施最严格的生态环境保护制度和标准,严守生态环境红线底线,不断增强优质生态产品供给能力,确保成为天更蓝、水更清、地更绿的样板区,为长三角乃至全国建设美丽中国作贡献。

②全国"两山"理念实践先导区。衢丽花园城市群建设要充分发挥生态产品价值实现机制先行试点优势,突出生态经济化发展,打通"绿水青山"转化为"金山银山"的通道,普及"两山"理念,形成一批可复制、可推广的"两山"实践经验,为全省乃至全国输出更多模式、标准、人才、产品。

③世界级城市群金南翼的大花园。衢丽花园城市群建设要充分发挥全省大花园核心区优势,突出全域景区化发展,打造智慧城市、人文城市、美丽城市,通过生态共建、资源共享不断健全跨区域共建共享机制,加快建成长三角金南翼的大花园,为长三角建设全国乃至全球美丽幸福大花园提供坚实支撑。

(3)基本路径

①构建以"四化"为引领的衢丽花园城市群发展模式,破解青山绿水变金山银山难题。

所谓"四化"是指"跨越工业化、转型生态化,推进城市化,同步现代化"。其中:"跨越工业化"指跨越传统工业化发展路径、跨越现代化城市中的工业结构布局,重新构建衢丽花园城市群的产业布局;"转型生态化"是指发展以生态化为主题的零污染、高技术的生态环保产业,重点打造以"生态旅游、休闲旅游、文化旅游、历史旅游"等旅游产品为核心的旅游业,推行省际边境贸易经济,把衢丽花园城市群打造成浙江省乃至周边四省的慢生活基地;"推进城市化"是指在衢丽地区当前人口不断输出的"逆城市化"状态下,围绕衢州、丽水两个中心城市通过人口等要素的阶梯型集聚实现就地城市化;"同步现代化"是指建设现代化城市群不仅包括经济水平现代化还包括社会生活现代化,在衢丽花园城市群与浙江省其他城市群相比货币收入偏低的情况下,打造高幸福生活指数的社会现代化城市群。

②沿袭以"五共"为主导的城市群发展路径,创新花园城市群建设新理念。

一是共绘规划。衢丽花园城市群建设应着眼于服务全省发展大局,加强一盘棋整体谋划,发挥各地优势,明确城市群功能定位,重点在五年规划纲要和专项规划编制上面加强联动、信息共享、一体规划。进一步发挥中心城市龙头带动作用,各县市各扬所长,推动城乡区域融合发展和跨界区域合作,形成合理分工、优势互补、各具特色的城市群协同发展格局。

二是共兴产业。衢丽花园城市群建设应坚持推动城市群内各县市专业化分工协作,推动中心城市产业高端化发展,夯实中小城市制造业基础,整合区域内创新资源,强化创新要素共建共享,促进产业错位布局和特色化发展,促进产业数字化、生态经济化、经济生态化发展,打造"一县一品"特色产业平台,促进产业链创新链融合,全方位融入长三角城市群产业体系。

三是共联设施。衢丽花园城市群建设应重点增强城市群基础设施连接线贯通性,打通一批"断头路",拓宽一批"瓶颈路",加快构建城市群公路和轨道交通网,提升对外交通互联互通能力,构建安全美丽水利网,建设清洁能源网,推动一体化规划建设管护,提升城市群物流运行效率,打造花园城市群核心区的美丽智慧大通道,加快融入全省"三个一小时交通圈"。

四是共保生态。衢丽花园城市群建设应坚持绿水青山就是金山银山,将绿色发展理念融入城市群建设,构建形成绿色生产生活方式和城市建设运营模式,打造长三角绿色发展核心底色。积极开展跨区域环境污染联防联治,推进区域间优势互补和优势集成,大力推进生态文明建设,探索形成绿色一体化发展的浙江路径和浙江经验,共建美丽智慧的花园城市群。

五是共享民生。衢丽花园城市群建设应坚持以人民为中心的发展理念,把满足人民美好生活向往作为一体化发展的重要目标,以城市群基本公共服务均衡普惠、整体提升为导向,突出抓好重点领域和重点环节,民生社会保障不断改善,让改革发展成果更多地惠及全体人民,让人民群众在一体化发展中有更多获得感、幸福感、满足感,促进人的全面发展和共同富裕。

（4）建设重点

①推动城乡区域融合发展,共筑衢丽协调一体城乡格局。

一是优化衢丽城市群城镇布局。把握衢丽等重大交通干线和机场枢纽建设带来的城镇区位优化提升机遇,积极推进丽水南部新城、衢州高铁新城建设,提升县城、小城市中心镇和小城镇建设,构建"双核带动、组团发展、多点提升"为支撑的城镇空间结构。注重控制增量和盘活存量,促进要素进一步向城区、县城集聚。加强美丽城乡建设,注重城乡融合发展,推进城镇组团式开发,强化显山露水开发格局,差异化推进"园在城中""城园相融""城在园中"城镇风貌特色,实现"人人成园丁、处处成花园"。

二是要合力开发核心区。探索衢丽花园城市群核心区建设,初步选址在衢江区大洲镇、龙游县庙下乡及遂昌县高坪乡交界处。规划开发面积 10 平方公里,核心区统一规划、统一布局、统一招商、统一管理。先行启动区建设面积 3 平方公里,包括大洲片区、庙下片区及高坪片区。大洲片区:充分发挥大洲与巨化集团公司、东港工业园区毗邻优势,规划用地 1 平方公里,推动巨化-纳爱斯、元立控股等大型企业集团战略协作,集聚两地在化工、冶金、特种纸等主导产业优势,打通两地人才、科创、财税等相关政策。庙下片区:依托庙下丰富毛竹资源,将其培育成丽水竹木制品加工业的重要原材料基地,同时将长生桥村、毛连里村、严村村及遂昌王村口镇内的红色旅游景点有机串联,打造精品红色旅游路线。高坪片区:依托高坪优越的生态自然环境资源和丰富的乡土文化,着力开发具有典型丹霞地貌景观的石姆岩景区,同时将其与江山江郎山景区相串联,打造浙西南自然生态遗址公园标杆。

三是推动多元特色新型城镇化。提升衢丽中心城市在城市群的集聚和辐射带动能力,加强城镇功能多元定位,注重分类施策,提升小城镇产业支撑、公共服务品质,促进人口就近城镇化。积极发展绿色经济、医疗教育等产业项目,带动本地农民就近城镇化。发挥山区小城镇生态保障、文化旅游、绿色产品供给等功能,培育一批特色健康养老镇、休闲度假镇,带动居民增收。推进农业转移人口市民化,有机结合城镇建设、村庄布局和下山脱贫,引导人口集聚。

四是加快推进乡村振兴。以新型农村社区、美丽乡村为重点,建设一批留得住青山绿水、记得住乡愁的特色村落,至 2025 年新建一批美丽乡村。加强历史文化名镇名村建设和传统村落保护,探索启动传统村落修缮保护改造试点。对离城市(镇)较远的山区村落,实施适当兼并自然村、改造旧村庄等工程,鼓励社会资本参与山区建设,建成一批山区特色精品小镇和山区特色生态村。建立健全有利于城乡要素合理配置的体制机制,促进人才、资金、科技、信息等要素更多向乡村流动。优化提升现代农业产业园等园区,促进农业全产业链发展,积极推动农业现代化。

五是优化提升衢丽中心城市能级。紧紧抓住互联网时代、高铁时代带来的机遇,围绕"核心圈层+高铁新城+南孔古城"城市发展格局,深化杭衢战略协作,有效提升中心城市能级,打造浙西科技创新高地。着力推进北斗七星(高铁小镇、教育小镇、医养小镇、快乐运动小镇、科创金融小镇、文创文旅小镇和儒学文化小镇)、便民服务中心、体育中心等标志性项目建设,开工建设高铁西站等重大项目,发展现代服务业,打造"未来之城"。坚持"北居中闲南工"城市空间功能布局,优化丽水中心城市布局。按照青山画城、绿水兴城、文化荣城理念,以瓯江为轴构建"一江双城三片"总体框架,唱好北城南城双城记,打造国际生态旅游城市、生态园林城市、历史文化名城,建设山水城市新标杆。重点加强丽水南部新城产城融合建设发展,突出商贸、物流、科创等功能,发展生态制造业、空港经济;打造中轴,强化中闲,做足山水文章,完善中心城市结构。

②建立产业协同发展体系,共兴高水平绿色创新产业链。

一是大力推进山海协作。依托山海协作产业园和生态旅游文化产业园建设,深入推进新一轮山海协作,积极发展"飞地经济",加强衢丽大花园核心区协作。提升衢柯城—余杭、衢江—鄞州、龙游—镇海、江山—柯桥、常山—慈溪,以及莲都—义乌、龙泉—萧山、松阳—余姚、遂昌—诸暨等省级山海协作产业园共建发展水平,推进开化—桐乡、青田—平湖、云和—北仑、庆元—嘉善、缙云—富阳、景宁—温岭等省级山海协作生态旅游文化产业园共建。加强与长三角区域中心城市联动,推动浙皖闽赣生态旅游省际协作,构建区域协作大格局,促进产业、教育、人才、卫生等区域协作,为大花园建设统筹资源,助推衢丽城市群加快融入长三角。探索建立衢丽文旅大数据平台,推动文化旅游、电子商务、冷链物流等产业发展,积极融入长三角新零售网络,打造商贸文旅产业链。

二是构筑杭金衢和金丽温高速公路沿线产业带。主要依托杭金衢、金丽温高速公路和铁路"T"型交通走廊发展形成沿线产业带(以下简称产业带)。产业带是衢丽地区发展基础最好、空间条件最优、城镇分布最密集、交通区位最优越的地区,是加快衢丽地区发展、推进工业化与城市化进程的重点区域。该区域应进一步促进人口和生产要素的集聚,建设新兴的特色制造业基地,发展服务业和现代农业,完善要素供给保障,强化城市和重点开发区的带动作用。同时积极寻求与环杭州湾产业带和温台沿海产业带互动发展的合作机制,促进各产业带优势互补、产业结构优化升级。

三是构建区域创新共同体。越是加快发展地区,越需要实施创新驱动发展战略。支持衢丽在沪杭建设海创园,深化产学研合作,高质量推进创新基地建设,融入 G60 科创大走廊,共建开放合作的长三角协同创新体系。加强与杭州、金义与温州的深度合作,积极构建杭州—衢丽—温州创新发展链,联合推动布局国家重大科技基础设施、建设国际化创新基地、打造技术创新中心。探索构建衢丽产业技术创新战略联盟,发挥企业联盟、研究会、商会等合作组织作用,促进联盟开放创新与国际合作。探索构建衢丽知识产权保护联盟和综合保护平台,积极吸纳和集聚创新要素资源,建立健全技术转移、成果转化和供需对接工作制度。

③加强生态环境系统共保,共创诗画浙江人文旅游首选地。

一是共保山水林田湖草生命共同体。严守生态安全,严格产业准入,统筹推进山水林田湖草生态保护修复,保持浙西南森林覆盖率在 72% 左右,建设人与自然和谐共生的美丽大花园。统筹两市建设用地规划管控,科学推进低丘缓坡开发,做好土地污染管控、土地复垦和生态修复。以空气、水环境、能源等联防联控为突破口,加强衢丽两地多领域、深层次的环境保护合作交流,探索建立瓯江、钱塘江等流域污染防治联动协作机制,建立环保信息共享与发布常态制度。推进毗邻区域重点湖泊水库水环境协同保护治理,建立健全乌溪江等流域交界水体联合保护机制。

二是促进环境基础设施共建共享。深入推进"五水共治",持续开展大气污染防治,进一步加大城乡水利、能源等环保基础设施建设力度,提升环境治理水平。全面开展生活垃圾分类,共建污水处理、垃圾填埋与焚烧等基础设施,提升区域废水、固体废弃物处理能力与设备运营效率。研究制定毗邻区域新增产业禁止和限制目录,共同划定生态红线和开发边界。建立健全跨区域碳排放权交易平台,探索建立衢丽碳产品交易中心。争取两地全域城市水功能区水质达标率达到 100%,城镇生活污水集中处理率达到 80%,农村垃圾无害化处理率达到 80%,村庄整治率达到 80%。

三是推动全域旅游发展和景区建设。聚焦建设钱江源国家公园、丽水国家公园等平台板块,协同打造浙西南生态旅游带,统筹谋划一批浙西南精品旅游线路,推进生态景区共建共享、文旅品牌共创共赢,构建钱塘江和瓯江中上游山水诗之路黄金旅游带。重点推进跨区域旅游项目建设、旅游绿道对接,推动旅游基础设施和公共服务平台共建。推进衢丽两地旅游景点对两市市民实行同城待遇。支持衢丽协同承接干部职工疗休养。支持发展森林康养产业。

④加快基础设施互联互通,共建高效一体美丽经济大走廊。

一是打通一批"断头路""瓶颈路"。全面摸排区域内各类"断头路"和"瓶颈路",重点打通跨区域"断头路"和"瓶颈路",提升城市群之间的通勤效率。积极推进衢丽两地公交一体化工程,优化交界地区公交线网,落实公交卡两地通用。推进杭金衢高速公路拓宽等山区快捷通道网络建设,增加两地城市间公路通道,密切县域公路联系,加快乡村公路建设,以贯通与高速公路、干线公路链接和方便两地居民出行为核心,完善浙西南公路网。

二是高水平构筑浙西南美丽大通道走廊。积极落实省大通道建设行动计划,突出绿色、低碳、智慧理念,依托杭州枢纽,强化衢州、丽水之间联系,加快构建以客运为主的浙西南 A 字型骨干交通网,支撑浙西南生态经济发展。积极推进杭衢铁路、衢丽铁路、遂江上高速、温武吉铁路等重点项目建设,加快实施杭金衢高速拓宽、龙丽温高速、国道省道等一批工程,建设"衢州湖南镇—衢州举村—遂昌湖山—遂昌县城"等旅游公路、乌溪江环湖绿道等万里绿道。推动浙西南"通用航空＋旅游"发展,打造现代化通景交通体系。

三是打造"空中一小时交通圈"。发挥组建丽水机场优势,支持衢州机场和丽水机场有直达交通相连接,打造浙西南旅游集散中心。拓展加密衢州机场国内航线,提升货邮吞吐量,构建干支联程、中转航线网络,基本实现国内联通。支持丽水机场与全省通航机场联通,开通低空通勤航线和重点景区之间低空旅游专线,优化航空枢纽网络。

⑤推进更高层次改革开放,共构区域民生共享发展新机制。

一是共育开放包容公共服务体系。推动电子政务平台横向对接和数据共享,逐步实现两地协同服务、一网通办。进一步健全衢丽花园城市群一体化全覆盖的就业、社保、科教文卫等基本公共服务,建立健全功能完善、投入多元、覆盖城乡的社会事业和社会产业体系。提升衢丽城市群文化包容度、开放度,形成有利于要素集聚的服务供给。加快开化第二人民医院迁建等一批项目建设,建立可跨区域远程医疗平台、同城化应急管理平台,实施医学影像和检查报告互认制度。建立两市参保信息共享机制,探索实现社保无障碍转移接续、医疗信息"一卡通"和医疗费用即时结算。

二是共建四省边际要素共同市场。以推进市场化中介服务改革为契机,搭建统一开放的网上竞价平台,深化市场有效、政府有为、企业有利的资源要素配置市场化改革,积极降低制度性成本。建立跨区域的商贸流通体系、统一的产权交易体系、开放的资金融通体系等。鼓励支持在条件成熟的特色领域及行业,组建一批具有规模经济优势的跨地区企业集团,培育一批区域性社会中介组织,强化企业之间产业联系网络,不断强化跨区域经济合作。推进区域气象中心、区域大数据中心等项目建设。统一两地通信资费标准。

三是共谋协同发展推进机制。进一步谋划制定一体化发展的政策机制,推进数据资源深度整合、信息系统共建共享和开放互联,推动政务服务联通互认,健全跨行政区社会治理体系。加快智慧政务建设,推进智慧城市管理,推动各地建设新型智慧城市。协同推动衢丽"最多跑一次"改革、"多规合一"规划制度改革、跨区域生态产品价值实现机制改革、绿色金融机制改革、城乡融合机制改革等,为衢丽花园城市群生态等重大改革政策叠加复制提供坚实支撑。加大省级财政转移支付力度,支持医疗卫生、文化教育、养老等民生建设,全面消除集体经济薄弱村,拓展农村居民增收渠道,不断提升衢丽两地公共服务水平和城乡居民收入。

(5)保障措施

①创新协同推进。在长三角一体化"三级运作"机制和全省"四大"建设领导小组的统筹指导下,建立健全衢丽市长联席、城市(市级部门)协调会等跨区域协调机制,加强共谋共绘和联动发展,加强生态共治和基础设施建设等方面合作,积极推动落实一体化发展重大事项。健全县市之间多层次协商合作机制,凝心聚力抓好各项重点任务落实,一张蓝图绘到底,形成衢丽大花园城市群建设"一盘棋"工作格局。

②加强规划协调。建立衢丽花园城市群发展规划协调机制,探索编制城市群发展规划或重点领域专项规划,围绕高质量、竞争力、现代化推动城市群一体化发展。强化城市群规划与城市总体规划、土地利用规划等的有机衔接,确保协调高效一致。加强与省级部门对接,争取在发展规划、项目建设等方面支持。支持衢州、丽水两市尽快纳入长三角城市群发展规划。

③强化政策协同。探索构建衢丽花园城市群互利共赢的税收分享机制和征管协调机制,加强区域内税收优惠政策的协调,探索建立区域投资、税收等利益争端处理机制,形成有利于生产要素自由流动的良好环境。鼓励社会资本参与花园城市群建设与运营,允许城乡建设用地增减挂钩节余指标跨区调剂。建立浙西南旅游协作机制,积极参与浙皖闽赣国家生态旅游协作区建设,形成衢丽花园城市群旅游一体化发展格局。

④完善社会参与。在花园城市群重要政策规划意见等出台之前,广泛听取社会各界尤其是利益相关方意见建议,了解社会反应和各方诉求,主动接受社会

监督,及时回应社会关切。鼓励智库参与花园城市群建设决策咨询,建立健全第三方评估机制。加强舆论引导,拓宽宣传渠道、创新宣传方式,营造有利于衢丽花园城市群建设的氛围,增强认同感和积极性,汇聚形成共同参与和支持城市群一体化建设的强大合力。

13 我国花园城市群建设评价研究

——以浙江省为例[*]

2005 年 8 月,时任浙江省委书记习近平同志在安吉考察时,高度赞扬了余村对绿色发展新模式进行的探索,并首次提出"绿水青山就是金山银山"的科学论断。2020 年 3 月,时隔 15 年,习近平同志再次前往安吉县考察调研。"两山"理论又重新引起关注,浙江成为践行"两山"理论的重要窗口。花园城市建设是对"两山"理论的具体应用,在城市建设的应用推广。"两山"理念是田园城市理论在国内的实践和发展。花园城市理论源自霍华德为解决快速城市化下乡村与城市的冲突,从而提出结合城市与乡村的优点的城乡一体的新社会结构形态。因此并不完全适用于中国目前的生态环境与城市建设问题,而"两山"理念是习近平同志根据在浙江湖州考察的所观所感而提出的符合我国经济发展以及生态环境现状的理念,带有明显的区域特性。所以在"两山"理念的指导下,不但可以完善花园城市理论,而且还可以对浙江乃至全国,进行科学的花园城市建设,并在建设中检验和充实"两山"理念。积极推进花园城市建设发展,是深入践行习近平总书记"两山"理念,实现我国经济高质量发展的重要举措。

13.1 花园城市的内涵以及理论基础

(1)花园城市文献综述

花园城市由来已久,早在 1869 年,芝加哥就开始尝试花园城市的建设。然而花园城市的建设没有形成系统的理论。20 世纪,花园城市理念被引入我国后,我国学者就展开研究,市政专家董修甲也提出将花园城市制度在我国进行推

---

* 辛金国、崔裕杰、沙培锋著。

广。但是花园城市理论源自霍华德为解决快速城市化下乡村与城市的冲突，从而提出将农村与城市结合，因此并不完全适用于中国城市建设问题，殷体扬(1931)指出应该针对当时的城市发展状况，参考花园城市理念的优点，加快农村与城市的结合。在2009年提出建设现代花园城市的理念时，成都进行了产业功能区空间结构优化等方面的积极尝试。王君(2015)结合新加坡的环境发展经验，尝试探索我国高水平的花园城市建设设想。曾沁(2019)基于花园城市理论，研究了对既有居住小区的绿色空间改造，以便推进花园城市建设，扩大居住小区公共空间。不仅如此，中国学者还根据各地的实际情况，对花园城市的建设进行评价，已指导后续的建设工作，徐欢(2019)从多个角度，结合丽水的发展情况和生态环境来分析丽水花园城市建设的重要性以及优势和不足。李娜(2019)从工业文明时代的花园城市入手，分析了花园城市的理论基础及理念演进，研究了生态文明时代的花园城市的内涵以及建设标准。为了使评价更为客观，曾桃红(2011)根据长株潭城市的具体情况，构建了包括产业发展、城镇体系、生态建设等方面的生态城市评价指标体系。胡杰(2016)参考长株潭生态城市群评价指标，提出了闽三角花园城市群评价指标体系。

综上所述，大部分学者使用综合指数法对其权重以及综合值进行计算，没有对指标体系进行进一步的分析，获取的信息较为有限。因此，为了进一步分析花园城市建设发展情况，本章试图使用适宜度和障碍度模型对浙江省花园城市建设情况进行诊断与分析。

(2)花园城市社会综合发展的评价机理

花园城市建设是一个复杂的系统工程，其所构成因素间是不可分离性且互动性的，发展态势较好的花园城市在发展演变过程中，具有以人为核心的特征，整合了多要素的发展，塑造了花园城市建设的独特性。城市作为人类生活和生产最为密集的地区，因此对自然环境产生的破坏也最为严重。花园城市相比较传统城市建设来说，生态环境问题是花园城市需要考虑的首要目标。任何一个城市的发展和建设都绕不开资源问题，资源的稀缺性要求我们高效地利用资源并对能源使用过后产生的污染进行清洁化处理，合理清洁地处理自然资源，使得自然资源能够满足人类文明发展的需要，适应人类的全面发展。同时花园城市建设决不仅仅是保护环境，同时也涵盖了产业结构等诸多领域。一方面，不应该使得重化工业占有太大比重，应当发展替代产业。另一方面，应该加大发展高新产业，促进绿色发展。产业结构的调整，为花园城市的建设提供了源源不断地动力支持。当然构建花园城市的核心是以人为本，最终目的还是为人民服务，能够使人民过上更好的生活，获得更高的幸福感。不仅要提高市民的居住质量、优化城市各地区的空间格局,为居民提供舒适健康的生活工作场所。还要满足居民日益增长的精神发展要求,加大教育的教育以及健全的医疗保障体系。不仅要缩小城市内部的差异发展,更要改善城市之间的发展不均衡问题,加强区域之间的合作沟通,互通有无。

本研究依据花园城市理论,借鉴前人对花园城市的相关研究,从生态基础、城市空间、资源利用、人民生活获得感、资源清洁和区域差距等 7 个维度,进行花园城市建设水平评价机理的研究,详见图 13-1 所示。

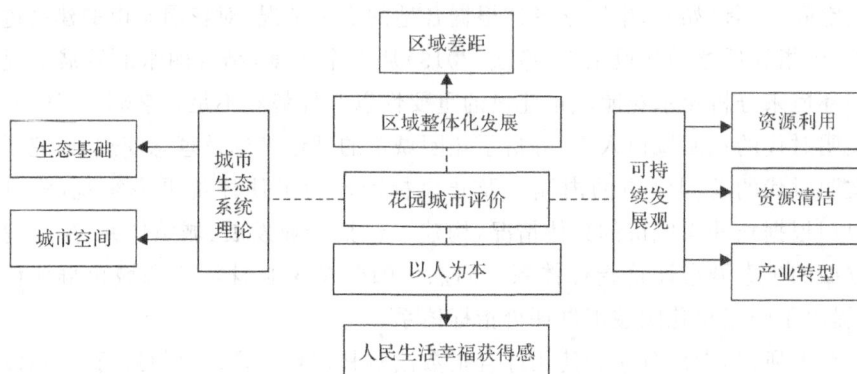

图 13-1　花园城市建设评价机理图

13.2　花园城市建设评价模型及指标体系

(1)花园城市适宜度评价模型

20 世纪 90 年代以来,生态位(Niche)这一概念在生态学界受到关注。生态位适宜度理论是在生态位多维超位积的基础上提出的新理论,它描述了个物种居住地的现实生境条件与最适生境条件之间的贴近程度[7]。目前,生态位适宜度理论在土地评价以及产业研究等方面被广泛应用。本节运用适宜度模型评价花园城市建设成效,花园城市的适宜度是指城市主体在一定区域内开展城市建设时,城市所需的最适资源与城市环境所提供的现实资源之间的贴近程度。

$$X_j = \max(X_{ij})$$

$$S_i = \sum_{j=1}^{n} w_j \frac{\min\{|X_{ij} - X_j|\} + \varepsilon \max\{|X_{ij} - X_j|\}}{|X_{ij} - X_j| + \varepsilon \max\{|X_{ij} - X_j|\}}$$

$$EM_i = \sqrt{\dfrac{\sum\limits_{j=1}^{n} | X_{ij} - X_j |}{n}}$$

其中 ε 为模型参数，一般 $\varepsilon=0.5$。w_j 为生态因子权重，反映第 j 个生态因子对花园城市适宜度的影响程度。EM_i 为进化动量，衡量了生态位适宜度的进化空间。

（2）花园城市障碍度评价模型

研究花园城市发展水平，需要对各指标进行更深层次的系统分析，量化影响花园城市综合水平发展的障碍因子。本节利用障碍度模型识别花园城市建设的关键制约因素，从而通过对关键因素的改善能够快速有效地提升花园城市建设水平，并形成具有针对性的建议对策。障碍度模型如公式：

$$F_j = R_j \times W_j$$
$$I_j = 1 - X_j$$
$$Y_j = \dfrac{F_j \times I_j}{\sum\limits_{j=1}^{26} F_j \times I_j}$$

上式中，F_j 为因子贡献度，I_j 为指标偏离度，Y_j 为障碍度，W_j 为第 j 个指标的权重，R_j 为第 j 个指标所属的分类指标权重，X_j 为单项指标的标准化值。

（3）改进的 CRITIC 法确定权重

由于本研究数据获取量有限，而线性相关系数需要大量数据支撑，所以选择可以度量小样本相关性的灰色关联度来衡量冲突性，以获取更为客观、科学的权重。

设 C_j 表示第 j 个指标包含的信息量，则

$$C_j = \sigma_j \sum\limits_{i=1}^{m} (1 - r_{ij})$$
$$W_j = C_j / \sum\limits_{i=1}^{m} C_j$$

其中，m 为年份总数，σ 为标准差，r_{ij} 是各指标之间的灰色关联度。W_j 为指标权重。

为了消除量纲不同带来的影响并将负向指标进行正向化，本节采用如下归一化：

$$X'_{i,j} = \dfrac{X_{i,j}^{*} - X_{\min}^{*}}{X_{\max}^{*} - X_{\min}^{*}}, \quad i=1,2,\cdots,n, \quad j=1,2,\cdots,m$$

本研究构建的花园城市发展水平指标体系见表 13-1 所示，其中负向指标

为:PM2.5 浓度、工业用电量占全社会用电量比重、工业烟(粉)尘排放量、工业废水占废水排放总量比重、总体基尼系数、城乡居民收入比。

表 13-1　浙江省花园城市发展水平评价指标体系权重汇总表

准则层	指标层	权重
自然环境	PM2.5 浓度 x_1	0.0251
	降水 pH 值 x_2	0.0215
	空气质量优良率 x_3	0.0319
	地表水质达标率 x_4	0.0319
城市空间	建成区绿化覆盖率 x_5	0.0262
	人均绿地面积 x_6	0.0252
	城区人口密度 x_7	0.0548
	城市人均住房面积 x_8	0.0226
资源利用	水资源利用率 x_9	0.0619
	单位工业增加值能耗降低率 x_{10}	0.0851
	造林更新改造总面积 x_{11}	0.092
	生态环境用水量 x_{12}	0.0274
	工业用电量占全社会用电量比重 x_{13}	0.0257
资源清洁	工业烟(粉)尘排放量 x_{14}	0.035
	工业废水占废水排放总量比重 x_{15}	0.0258
	工业固体废弃物综合利用率 x_{16}	0.0805
	污水处理率 x_{17}	0.0242
产业转型	高新技术产业增加值占工业增加值比重 x_{18}	0.0246
	第三产业占 GDP 比重 x_{19}	0.0299
	R&D 经费支出占 GDP 的比重 x_{20}	0.0848
	新产品产值率 x_{21}	0.0247
人民生活	城镇居民人均可支配收入 x_{22}	0.0240
	基本养老保险参保率 x_{23}	0.0342
	每千人口拥有在校大学生数 x_{24}	0.0250
区域差异	总体基尼系数 x_{25}	0.0278
	城乡居民收入比 x_{26}	0.0280

13.3　花园城市建设水平综合评价分析

（1）花园城市建设水平综合评价结果

本节根据花园城市发展水平的评价机理以及前人的研究成果，在选取评价指标时，考虑到科学性、代表性等原则。从浙江省 2012 年至 2018 年统计年鉴和统计公报等收集的数据，进行指标归一化处理，并且对一些缺失数据利用内插法进行处理，使用改进的 CRITIC 方法确定权重。

在计算综合值时，结合各个指标的权重，得到综合水平值（如表 13-2 所示）。

表 13-2　2012—2018 年浙江省花园城市评价综合水平值

年份	综合值	自然环境	城市空间	资源利用	资源清洁	产业转型	人民生活	区域差异
2012	0.282	0.011	0.022	0.146	0.031	0.073	0.000	0.000
2013	0.458	0.011	0.018	0.184	0.092	0.089	0.044	0.021
2014	0.544	0.039	0.025	0.208	0.087	0.100	0.058	0.027
2015	0.547	0.067	0.088	0.082	0.091	0.126	0.063	0.030
2016	0.547	0.086	0.086	0.085	0.052	0.132	0.065	0.041
2017	0.655	0.099	0.079	0.131	0.081	0.149	0.072	0.043
2018	0.674	0.103	0.088	0.152	0.142	0.109	0.083	0.056

根据表 13-2 可知，浙江省花园城市建设的总体水平从 2012 年的 0.282 到 2018 年的 0.674，呈现一个上升的趋势。由于基期年综合指数较低，上升幅度也相当较大。自然环境从 2012 年的 0.011 增加到 2018 年的 0.103，年平均增加 1.53%，说明自然环境的改善取得了较大成效，这主要得益于政府与人民对生态环境的重视，以及企业加强了污染控制。产业转型对于浙江省花园城市建设至关重要，这一指数一开始呈上升趋势，发展相对较为迅速，但在 2018 年减少了 26.84%，说明浙江省的产业转型到达一个瓶颈期，甚至存在一些问题，如冶炼、造纸行业比重居高不下等。增加资源利用是节能减排、改善生态环境至关重要的一步，但近些年来浙江省的资源利用指数大幅度降低，说明对资源有效利用有所忽视，导致该方面的发展远远不及其他子系统的发展。

（2）花园城市适宜度评价

结合上述建立的评价指标体系和适宜度模型,计算浙江省 2012—2018 年的适宜度(如表 13-3)。

表 13-3　2012—2018 年浙江省花园城市适宜度

年份	适宜度	进化动量
2012	0.464	0.923
2013	0.560	0.816
2014	0.608	0.748
2015	0.588	0.676
2016	0.592	0.614
2017	0.662	0.513
2018	0.700	0.500

通过对浙江省适宜度及进化动量发现(表 13-3),2012 年的适宜度最低,仅为 0.464,而最高的是在 2018 年,达到了 0.700,年平均增长率为 7.27%。说明在 2018 年浙江省提供的资源与所需资源的贴近程度最高,而 2012 年贴近程度最低。但从整体趋势来看,适宜度的增加并不是持续增加,而是在 2015 年降低了 3.29%,但随后就恢复持续增长的趋势。说明在发展过程中,虽说做出了资源分配不当导致适宜度降低的举措,但很快进行调整,并成果显著。从增长率角度可以较明显地可以看出,在 2013 年,适宜度增加了 20.59%,而在 2018 年,适宜度仅增加了 5.66%,适宜度的增速大大减慢。

从花园城市进化动量来看,前三年的进化动量最大,进化动量都在 0.7 以上,甚至在 2012 年达到了 0.923,说明早期花园城市适宜度进化空间较大。随着花园城市的建设,虽然进化动量一直在减少,但在 2018 年进化动量也还有 0.500,说明浙江省花园城市适宜度还有不小的进化空间。

（3）花园城市障碍度诊断与分析

在综合评价和适宜度评价结果与分析的基础上,对浙江省花园城市建设准则层以及指标层障碍度进行分析。由于指标层的指标过多,本研究列出排名前六的障碍因子。由表 13-4 可知各个准则层对花园城市建设的抑制程度,由表 13-5 可知障碍度排名前六的指标对花园城市建设的抑制程度。

表 13-4　浙江省花园城市建设水平准则层障碍度

年份	自然环境	城市空间	资源利用	资源清洁	产业转型	人民生活	区域差异
2012	0.95%	5.77%	75.03%	10.72%	5.54%	0.72%	1.26%
2013	1.52%	6.88%	74.52%	13.15%	2.36%	0.86%	0.71%
2014	2.55%	4.53%	73.77%	13.54%	3.87%	1.10%	0.63%
2015	4.47%	4.41%	75.24%	8.95%	4.61%	1.23%	1.08%
2016	11.50%	14.52%	48.20%	10.88%	10.03%	2.73%	2.15%
2017	12.41%	14.30%	46.93%	10.73%	10.93%	2.93%	1.77%
2018	10.82%	16.24%	43.81%	13.83%	11.23%	2.28%	1.78%
平均值	6.03%	8.95%	62.50%	12.26%	6.94%	1.98%	1.34%

表 13-5　浙江省花园城市建设水平指标层障碍度

年份	项目	排序					
		1	2	3	4	5	6
2012	指标障碍度	x_9 17.04%	x_{11} 13.68%	x_{12} 9.02%	x_{13} 8.46%	x_{16} 6.36%	x_7 3.28%
2013	指标障碍度	x_{11} 18.60%	x_{10} 10.91%	x_{12} 8.79%	x_{13} 8.62%	x_7 5.72%	x_{14} 4.64%
2014	指标障碍度	x_9 14.34%	x_{13} 11.41%	x_{12} 10.64%	x_7 8.59%	x_{10} 7.43%	x_{14} 6.15%
2015	指标障碍度	x_{10} 30.51%	x_9 19.42%	x_{11} 15.14%	x_{13} 5.26%	x_{12} 4.91%	x_{14} 3.94%
2016	指标障碍度	x_{11} 26.26%	x_9 22.06%	x_{10} 21.91%	x_{16} 9.63%	x_2 2.46%	x_{19} 2.45%
2017	指标障碍度	x_{11} 40.44%	x_{10} 19.00%	x_9 11.32%	x_{16} 10.89%	x_7 3.61%	x_{13} 2.99%
2018	指标障碍度	x_{11} 43.74%	x_{10} 20.98%	x_{20} 13.52%	x_9 11.32%	x_7 5.77%	x_{16} 3.72%

①资源利用阻碍度下降迅速。资源利用障碍度持续下降,年均下降速度为 4.47%,尤其是 2016 年,下降速度极快。从指标层来看,2012 年至 2015 年指标障碍度最高的前四个因子都是来自资源利用维度,而从 2016 年开始,指标障碍度最高的前三个因子来自资源利用维度,甚至在 2018 年,在前六因子中只有第一和第四因子来自资源利用维度,这也很好地解释了为什么在 2016 年,资源利用障碍度迅速下降。虽然资源利用发展十分有效,但障碍度始终最大,是阻碍浙江花园城市建设发展的最大因素。

②资源清洁障碍度变化缓慢。资源清洁障碍度变化波动较为平缓,总体维持在 12% 附近,平均障碍度位于第二位。障碍度水平较高,障碍度的变化也没有出现一个下降的趋势,并在 2018 年达到最大,资源清洁中的工业烟(粉)尘排

放量以及污水处理率这两个指标的障碍度也一直较高,无论是从变化趋势还是从当年障碍度数值,都说明了近些年在资源清洁方面没有取得较好地进展,现阶段应对资源使用后的清洁问题更加重视。

③城市空间、产业转型及生态环境障碍度呈增加趋势。城市空间、产业转型以及生态环境障碍度分别位于三、四、五位。这三个因素在前四年都处于一个较为平稳的状态,但在2016年,障碍度显著增加,这与资源利用障碍度变化趋势相反。城市空间维度中的城区人口密度指标障碍度一直位于指标层障碍度前六因子中,而产业转型维度中的R&D经费支出占GDP的比重在2018年位于第三位,生态环境维度虽然没有障碍度特别高的指标,但是该维度的指标在近三年的障碍度也要高于人民生活维度和区域差异维度。

④人民生活以及区域差异障碍度维持在较低水平。人民生活以及区域差异障碍度都是呈一个先上升后下降的趋势,且都在2016年达到最高值,随后不断下降,这两个维度的指标障碍度排名较后,在2018年,人民生活障碍度为2.28%,区域差异障碍度1.78%,处于第六位和第七位,说明了浙江省最近几年持续关注民生、注重发展不均衡问题,取得一定的成果。2018年障碍度与2017年没有太大差异,因此排除存在异常值的可能,变化情况只能反映以往的建设情况,而2018年的障碍度则反映了最近一年中影响花园城市综合水平建设的障碍因子,更有利于指导后续的建设工作。

因此,从2018年的障碍度来看,对浙江省花园城市建设的主要障碍因素是资源利用,其次是资源清洁、城市空间、产业转型以及自然环境。

⑤指标层障碍度。由表13-5可知,2012年到2018年前6个障碍因子中出现频率最高的是造林更新改造总面积、城区人口密度、生态环境用水量、工业用电量占全社会用电量比重、工业固体废弃物综合利用率。工业用电比重较高,在生态环境中的投入较低,对固体废物的利用率不足以及对林地的改造力度不强等对花园城市建设都产生了较大的阻碍作用。尤其需要注意的是,在2018年,R&D经费支出占GDP比重的障碍度首次排在了第三位,告诫我们,在接下来的花园城市建设发展中应重视科技研发的投入。

13.4　浙江省花园城市建设存在的问题以及对策

根据障碍度分析结果,浙江省花园城市建设还存在一定问题,以下问题的解决可以有效的促进花园城市的建设。

（1）存在的问题

①资源利用水平率较低,资源清洁发展缓慢。近些年来,浙江省资源利用指数上升幅度较小,相对发展速度较为缓慢。资源利用障碍度最高,说明了浙江省的资源利用不当,存在较大程度的资源偏倚。资源清洁发展相对于总体综合水平较慢,障碍度居高不下,虽然浙江省有着良好的经济和科技水平,但还需加强对污染排放的资源清洁能力。

②城市空间开发不合理。浙江省城市空间指数一直在0.08上下浮动,这一指标明显偏低,相对发展速度停滞不前。这种状况表明,浙江省仍需大力加强城市建设。城中村、老街区基础设施不完善以及卫生条件不理想,部分田园、乡村环境不够整洁,城区绿化率较低。另一方面,重大工程和建筑的不合理开发使得绿地面积减少,由于人口增加所导致的交通、住房等问题,对市民的生产和生活产生了影响。

③产业转型动力不足。2017年的产业转型指数降低,R&D经费支出占GDP比重障碍度增加,说明了浙江省的产业转型进入瓶颈,若处理不当,有可能对整个产业结构带来冲击。从现状来看,数字产业、高科技产业等新兴产业还无法很好地对产业结构转型起到带动支撑作用,杭州等地区新兴产业的辐射范围有限,还无法很好地带动整个浙江省的产业转型。

④自然环境日益脆弱。近三年来,浙江省生态环境障碍度虽然持续下降,但障碍度还是在10%以上,并且与前几年相比相差甚远。这说明浙江省部分地区存在不合理开发利用的现象,造成一系列生态环境问题,与人们所期盼的天蓝地绿、山青水秀的生态环境还存在一定的差距。

（2）提升花城城市建设的设想

①加强生态环境建设。第一,虽然目前浙江省高速增长的经济可以一定程度的弥补生态环境遭受破坏所带来的危害,但这种状态必定是暂时的,不可持续的,我们必须做出有针对性的计划,遏制生态退化,通过生态保护和治理工程加强生态环境建设。第二,花园城市建设追求的是社会与自然的协调发展。人口的数量和素质对区域的生态环境有着极大的影响。因此加强对流动人口的控制能够在较短的时间内取得显著的效果。

②提升花园城市适宜度。第一,构建现代产业体系。要推进特色产业转型升级,将提升核心竞争力放在核心位置。充分利用传统工艺产业特有的品牌优势,大力发展其中一部分有代表性、有竞争力的龙头企业。坚持新兴产业和特色产业共同发展。重视数字化技术在工业生产中的促进作用,提升制造业的竞争力。第二,加强区域合作。推动区域联动发展,不仅要加强不同区域的产业合作,还要促进要素之间的流动。实现人口和产业的有序转移。扩大对外贸易,制

定出对贸易市场有促进作用的政策。花园城市的发展,要完善城市内部及其周边区域之间的要素流动网络,促进要素与资源的合理流动。

③降低花园城市障碍度。第一,加强资源节约利用。完善节能减排的考核机制以及监管制度。不断更新生产技术,从源头上减少污染的排放,在环保建设上加大投入,包括改造甚至淘汰能耗高、污染大的设备,严格对企业的排污指标进行控制。加快发展清洁能源,使其产业化与规模化。结合信息化和数字化技术,加快能源的充分利用。第二,优化城市空间布局。合理划分主体功能区,逐步构建经济与资源相协调的空间开发格局。改善居住环境并完善社会结构,对城市土地开发进行总体规划,把控重大项目的实施,形成产业发展与功能区块的协调布局,以花园城市的标准进行功能分区规划。

14 衢州花园城市发展水平综合评价研究[*]

积极推进衢州花园城市建设发展,是深入践行习近平总书记"两山"理念,落实省委关于"全面实施大湾区、大花园、大通道、大都市建设的决策部署"的一项重要战略任务。衢州是我省大花园建设的核心区,在省委省政府的全面部署下,发挥生态环境优势,加快绿色崛起,推进传统产业特色化、新兴产业高效化。因此,建立客观、有信度的花园城市群评价体系,对衢州花园建设水平进行客观评价,为政府相关部门提供决策依据,具有重要的理论价值与实践指导意义。

14.1 相关文献综述

(1)花园城市内涵

花园城市理论是由英国建筑学家霍华德提出的。通过限制城市规模,包括人口以及各类产业,来使得城市中的每个居民都能够接近乡村自然。在城市可承受范围内,为城市居民提供适宜的居住环境、新鲜的农产品以及丰富的社会生活。居民在花园城市中生活、工作。因为所有的土地并非个人所有,而是集体共同所有。所以,使用土地就需要缴纳租金。

(2)花园城市发展水平的评价

张秋根(2009)提出了包括生态环境、园林景观、社会服务、经济持续发展四个方面的花园城市评价指标体系。孙忠英(2013)构建现代化山水花园城市评价指标体系,包括了经济发展、资源利用、生态环境和城市宜居等四大维度指标。

---

* 辛金国、崔裕杰著。

（3）花园城市建设存在的问题及对策

黄莹姗（2017）认为建设花园城市的思想不能是一成不变的，要根据城市的发展不断进行更新。根据城市的实际情况，保证花园城市的有效落实。要坚持生态经济型的原则，让城市提高对环境污染的自我净化能力，更为直接地给予居民舒适感。吴安格（2017）则认为，我国的城乡绿化法规的惩罚力度和威慑力方面稍显薄弱，市民的参与意识不强。要加大对花园城市的推行力度并强力执行。加快立法的完善以及加大执法力度，以此来对市民的行为进行法律上的约束；鼓励市民参与的绿化活动，重视花园城市相关知识的宣传和教育。孙涛（2018）认为中国的城市治理受到全球化、信息化等浪潮的冲击，必须要改变传统的城市管理模式。花园城市的建设需要通过完善治理体制、加强文化建设、扩大居民参与、利用现代信息技术推进我国城市治理现代化。

14.2   衢州花园城市发展水平评价指标体系构建

（1）Dagum 基尼系数

Dagum 基尼系数可以考察区域不均衡问题。其总体基尼系数的计算如下所示：

$$G = \frac{\sum_{j=1}^{k}\sum_{h=1}^{k}\sum_{i=1}^{n_j}\sum_{r=1}^{n_k}|y_{ji}-y_{hr}|}{2n^2\mu}$$

其中，y_{ji} 为第 j 地区内地 i 个区域的花园建设综合水平值，μ 为整个城市的综合水平平均值，n 为区域个数，k 为地区划分的个数，y_{hr} 为第 h 地区内第 r 个区域的花园建设综合水平值。

（2）指标的选取与筛选

根据现阶段花园城市的内涵以及浙江省的生态发展目标和衢州花园城市发展能力的现状，构建指标体系时应遵循：

简明性原则，没有过于复杂和难以理解的步骤，指标利于理解，并且评价指标尽可能的少，尽量避免指标信息的重复。

代表性原则，构建的指标体系能够反映花园城市建设各个方面的主要特征。

定量性原则，花园城市评价需要用数字来量化反映，因此选择数据易于获取的指标。

为了使得指标体系更加科学、简洁，避免信息冗余，要对指标进行实证筛选。本节通过相关性分析和鉴别力分析，去除信息重复的指标。

最终从城市环境、城市结构、生产效率、政府治理、发展可持续、城市协调六个维度共 26 个指标构建衢州花园城市发展水平评价指标体系(表 14-1)。

表 14-1 衢州花园城市发展水平评价指标

一级指标	二级指标	三级指标
花园城市群综合水平	1.城市环境	建成区绿化覆盖率、PM2.5浓度、空气质量优良比、人均绿地面积
	2.城市结构	建成区占辖区面积比重、人均住房面积、城区人口密度、高等学校在校学生数占总人口比、医生人数占总人口比
	3.生产效率	人均GDP、万元产值能耗、单位社会固定资产投资拉动GDP增值系数、城镇居民人均可支配收入、工业用电量占全社会用电量比重
	4.政府治理	工业烟(粉)尘排放量、工业废水处理率、工业废气治理设施处理能力、工业固体废物利用率、燃气普及率
	5.发展可持续	环保投资占GDP比重、高新技术产业增加值占工业增加值比重、水利环境和公共设施管理投资占GDP比重、第三产业比重
	6.城市协调	城乡居民收入比、基本养老保险参保率、总体基尼系数

(3)数据来源与处理

本研究使用从衢州 2012—2018 年统计年鉴和统计公报等收集的数据,由于部分数据的不完整性,对一些缺失数据利用内插法进行填补。为了确保研究的准确性,将逆向指标正向化,并对指标数据进行归一化,以消除不同量纲所带来的的影响。

(4)变异系数法确定权重

为了增强赋权的客观性,本节中的指标权重由变异系数法来确定。公式如下:

$$V_j = \frac{\sigma_j}{\overline{X}_j}, W_j = \frac{V_j}{\sum V_j}$$

其中,V_j 为变异系数,W_j 为权重。

14.3 衢州花园城市发展水平综合评价分析

(1)衢州花园城市发展现状分析

①城市化水平。衢州城市化率上升速度快于全省平均。从 2012 年至 2018 年,衢州城市化率从 46.6%上升至 58.0%,上升了 11.4 个百分点。全省城市化率从 63.2%上升至至 68.9%,上升了 5.7 个百分点。衢州城市化率的上升幅度

要高于浙江省,衢州城市化率与全省的差距,从 2012 年 16.6 个百分点,缩小至
2018 年的 10.9 个百分点。虽说衢州的基础较差,但近些年的发展,也取得了一
定的进展(表 14-2)。

表 14-2　衢州城市化率与浙江省比较　　　　　　　　(%)

年份	浙江省	衢州
2012	63.2	46.6
2013	64.0	47.7
2014	64.9	49.0
2015	65.8	50.2
2016	67.0	53.7
2017	68.0	55.7
2018	68.9	68.0

　　②产业结构。衢州的产业结构在不断优化。从 2012 年至 2018 年,衢州第
三产业占 GDP 比重从 38.7% 上升至 49.5%,上升了 10.8 个百分点。虽说与全
省还有一些差距,但这种差距正在逐渐减小,从 2012 年 7.6 个百分点,缩小至
2018 年的 5.2 个百分点(表 14-3)。

表 14-3　衢州第三产业占 GDP 比重与全省比较　　　　(%)

年份	浙江省	衢州
2012	46.3	38.7
2013	47.5	41.0
2014	47.9	42.5
2015	49.8	45.9
2016	51.0	47.8
2017	53.3	49.3
2018	54.7	49.5

　　③生活水平。衢州市人民的生活水平有所提高。从 2012 年到 2018 年的数
据来看,人均 GDP 保持持续上升的趋势,而城乡收入比却持续下降。说明人民
的收入提高,并且城乡的收入差距有有所改善(图 14-1)。

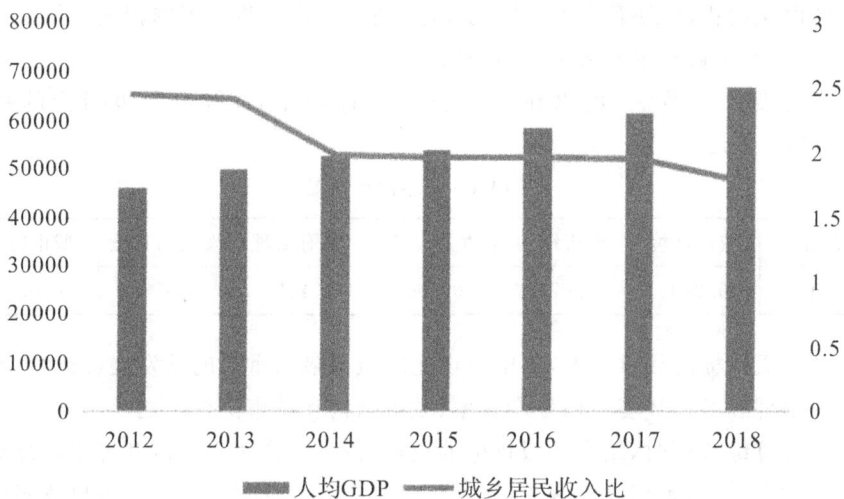

图 14-1　衢州市人均 GDP 与城市收入比组合图

④政府治理。衢州市对污染治理能力提高,居住环境改善。衢州市的工业废气处理能力逐渐提升,工业固体废物利用率存在一定的波动,但波动幅度不大,在 2016 年开始上升至 2018 年的 99％。整体来说,政府的对环境污染的治理能力有所提高(图 14-2)。

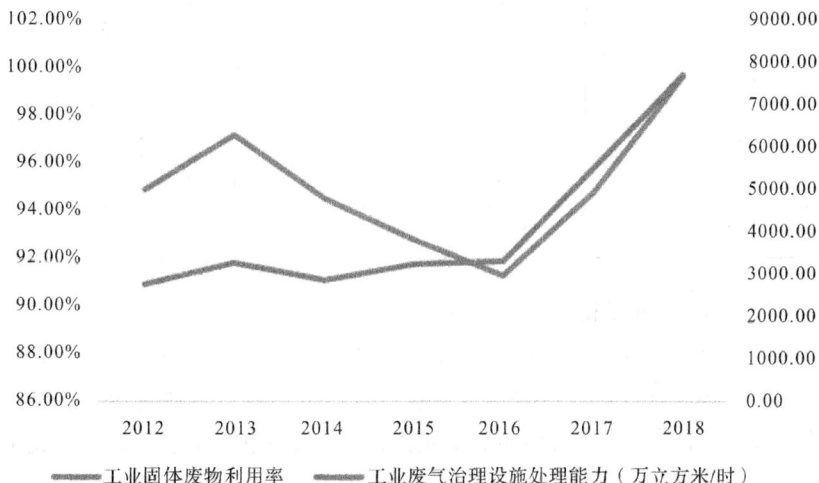

图 14-2　衢州市工业固体废物利用率与工业废气治理设施处理能力组合图

由此可见,当前衢州已经具备了花园城市建设的基础。但与国内外典型的花园城市建设相比,还存在着一定的差距,还存在进一步完善的较大空间。

(2)丽水花园城市发展水平综合测评

利用变异系数法,可以在各个子系统的基础上,得出二级指标的权重(表14-4)。

表 14-4 二级指标权重

二级指标	城市环境	城市结构	生产效率	政府治理	发展可持续	城市协调
权重	0.2103	0.0742	0.1067	0.2305	0.3548	0.0236

从二级指标的权重来看,其中建设花园城市最为重要的是发展可持续,其次为政府治理和城市环境。而生产效率、城市结构和城市协调次之。

在计算综合值时,结合三级指标的权重,得到综合水平值以及各子系统对综合水平的占比(贡献率)(如表 14-5 所示),以及 2012 年至 2018 年衢州花园城市发展水平综合评价指数走势图(如图 14-3 所示)。

表 14-5 2012—2018 年衢州花园城市评价综合水平值及各子系统贡献率

年份	综合值	城市环境贡献率(%)	城市结构贡献率(%)	生产效率贡献率(%)	政府治理贡献率(%)	发展可持续贡献率(%)	城市协调贡献(%)
2012	0.1734	4.4	26.9	6.2	23.1	0.0	39.5
2013	0.2466	6.5	26.5	11.5	18.3	15.4	21.8
2014	0.3497	14.1	23.0	15.2	13.6	20.9	13.3
2015	0.5244	17.9	19.8	21.7	12.3	23.4	4.9
2016	0.5831	17.8	21.9	15.5	8.6	28.1	8.2
2017	0.7176	13.7	18.9	14.8	17.6	24.4	10.7
2018	0.7352	22.1	14.5	9.0	26.1	24.1	4.3

根据以上图表可以得到以下结论:

第一,从总指数来看,衢州花园城市建设的总体水平有较大提升。从 2012 年的 0.1734 到 2018 年的 0.7352,总体呈现一个不断上升的趋势。这也表明,近几年衢州政府对生态建设的重视,加强生态环境保护,取得了一定的成果。

第二,从二级指标权重来看,发展可持续权重最高,说明了该系统最为重要,但是也不能忽视政府治理和城市环境以及生产效率等方面。必须将花园城市的建设的各个方面作为一个整体来综合考虑。

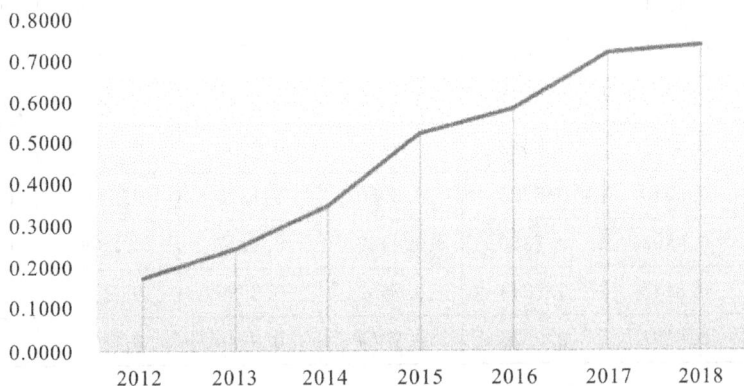

图 14-3　　2018 年丽水花园城市发展水平综合评价指数走势图

第二,城市环境和发展可持续指数表现优异。尤其是城市环境指数,该指数对综合指数的贡献率持续增长,并在 2018 年达到了 22.1%。而发展可持续在 2018 年也达到了 24.1%,虽说存在一定的波动,但总体趋势还是不断上升。说明这些年来对城市环境的改造和产业的绿色转型方面取得了一定成就。

第三,城市结构和城市协调方面还有很大的改进空间。城市结构虽然在 2018 年也有 14.5% 的占比,但从 2012 年开始,呈下降趋势。说明城市结构的优化速度不及其他维度的发展速度。城市协调贡献率在 2018 年仅为 4.3%,发展速度极为缓慢。

第四,生产效率对于花园城市建设中不可缺少的一部分。这一指数一开始发展迅速,但随后出现一定程度的降低,大致呈正太分布的形式。说明了这些年来,衢州的生产效率达到一个瓶颈期,甚至存在一些问题。

第五,政府治理能力曲折提高。一开始逐渐降低,在 2016 年达到最低,随后开始上升,说明政府已经意识到对污染治理的重要性,并已经开始采取相应的措施,同时企业加强了这方面的努力。

(3)衢州各县花园建设综合水平差异

考虑到县级数据的不完善,选用人均绿地面积、工业烟(粉)尘排放量、工业废水排放率、工业固体废弃物综合利用率、建成区绿化率、城镇养老保险参保率以及工业用电量占全社会用电量比重来构建县级花园建设指数。

根据变异系数法得到衢州各县的花园建设综合评价指数(表 14-6)。

表 14-6　　　衢州各县花园建设水平综合评价指数

年份	开化县	常山市	江山市	柯城区	衢江区	龙游县
2012	0.4716	0.7509	0.5175	0.3541	0.6849	0.3165
2013	0.4420	0.0462	0.1416	0.3442	0.5448	0.3323
2014	0.3321	0.0542	0.4619	0.0993	0.5036	0.4295
2015	0.3510	0.5385	0.3050	0.1325	0.3740	0.4297
2016	0.6503	0.7388	0.4452	0.5217	0.2800	0.6598
2017	0.8145	0.9244	0.7632	0.8999	0.5558	0.6820
2018	0.6191	0.9035	0.9064	0.9240	0.6094	0.6976

衢州各县花园城市建设发展的综合指数大都呈上升趋势。其中,以常山县、江山市以及柯城区建设最好,综合水平都达到了 0.9 以上,说明这几个县对花园城市的建设有正确的方向。需要指出的是,衢江区的综合水平呈下降趋势,虽说下降幅度不大,但这说明了衢江区需要做出一定的调整。

构建 Dagum 基尼系数模型,测算区域差异(表 14-7)。

表 14-7　衢州各县区域差异

年份	2018	2017	2016	2015	2014	2013	2012
基尼系数	0.1063	0.0915	0.1551	0.1899	0.3042	0.3067	0.1729

从总体基尼系数上来看,衢州市花园建设综合水平的总体基尼系数基本呈下降趋势,表明各个县在进行花园城市建设时,形成了一种合竞共赢、共同推进的格局,各个地区的差异在减少。另一方面,基尼系数从 2012 年的 0.1729 大幅度上升至 2014 年的 0.3042,后逐渐下降到 2018 年的 0.1063,这说明了衢州各县的花园城市建设的不均衡现象在近几年逐渐改善。

14.4　衢州市花园城市建设存在的问题以及对策

(1)存在的问题

①城市结构存在提升空间。衢州 2012 年到 2018 年城市结构贡献率呈持续下降趋势,表明了城市结构的发展速度较慢。城市结构不仅体现了城市的建设和拥挤程度,还体现了居民特殊职业的比重,从一方面也间接说明教育、医疗等

民生问题。

②生产效率以及政府治理有待加强。在 2012 年到 2018 年,生产效率先上升后下降,而 2018 年的贡献率与最高值相差甚远。政府治理则先下降后上升,虽然 2018 年的贡献率最高,但发展极为缓慢。生产效率仍有很大的进步空间,对于政府治理方面,应继续加大投入,不断发展其技术以及规模。

③城市协调发展相对缓慢。城市协调贡献率持续下降,说明相对于其他维度而言,区域差距缩小的速度明显偏慢。衢州各县花园城市建设水平虽说总体呈上升的趋势,虽然总体基尼系数呈波动下降,但发展不平衡、地区间存在差异的问题依然存在。

(2)对策建议

①在空间整体布局方面,将基础设施的设计与产业结构的调整进行综合考虑,注重生态环境的保护,其中就包括城市道路的建设、城市景观的设计、楼房建筑的部署以及住宅小区的安放等。控制人口的快速增长,避免超过环境承载力范围,合理规划人口分布,优化人口结构,培养高素质技术人才,加强人才的引进工作。

②在产业结构发展过程中,第三产业的地位十分重要,将旅游、文化、信息服务等现代服务业作为核心,推动产业结构的优化升级。加大新兴产业与传统产业的融合力度,重视数字化技术在工业生产中的促进作用,提高生产效率。加大对清洁技术的投入,不依靠自然资源与能源来快速发展,减少污染的排放以及对污染的治理力度。发展可再生资源并提高综合利用水平。如加大对固体废料处理可以有效地改善废弃物对环境的污染;对城市生活污水处理,可以有效的改善河流环境。

③加强区域合作。花园城市的发展,不仅要加强城市内部及其周边区域之间的要素流动,更要有效的促进要素与资源的合理利用。要使要素投入获得合理的回报,就必须建立合理、公平的市场体系;通过市场机制的引导和配置,各个区域进行互补,逐渐形成地区的优势。

④统筹规划。建设花园城市是个系统工程,需要达到各个系统的均衡状态,必须将人口增长、社会制度、城市规划、产业优化等多个方面进行综合考虑。

参 考 文 献

[1]Adam J. Newmark. An Integrated Approach to Policy Transfer and Diffusion [J]. The Review of Policy Research,2002,19(2):28.

[2] Anelissa Lucas. Public Policy Diffusion Research: Integrating Analytic Paradigms[J]. Science Communication,1983(4):36-49.

[3]Begg, I. Cities and competitiveness [J]. Urban Studies,1999,36(5-6):795-809.

[4] Ben Gardiner, Ron Martin, Peter Tyler. Competitiveness, Productivity and Economic Growth Across the European Regions. Presented at the Regional Studies Association's Regional Productivity Forum Seminar, London, January 2004.

[5]Chorianopoulos I, Pagonis T, Koukoulas S. Planning, Competitiveness and Sprawl in the Mediterranean City: The Case of Athens[J]. Cities,2010, 27:249-259.

[6]Dolowitz D, Marsh D. Who Learns What from Whom: a Review of the Policy Transfer Literature[J]. Political Studies, 1996,44(2).

[7]Dagum C. Decomposition and Interpretation of Gini and the Generalized Entropy

[8]Eleanor D. Glor. Innovation Patterns[J]. The Innovation Journal: The Public Sector Innovation Journal,2001,6(3).

[9]Everett M. Rogers. Diffusion of Innovations[M]. New York: Free Press, 1983:5.

[10] Frances Stocks Berry, William D. Berry. State Lottery Adoptions as Policy Innovations: An Event History Analysis[J]. The American Political Science Review, 1990,84(2):395-415.

[11]Gormanmurray A, Waitt G, Gibson C. Chilling out in'cosmopolitan country':

urban/rural hybridity and the construction of Daylesford as a 'lesbian and gay rural idyll'[J]. Journal of Rural Studies,2012,28(1):69-79.

[12]Gray Virginia. Innovation in the State: A Diffusion Study[J]. American Political Science Review,1973,67(4):1174-1185.

[13]Grinnell J. The Niche-Relationships of the California Thrasher[J]. Auk, 1917, 34(4): 427-433.

[14]Inequality Measures[J]. Statistic Bologna, 1997,57(3).

[15]IMD. The world competitveness report 1995[M]. Lausanne. Switzerland. 1995:6-11.

[16]Jack. L. Walker. The Diffusion of Innovations Among the American States[J]. The American Political Science Review, 1969, 63(3):880-899.

[17]Jackson J, Murphy P. Clusters in regional tourism: An Australian case [J]. Annals of Tourism Research,2006,33(4):1018-1035.

[18] John S. Akama, Damiannah Kieti. Tourism and Socio - economic Development in Developing Countries: A Case Study of Mombasa Resort in Kenya, Journal of Sustainable Tourism,2007,Vol. 15(6):1-6.

[19]Lawrence B. Mohr. Determinants of Innovation in Organization[J]. The American Political Science Review, 1969,63(1): 111-126.

[20] Logar I. Sustainable tourism management in Crikvenica, Croatia: an assessment of policy instruments. [J]. Tourism Management,2010,31(1): 125-135.

[21] Markku, S,R, Linnamaa. Urban Competitiveness and Man agement of Urban Policy Networks: Some Reflection from Tampere and Oulu[C]. Paper Presented in Confer ence on Cities at the Millennium,1998.

[22]Michael Minstrom. Policy Entrepreneurs and the Diffusion of Innovation [J]. American Journal of Political Science,1997,41(3): 738-770.

[23] Murphy C, Boyle E. Testing a conceptual model of cultural tourism development in the post-industrial city: A case study of Glasgow[J]. Tourism & Hospitality Research, 2006,6(2):111-128.

[24]Parlett G, Fletcher J, Cooper C. The impact of tourism on the Old Town of Edinburgh[J]. Tourism Management,1995,16(5):355-360.

[25] Paul Benneworth, Gert - Jan, Hospers. Urban Competitiveness in the Knowledge Economy Universities as new Planning Animateurs [J].

Progress in Planning,2007(67):105-197.

[26]Peter Karl Kresl, B Singh. Competitiveness and the Urban Economy: Twenty-Four Large US Metropolitan Areas[J]. Urban Studies,1999,36,(5-6):1017-1027.

[27]Peter Karl Kresl. The Crisis of America's Cities[J]. Journal of Economic Issues,1999,33(3).

[28]Robert Eyestone. Confusion,Diffusion,and Innovation[J]. The American Political Science Review,1977,71(2).

[29]Robert J. Rogerson. Quality of the life and city competitiveness[J]. Urban Smdies,1999,36(5-6):969-985.

[30]Seaton A V. Hay on Wye, the mouse that roared: book towns and rural tourism[J]. Tourism Management,1996,17(5):379-382.

[31]Smith M K. Seeing a new side to seasides: culturally regenerating the English seasid-e town.[J]. International Journal of Tourism Research,2004,6(1):17-28.

[32]Stelios H Zanakis, Irma Becerra-Fernandez. Competitiveness of Nations: A Knowledge Discovery Examination[J]. European Journal of Operational Research,2005(166):185-211.

[33]Şule Önsel, Ülengin F, Ulusoy G, et al. A new perspective on the competitiveness of nations[J]. Socio-Economic Planning Sciences,2008,42(4):221-246.

[34]Webster,D.,L,Muller. Urban Competitiveness Assessmen in Developing Country Urban Regions: The Road For ward[R]. Paper Prepared for Urban Group, INFUD,Th World Bank,2000.

[35]WEF. The global competitveness report 1998[M]. New York: Oxford University Press,1998:39-40.

[36]Yihong Jiang, Jianfa Shen. Measuring the Urban Competitiveness of Chinese Cities in 2000[J]. Cities,2010(27):307-314.

[37]蔡旭初.国际城市综合竞争力比较研究[J].统计研究,2002,19(8):11-13.

[38]陈建忠.特色小镇建设重在打造特色产业生态[J].浙江经济,2016(13):9-10.

[39]陈景森.官员异地调任与政策扩散[D].桂林:桂林理工大学,2018.

[40]陈立旭.论特色小镇建设的文化支撑[J].中共浙江省委党校学报,2016(5):14-20

[41]陈从建,张晓东,钱声源.中国特色小镇发展模式研究[J].建筑经济,2019,40(05):108-113.

[42]陈良汉,周桃霞.浙江省特色小镇规划建设统计监测指标体系和工作机制设计[J].统计科学与实践,2015(11):4-7.

[43]陈天祥,李仁杰,王国颖.政策企业家如何影响政策创新:政策过程的视角[J].江苏行政学院学报,2018(4):111-119.

[44]陈宇峰,黄冠.以特色小镇布局供给侧结构性改革的浙江实践[J].中共浙江省委党校学报,2016(5):28-32.

[45]程芳.特色小镇政策激励与发展模式解析[J].经济,2019(12):114-115.

[46]程李梅,庄晋财,李楚,陈聪.产业链空间演化与西部承接产业转移的"陷阱"突破[J].中国工业经济,2013(08):135-147.

[47]仇保兴.简论我国健康城镇化的几类底线[J].城市规划,2014,38(01):9-15.

[48]曹爽,罗娟.我国特色小镇建设的研究现状与展望[J].改革与开放,2017(11):14-15+25.

[49]邓建萍.乡村振兴战略视域下江西特色小镇建设研究[J].区域经济,2018(09)-150-02

[50]费孝通.小城镇的发展在中国社会的社会意义[J].瞭望周刊,1984(32):8-10.

[51]费孝通.小商品 大市场[J].浙江学刊,1986(3):6-15.

[52]冯兵.城市核心竞争力及其培育策略研究[J].规划师,2003(6):80-83.

[53]冯奎,黄曦颖.准确把握推进特色小镇的政策重点——浙江等地推进特色小镇发展的启示[J].中国发展观察,2016(18):15-18.

[54]冯云廷.特色小镇建设的产业-空间-文化三维组织模式研究[J].建筑经济,2017,38(06):92-95.

[55]弗吉尼亚·格雷.竞争,效仿与政策创新[J].经济社会体制比较,2004(1):93-101.

[56]傅白水.从欧美名镇看浙江特色小镇[J].中国经济报告,2016(4):98-99.

[57]傅利利.基于集聚经济与城市发展视角的特色小镇研究[J].中国商论,2019(19):183-185.

[58]耿明斋.对新型城镇化引领"三化"协调发展的几点认识[J].河南工业大学学报:社会科学版,2011,07(4):1-4.

[59]龚勤林.论产业链构建与城乡统筹发展[J].经济学家,2014(6):13-15.

[60]国家体改委农村司.全国小城镇试点改革经验文集[M].北京:改革出版

社,1996.

[61]高会研. 小城镇竞争力的分析评价研究[D]. 北京:华北电力大学(北京),2006.

[62]葛欣萍,李光全.以创新推动特色小镇发展[J].中共青岛市委党校.青岛行政学院学报,2016(02):38-41.

[63]韩学键,元野,王晓博,等.基于 DEA 的资源型城市竞争力评价研究[J].中国软科学,2013(6):127-133.

[64]韩英. 基于生态位模型的中国区域创新生态系统适宜度的评价研究[D]. 呼和浩特:内蒙古财经大学,2018.

[65]黄文浩.地方政府政策创新的实现方式与能力建设[J].行政管理改革,2018(9):58-62.

[66]黄莹姗.论广东园林设计及生态花园城市建设[J].现代园艺,2017(11):115-116.

[67]胡杰.厦漳泉生态城市评价指标体系比较分析[J].科技经济导刊,2016(23):97-99.

[68]胡正华,宁宣熙.服务链概念、模型及其应用[J].商业研究,2003(07):111-114.

[69]何帮强,洪兴建.基尼系数计算与分解方法研究综述[J].统计与决策,2016(14):13-17.

[70]金梦薇.特色小镇土地政策研究[D].杭州:浙江大学,2018.

[71]靳亮,陈世香.横向自发与纵向推动:我国政策扩散的双重逻辑——以地方文化体制改革为例[J].广西社会科学,2017(11):124-129.

[72]兰建平.建设工业特色小镇加快转型升级发展[J].浙江经济,2015(19):14-15.

[73]兰建平.建特色小镇 谋发展高地[N].浙江日报,2015-03-31.

[74]李娜,仇保兴.特色小镇产业发展与空间优化研究——基于复杂适应系统理论(CAS)[J].城市发展研究,2019(1):5-9.

[75]李娜,仇保兴.中英小城镇发展特点及存在问题比较研究[J].城市发展研究,2017,24(12):147-151.

[76]李娜,陈鸿,方敏,陈志端.生态文明视角下的花园城市理念演进与实践探索——以舟山群岛新区海上花园城市建设为例[J].建筑与文化,2019(10):93-96.

[77]李肇娥,郭鹏,吴鹏,罗旖旎.现代田园城市总体城市设计——西咸新区建设中国特色新型城镇化规划实践[J].城市规划,2014,38(6):77-82.

[78]李强.特色小镇是浙江创新发展的战略选择[J].中国经贸导刊,2016(2)上:10-13.

[79]李曦羽.浙江特色小镇发展研究[D].武汉:华中师范大学,2018.

[80]李燕,朱春奎."政策之窗"的关闭与重启——基于劳教制度终结的经验研究[J].武汉大学学报(哲学社会科学版),2017,70(5):117-130.

[81]李永强.城市竞争力评价的结构方程模型研究[M].成都:西南财经大学出版社,2001.

[82]李晓磊.被房地产包围的特色小镇[N].民主与法制时报,2019-10-20(002).

[83]李国平,李迅,冯长春,王耀麟,陆军,赵鹏军,陈鹏,桂萍,凌云飞.我国小城镇可持续转型发展研究综述与展望[J].重庆理工大学学报(社会科学),2018,32(06):32-49.

[84]李强.用改革创新精神推进特色小镇建设[J].今日浙江,2015(13):8-10.

[85]厉华笑,杨飞,裘国平.基于目标导向的特色小镇规划创新思考——结合浙江省特色小镇规划实践[J].小城镇建设,2016(3):24-27.

[86]廖远涛,顾朝林,林炳耀.新城市竞争力模型:层次分析方法[J].经济地理,2004,24(1):39-42.

[87]林航.公共管理视角下的特色小镇创建经验研究——以杭州市玉皇山南基金小镇为例[D].西安:西北大学,2018.

[88]林闻钢.农村"政策试点"如何产生政策改革效果[J].华中师范大学学报(人文社会科学版),2018,57(5):13-16.

[89]吕惠萍,匡耀求.基于产业发展的城镇化可持续发展研究——以佛山市顺德区为例[J].经济地理,2015,35(01):82-88.

[90]罗小龙,张京祥,殷洁.制度创新:苏南城镇化的"第三次突围"[J].城市规划,2011,35(05):51-55+68.

[91]刘秉镰,尹喆.规模经济,最小最优规模与小城镇建设的路径选择研究——来自微观层面的证据[J].生态经济,2016(6):28-30.

[92]刘守英,王一鸽.从乡土中国到城乡中国——中国转型的乡村变迁视角[J].管理世界,2018(10):16-18.

[93]刘淑茹.产业结构合理化评价指标体系构建研究[J].科技管理研究,2011(3):22-26.

[94]刘伟.学习借鉴与跟风模仿——基于政策扩散理论的地方政府行为辨析[J].国家行政学院学报,2014(1):22-25.

[95]刘泉钧.特色小镇 PPP 项目收益分配研究[D].成都:中共四川省委党校,2019.

[96]刘秉镰,胡玉莹.现代物流影响城市群空间结构的作用机理[J].广东社会科学,2014(04):14-24.

[97]鲁钰雯,翟国方,施益军,等.中外特色小镇发展模式比较研究[J].世界农业,2018(10):187-193.

[98]路振华.基于资源、产业、人口协同的小城镇发展模式研究[J].经济体制改革,2014(5):58-62.

[99]骆苗,毛寿龙.理解政策变迁过程:三重路径的分析[J].天津行政学院学报,2017,19(2):57-64.

[100](美)迈克尔·波特.国家竞争优势[M].李明轩,邱如美,译.北京:华夏出版社,2002

[101]马斌.特色小镇:浙江经济转型升级的大战略[J].浙江社会科学,2016(3):39-42.

[102]马瑞华.城市品牌定位与品牌溢价[J].商业研究,2006(08):161-164.

[103]闵学勤.精准治理视角下的特色小镇及其创建路径[J].同济大学学报,2016(5):55-60.

[104]缪军翔,张世龙,吕君.舟山特色小镇高质量创新发展的思考[J].特区经济,2019(04):105-107.

[105]孟则.特色小镇发展的新趋势——基于理论研究与政策实践的视角[J].江苏商论,2019(11):129-132+137.

[106]牛少凤.培育特色小镇的"六化"路径[J].中国国情国力,2016(02):15-16.

[107]倪鹏飞.中国城市竞争力理论研究与实证分析[M].北京:北京中国经济出版社,2001.

[108]潘智慧,张仕廉.小城镇可持续发展评价指标体系研究[J].重庆建筑大学学报,2004(4):106-109+135.

[109]潘家华.生态文明的新型城镇化 关键在科学规划[J].环境保护,2014,42(07):15-18.

[110]齐拴禄,杨昆.河北省特色小镇创建与运营模式研究[J].经济论坛,2018(01):4-16.

[111]盛世豪,张伟明.特色小镇:一种产业空间组织形式[J].浙江社会科学,2016(3):36-38.

[112]石亚军.中国行政管理体制现状问卷调查数据统计[M].北京:中国政法大

学出版社,2008.

[113]宋为,陈安华.浅析浙江省特色小镇支撑体系[J].小城镇建设,2016(3):
38-41.

[114]宋维尔,汤欢,应婵莉.浙江特色小镇规划的编制思路与方法初探[J].小城镇建设,2016(03):34-37.

[115]苏斯彬,张旭亮.浙江特色小镇在新型城镇化中的实践模式探析[J].宏观经济管理,2016(10):13-15.

[116]施越霞.浙江探索建立统计监测制度[N].中国信息报,2017-03-04(005).

[117]史旭东.城市双修导向下花园城市建设的空间规划策略研究[D].杭州:浙江工业大学,2017.

[118]孙忠英.建设现代化山水花园城市评价指标体系研究[J].现代城市,2013,8(1):11-14.

[119]孙涛.新加坡推进城市治理现代化的经验及其中国借鉴[J].改革与战略,2018,34(7):110-115.

[120]孙久文,闫昊生.城镇化与产业化协同发展研究[J].中国国情国力,2015(06):24-26.

[121]涂永强.基于因子分析和聚类分析的山东省城镇化水平的测度[J].知识经济,2012(07):83-84+93.

[122]王佃利,刘洋.政策学习与特色小镇政策发展——基于政策文本的分析[J].新视野,2018,(6):62-68.

[123]王洪光,杨凯量,党晓荣,应晓煜.优化土地要素配置,推进特色小镇建设[J].浙江国土资源,2016(7):29-31.

[124]王缉慈.产业集群和工业园区发展中的企业临近与聚集辨析[J].软科学,2005(12):23-25

[125]王婧.中国城镇可持续发展的区域差异与空间集聚分析——基于评价体系构建与实证检验[J].公共治理评论,2016(1):12-22.

[126]王璐.特色小镇产业生态链及其空间载体构建研究——以余杭艺尚小镇为例[J].小城镇建设,2016(3):75-79.

[127]王小章.特色小镇的"特色"与"一般"[J].浙江社会科学,2016(3):41-46

[128]王燕.我国特色小镇发展的公共政策研究[D].武汉:湖北大学,2018.

[129]王君,刘宏.从"花园城市"到"花园中的城市"——新加坡环境政策的理念与实践及其对中国的启示[J].城市观察,2015(2):150-151.

[130]王泰.小城镇生态性评价指标研究[D].重庆:重庆大学,2004.

[131]王蕾,钱晓东.甘肃城镇化水平综合测度及聚类分析[J].发展,2012(12):
　　　114-115.

[132]卫龙宝,史新杰.浙江特色小镇建设的若干思考与建议[J].浙江社会科学,
　　　2016(3):28-32.

[133]魏淑艳.转型时期中国公共政策转移研究[M].北京:商务印书馆,2013.

[134]魏明亮,冯涛.产业组织中隐性知识获取的基本模型研究[J].科技与经济,
　　　2011,24(01):1-5.

[135]温燕,金平斌.特色小镇核心竞争力及其评估模型构建[J].生态经济,
　　　2017,33(06):85-89.

[136]翁建荣.高质量推进特色小镇建设[J].浙江经济,2016(8):6-10.

[137]吴安格,林广思.新加坡园林绿化政策法规及经验借鉴[J].中国园林,
　　　2017,33(2):78-81.

[138]吴军,王园园.小城镇可持续发展评价指标体系的构建[J].国土与自然资
　　　源研究,2005(2):11-13.

[139]吴一洲,陈前虎,郑晓虹.特色小镇发展水平指标体系与评估方法[J].规划
　　　师,2016,32(7):123-127.

[140]吴玮,潘伟梁,诸葛晓荣,费潇.促进特色小镇人才跨越式发展[J].决策咨
　　　询,2016(05):80-85.

[141]肖盛峰.区域核心城市及其竞争力研究[D].大连:大连理工大学,2011.

[142]谢扬.中国小城镇辨析[J].新视野,2003(2):25-27.

[143]徐剑锋.特色小镇要聚集"创新"功能[J].浙江社会科学,2016(3):42-43.

[144]徐黎源,颜传津.嘉兴市培育特色小镇路径研究[J].价值工程,2016,35
　　　(4):183-184.

[145]徐维祥,唐根年.产业集群与城镇化互动发展模式研究[J].商业经济与管
　　　理,2005(7):40-44.

[146]徐欢.从战略高度看衢丽花园城市群建设[J].浙江经济,2019(09):46-47.

[147]徐荣凯.政府工作报告(2005年1月19日在云南省第十届人民代表大会
　　　第三次会议上)[J].云南政报,2005(2).

[148]许菡芬.特色小镇政策一问一答[M].北京:社会科学文献出版社,2018.

[149]许和本,许国.对"小城镇"定义及"三农"问题的思考[J].规划师,2005,21
　　　(4):92-93.

[150]许福娇.做好特色小镇统计监测工作的探索与思考[J].统计科学与实践,
　　　2016(08):52-54.

[151]许益波,汪斌,杨琴.产业转型升级视角下特色小镇培育与建设研究——以浙江上虞 e 游小镇为例[J].经济师,2016(08):90-92.

[152]辛金国,宋晓坤,沙培锋.我国特色小镇生态位综合评价——以杭州特色小镇为例[J].调研世界,2019(9):3-9.

[153]辛金国,姬小燕,张诚跃.浙江省数字经济发展综合评价研究[J].统计科学与实践,2019(7):10-14.

[154]邢超.创新链与产业链结合的有效组织方式——以大科学工程为例[J].科学学与科学技术管理,2012,33(10):116-120.

[155]杨代福.西方政策创新扩散研究的最新进展[J].国家行政学院学报,2016,(1):122-126

[156]杨静文.我国政务中心制度创新扩散实证分析[J].中国行政管理,2006,(6):41-44.

[157]杨振之,蔡寅春,谢辉基.特色小镇:思想流变及本质特征[J].四川大学学报(哲学社会科学版),2018,(6):141-150.

[158]杨志,魏姝.政策爆发:非渐进政策扩散模式及其生成逻辑——以特色小镇政策的省际扩散为例[J].江苏社会科学,2018,(5):140-149.

[159]印建平.小镇的崛起——特色小镇规划与运营指南[M].北京:经济管理出版社,2018.

[160]于文洁.特色建构中的国家与社会——以 H 特色小镇为例[D].哈尔滨:哈尔滨工业大学,2018.

[161]余涤非.需求视角下郑州市宜居性评价及障碍因子研究[D].郑州:河南大学,2019.

[162]郁建兴,张蔚文,高翔,李学文,邹永华,吴宇哲.浙江省特色小镇建设的基本经验与未来[J].浙江社会科学,2017(6):143-150+154+160.

[163]郁义鸿.产业链类型与产业链效率基准[J].经济与管理研究,2005(11):25-30.

[164]殷体扬.田园城市的理想与实施[J].学生杂志,1931(8):56.

[165]尹晓敏.对当前浙江特色小镇建设存在问题的思考[J].浙江经济,2016(19):35-37.

[166]张立.特色小镇政策,特征及延伸意义[J].城乡规划,2017(12):26-28.

[167]张鸿雁.论特色小镇建设的理论与实践创新[J].中国名城,2017(01):4-10.

[168]张橙.特色小镇功能定位与发展模式研究[J].现代商贸工业,2017(25):24-25.

[169]张祝平.推进特色小镇建设问题探析——以河南省为例[J].学习论坛，2017,33(08):40-44.

[170]张正良.论企业创新链的系统结构[J].求索,2005(07):40-41.

[171]张少楠,李小建,史焱文.国家级特色小镇空间格局及竞争优势分析[J].资源开发与市场,2019,35(1):68-75.

[172]张蔚文.政府与创建特色小镇:定位、到位与补位[J].浙江社会科学,2016(3)43-45.

[173]张秋根,魏立安,陈素华.江西省南昌市花园城市评价指标体系构建[J].安徽农业科学,2009,37(7):3152-3154.

[174]章文光,宋斌斌.从国家创新型城市试点看中国实验主义治理[J].中国行政管理,2018(12):89-95.

[175]章元,刘修岩.聚集经济与经济增长:来自中国的经验证据[J].世界经济,2008(3):62-65.

[176]赵德余.政策科学方法论[M].上海:上海人民出版社,2017.

[177]赵连阁,朱道华.农业工业分散化空间结构的成因与聚集的条件[J].中国农村经济,2000(6):26-19.

[178]赵佩佩,丁元.浙江省特色小镇创建及其规划设计特点剖析[J].规划师,2016,32(12):57-62.

[179]赵倩.合肥市小城镇产业布局与空间优化研究[D].合肥:安徽建筑工业学院,2010.

[180]赵克志.政府工作报告(2012年1月10日在贵州省第十一届人民代表大会第六次会议上)[J].当代贵州,2012(2):12-18.

[181]赵士雯,赵艳华,国福旺.新型城镇化背景下的天津特色小镇培育策略研究[J].城市,2016(10):22-25.

[182]赵秀玲."特色小镇"建设与基层治理[J].江苏师范大学学报(哲学社会科学版),2017,43(05):1-8.

[183]赵永平.新型城镇化的核心内涵及其评价指标体系探讨[J].怀化学院学报,2013,32(12):69-71.

[184]赵佩佩,丁元.浙江省特色小镇创建及其规划设计特点剖析[J].规划师,2016,32(12):57-62.

[185]中国金融40人论坛课题组,周诚君.加快推进新型城镇化:对若干重大体制改革问题的认识与政策建议[J].中国社会科学,2013(07):59-76+205-206.

[186]卓勇良.政府公共政策供给的逻辑必然与创新——浙江特色小镇规划建设

的理论思考[J].决策咨询,2016(02):26-29.

[187]郑睿,李汉铃.基于多属性的城市竞争力系统结构分析[J].系统工程理论方法应用,2006(2):170-175.

[188]周凯政.温州特色小城镇发展研究[D].舟山:浙江海洋大学,2016.

[189]周望."政策试验"解析:基本类型,理论框架与研究展望[J].中国特色社会主义研究,2011,(2):84-89.

[190]周望.政策扩散理论与中国"政策试验"研究:启示与调适[J].四川行政学院学报,2012,(4):43-46.

[191]朱德米.公共政策扩散,政策转移与政策网络——整合性分析框架的构建[J].国外社会科学,2007,(5):19-23.

[192]朱亚鹏.公共政策过程研究:理论与实践[M].北京:中央编译出版社,2013.

[193]朱亚鹏.政策创新与政策扩散研究述评[J].武汉大学学报(哲学社会科学版),2010(4):565-573.

[194]曾沁,李东辉,任意.基于花园城市理论研究宜昌既有居住小区绿色空间改造[J].河南科技,2019(29):99-101.

[195]曾桃红.生态城市群评价指标体系和模型研究——以长株潭城市群为例[J].科技和产业,2011,11(07):87-90.

[196]曾江,慈锋.新型城镇化背景下特色小镇建设[J].宏观经济管理,2016(12):51-56.